Computer Bild

Prinz & Fickler

# Kalkulationen + Diagramme mit Excel 2007

ullstein

# Zu diesem Buch

Die Welt der Zahlen: Jeder muss sie vom ersten Schultag an erobern. Gut so, denn schließlich vergeht kaum ein Tag, an dem mathematische Grundkenntnisse nicht gefragt sind. Meist ist simples Kopfrechnen angesagt. Doch wenn es darüber hinausgeht, greifen wir gern schon mal zu Stift und Papier oder zum Taschenrechner. Wer aber seine Kalkulationen belegen will, um auch später noch die eine oder andere Berechnung nachzuvollziehen, dem bietet der PC mit seiner Tabellenkalkulation ein ausgezeichnetes Werkzeug. Das bekannteste Tabellenprogramm, Excel, stammt von Microsoft und steht in der aktuellen Version 2007 im Mittelpunkt dieses Buches.

Das große Einmaleins der Tabellenkalkulation lässt manchen Anwender zurückschrecken. Selbst wer Excel 2007 für einfache Rechnungen oder Listen schon längst nutzt, dringt oft nicht weiter in die Tiefen des Programms vor. Dabei ist es so leicht, sich von Excel beim Ausfüllen, Berechnen und Gestalten der Bildschirm-Arbeitsblätter helfen zu lassen. Wie immer heißt die Devise: Gewusst, wie! So lässt sich etwa das Erfassen von identischen Bezeichnungen auf einen einfachen Klick reduzieren. Und komplette Spalten können mit der Maus sekundenschnell ausgefüllt werden.

Ebenso einfach ist es, Tabellen zu gestalten. Dabei ist das gelungene Tabellenlayout nicht nur optisches Beiwerk, sondern dient der Übersicht. Einheitlich strukturiert, sortiert und gegliedert zeigt die Tabelle nicht nur Zahlenwerte, sondern kann auch rasch auf die wichtigsten Daten reduziert werden. Und damit ist dann schon die Basis für eine optimale Präsentation der Ergebnisse geschaffen: Auch Sie beherrschen sie leicht mit Excels integrierter Diagramm-Funktion. Da bei all dem Rechenwerk oft Vertraulichkeit eine große Rolle spielt, können Sie Ihre Tabellen mit Excel selbstverständlich auch autorisieren und vor fremden Ein- und Zugriffen schützen.

Wie Sie Excel 2007 effizient bedienen und rasch zum Erfolg kommen, zeigt Ihnen dieses Buch in den bewährten Schritt-für-Schritt-Anleitungen von COMPUTER BILD, Europas größter Computerzeitschrift.

# 1 Excel kennenlernen und einrichten

Die Office-Programme, zu denen auch das Tabellenkalkulationsprogramm Excel gehört, wurden in der neuesten Version 2007 gründlich überarbeitet. Besonderes Augenmerk wurde dabei auf eine verbesserte Benutzeroberfläche gelegt. So sind etwa Befehlszusammenstellungen jetzt noch klarer den jeweiligen Aufgaben zugeordnet. Deutlichster Ausdruck dieser Ergebnisorientierung ist die neue Multifunktionsleiste. Diese ersetzt die früher üblichen Menü- und Symbolleisten.

Excel 2007 können Sie problemlos mit Windows XP nutzen. Bei den Abbildungen in diesem Buch stand jedoch das neueste Windows-Betriebsprogramm, Windows Vista, Pate. Daher können sich einzelne Abbildungen von Ihrer Bildschirmdarstellung unterscheiden, sofern Sie noch Windows XP verwenden. Die Programmbedienung als solche ist jedoch völlig identisch.

Im ersten Kapitel dieses Buches erfahren Sie,

- wie das Excel-Programmfenster aufgebaut ist,
- wie Sie festlegen, welche Informationen in der Statusleiste angezeigt werden,
- wie Sie Befehle erteilen, ohne die Finger von der Tastatur zu nehmen,
- wie Sie festlegen, in welchem Ordner Dateien standardmäßig gespeichert werden,
- und wie Sie Excel auf den neuesten Stand bringen.

### Kapitel-Wegweiser

# Im Programmfenster zurechtfinden

Auch wenn Sie mit der neuen Navigation in Excel intuitiv zurechtkommen werden, sollten Ihnen die im Folgenden kurz skizzierten Programmelemente vertraut sein. Diese werden nämlich im Rest des Buches vorausgesetzt.

**1** Neu im Programmfenster sind das Office-Symbol, das Sie links oben sehen ●, sowie rechts daneben die „Symbolleiste für den Schnellzugriff" ●.

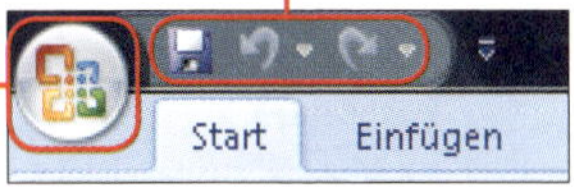


Das Office-Symbol entspricht in etwa dem früheren Menübefehl „Datei". Klicken Sie darauf, öffnet sich eine Befehlsauswahl, über die Sie beispielsweise neue Dateien anlegen, speichern oder bereits gespeicherte öffnen können.

In der Symbolleiste für den Schnellzugriff sind einige besonders häufig benötigte Befehle zusammengefasst, die sich per einfachem Mausklick erteilen lassen. Dabei spielt es keine Rolle, welches Register der Multifunktionsleiste gerade im Vordergrund ist. Denn die Symbolleiste für den Schnellzugriff ist immer zu sehen. Ab Seite 11 erfahren Sie, wie Sie selbst festlegen können, welche Befehle das sind.

**2** Die augenfälligste Änderung des Programmfensters besteht darin, dass es keine Menü- und Symbolleisten (mit Ausnahme der Schnellzugriffsleiste) mehr gibt wie in früheren Versionen. An ihre Stelle ist die sogenannte Multifunktionsleiste getreten: ●.

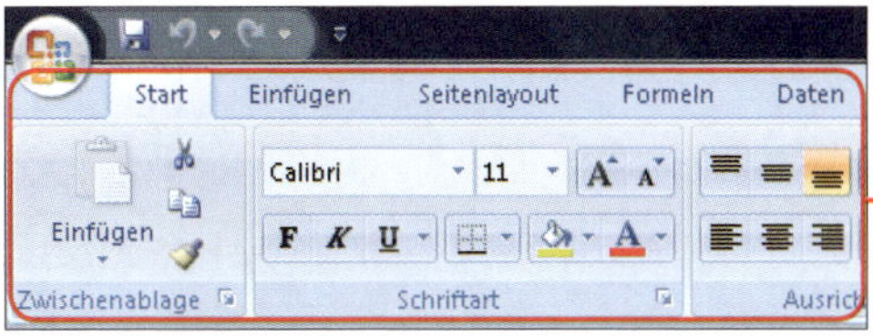


In Registerform sind darin passende Befehle zusammengefasst. Wenn Sie einen der Registerreiter anklicken, beispielsweise

,

bekommen Sie eine andere Befehlszusammenstellung zu sehen. Auch innerhalb der jeweiligen Register sind die Befehle inhaltlich sortiert, beispielsweise

## Befehle erteilen mithilfe der Tastatur

Drücken Sie die Taste [Alt], werden auf der Multifunktionsleiste Buchstaben und Zahlen eingeblendet. Diese repräsentieren Register beziehungsweise Befehle.

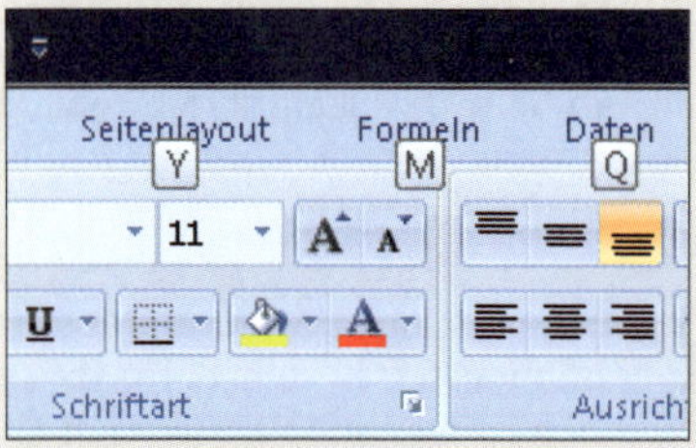


Damit beispielsweise das Daten-Register in den Vordergrund rückt, brauchen Sie nicht mit der Maus auf „Daten" zu klicken, sondern drücken einfach die Taste [Q]. Und wenn Sie dann den Befehl „Absteigend sortieren" benötigen, drücken Sie nur die Taste [X].

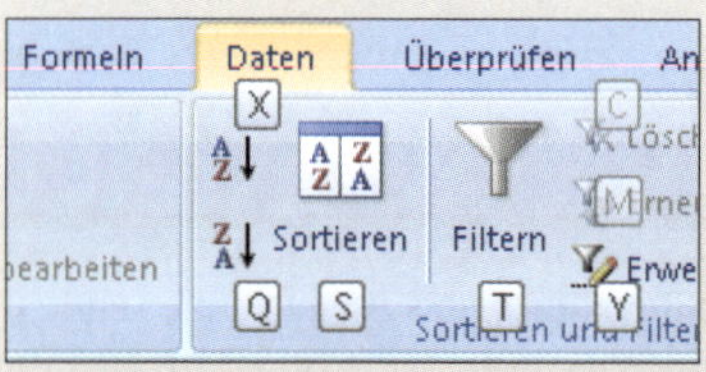


Mit etwas Übung können Sie Befehle auf diese Weise wesentlich schneller erteilen, da Sie sich den Griff zur Maus sparen und die Finger auf der Tastatur lassen können. Durch erneutes Drücken der Taste [Alt] blenden Sie die Buchstaben und Zahlen wieder aus.

im Register „Einfügen" in die Gruppen ● und ●.

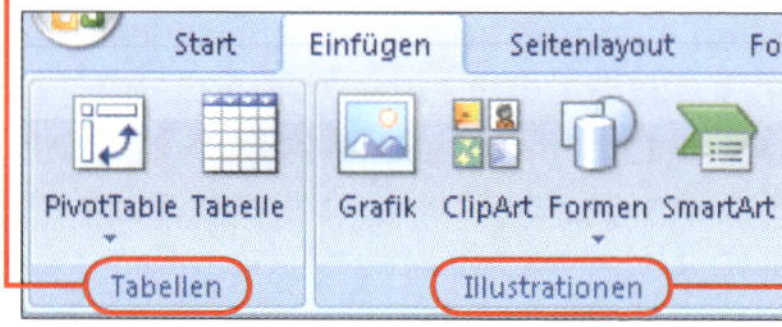


**3** In manchen dieser Befehlsgruppen befindet sich ein kleiner, schräg nach rechts unten weisender Pfeil. Klicken Sie darauf, beispielsweise im Start-Register auf ●,

erhalten Sie Zugriff auf weitere Befehle und Einstellmöglichkeiten.

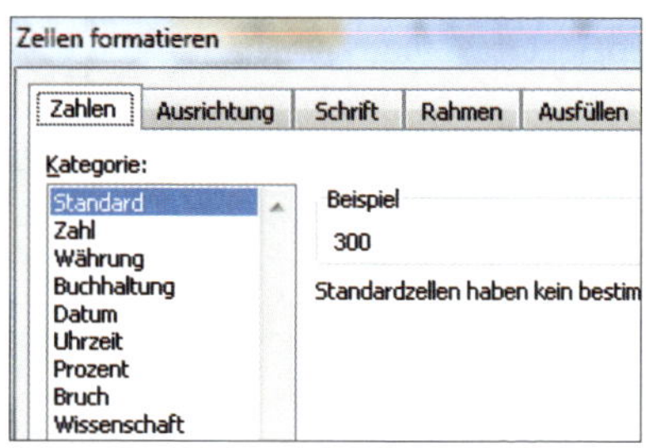


**4** Nicht nur zu verschiedenen Befehlsgruppen, sondern auch zu einzelnen Anweisungen gibt es mitunter noch weitere Auswahlmöglichkeiten. Signalisiert wird dies durch einen nach unten weisenden Pfeil. Klicken Sie beispielsweise im Formeln-Register auf ●,

werden weitere Befehle aufgelistet: ●.

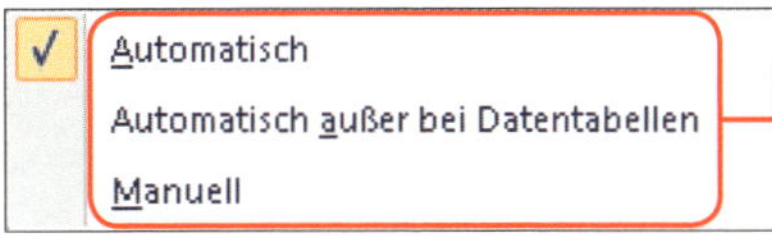


**5** Um die Multifunktionsleiste übersichtlich zu halten, sind manche Registerreiter nicht immer zu sehen, sondern nur dann, wenn Sie sie auch tatsächlich brauchen. Markieren Sie beispielsweise ein Diagramm in Ihrer Arbeitsmappe (siehe dazu auch Kapitel 6),

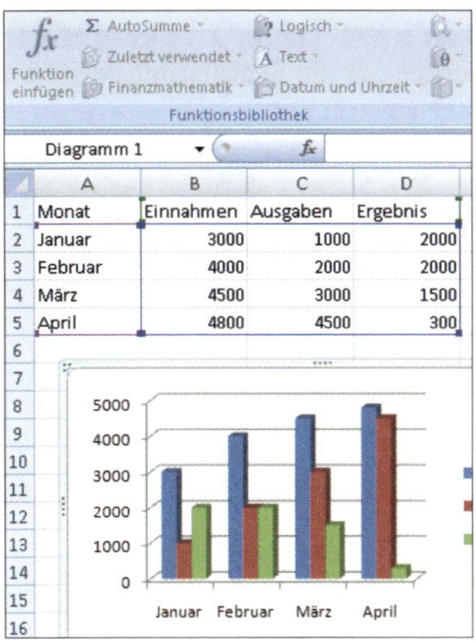


erscheint in der Multifunktionsleiste eine Gruppe mit zusätzlichen Registerreitern, die Sie zur Bearbeitung nutzen können: ●.

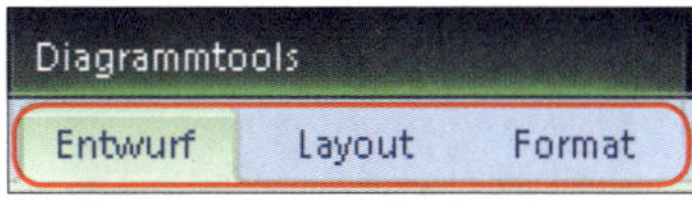


Sobald Sie in einen Bereich außerhalb des Diagramms klicken - die Markierung damit also aufheben -, verschwinden diese zusätzlichen Registerreiter wieder.

## Welche Informationen sollen in die Statusleiste?

Wenn Sie mit der rechten (!) Maustaste auf die Statusleiste klicken, öffnet sich ein Optionen-Fenster. Die Informationen, die hier mit einem Haken versehen sind, werden in der Statusleiste angezeigt, beispielsweise ●.

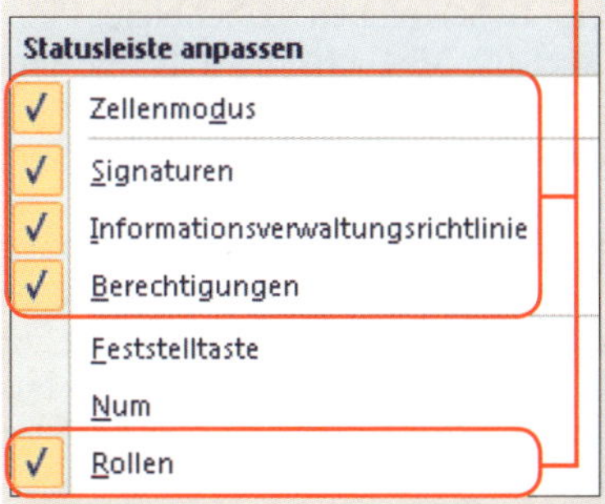


Per Mausklick in das entsprechende Auswahlkästchen können Sie die Haken setzen oder auch entfernen – und damit die Anzeige beeinflussen.

**6** Nicht alles wurde in der aktuellen Excel-Version geändert. Bewährte Elemente finden Sie nach wie vor an ihrer gewohnten Position. So sehen Sie in der Titelleiste den Namen der aktuell geöffneten Arbeitsmappe

sowie in der rechten oberen Ecke des Programmfensters die Symbole, mit denen Sie das Fenster (von links nach rechts gesehen) minimieren, in der Größe verändern oder ganz schließen können.

Auch die Bildlaufleiste, mit deren Hilfe Sie sich durch umfangreiche Tabellen bewegen können, sowie die Statusleiste am unteren Rand des Programmfensters gibt es nach wie vor.

# Arbeitsfläche vergrößern

Beim Bearbeiten einer Tabelle ist es hilfreich, die Befehle in der Multifunktionsleiste ständig griffbereit zu haben. Anders sieht es aus, wenn Sie eine Tabelle oder ein Diagramm nur betrachten wollen. In dem Fall ist es am günstigsten, möglichst viele Zeilen auf einmal angezeigt zu bekommen. Daher bietet Ihnen Excel die Möglichkeit, statt der kompletten Multifunktionsleiste nur die Registerreiter anzuzeigen.

**1** Wollen Sie die Befehle ausblenden, um auf der Arbeitsfläche mehr sehen zu können, klicken Sie mit der rechten (!) Maustaste auf eine beliebige Stelle in der Leiste mit den Registerreitern.

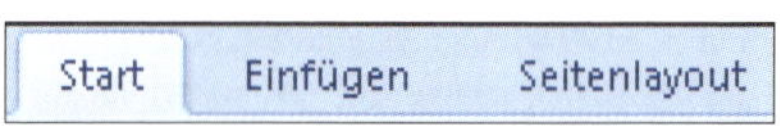


**2** Daraufhin öffnet sich eine Befehlsauswahl beziehungsweise ein Kontextmenü. Sobald Sie darin auf den Eintrag ●

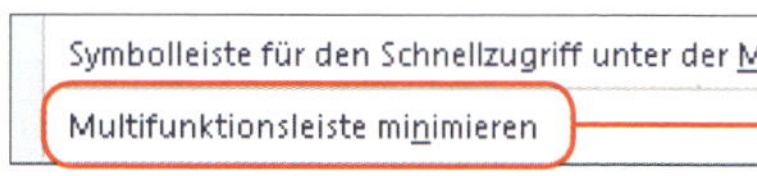


klicken, sind nur noch die Registerreiter ● zu sehen. Direkt darunter befinden sich gleich die Bearbeitungsleiste und das Namensfeld ●.

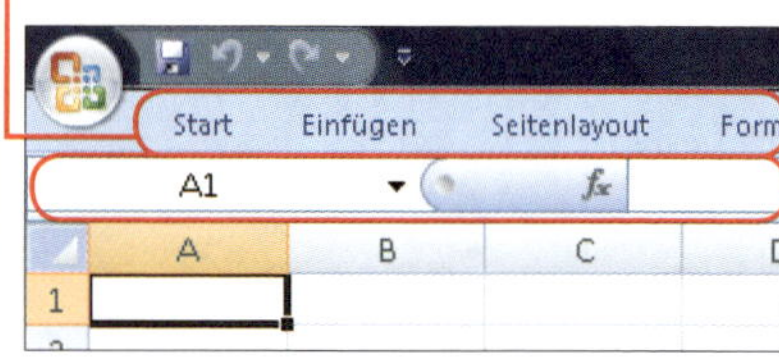


Die einzelnen Befehlssymbole aus der Multifunktionsleiste sind verschwunden.

**3** Falls Sie doch einmal einen Befehl benötigen, brauchen Sie nur den entsprechenden Registerreiter anzuklicken, beispielsweise

.

Schon wird die Multifunktionsleiste mit den passenden Befehlen wieder eingeblendet.

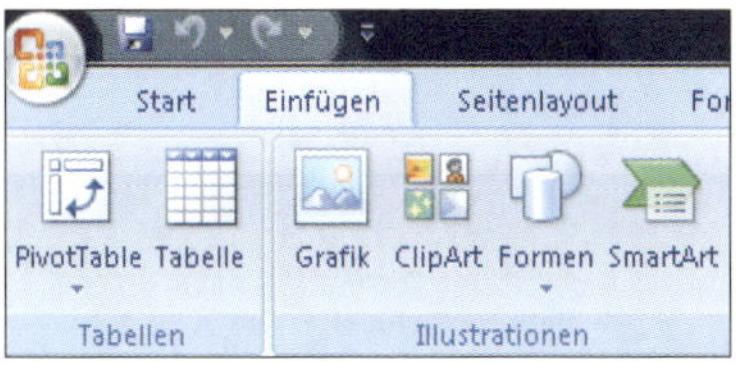


**4** Wenn Sie die Befehle wieder ständig zur Verfügung haben möchten, wiederholen Sie Schritt 1 dieser Anleitung und klicken dann im geöffneten Kontextmenü erneut auf ,

um den Auswahlhaken zu entfernen. Künftig sind alle Befehlssymbole der Multifunktionsleiste wieder komplett sichtbar und können per Mausklick ausgewählt werden.

## Blitzschnell auf wichtige Befehle zugreifen

Jeden Befehl erreichen Sie in Excel mit wenigen Mausklicks. Um Ihnen die Arbeit aber noch mehr zu erleichtern, befindet sich ganz oben neben dem Office-Symbol die Symbolleiste für den Schnellzugriff. In diese Leiste können Sie beliebige Befehle einbinden. Diese stehen Ihnen dann immer zur Verfügung, egal welches Register der Multifunktionsleiste sich gerade im Vordergrund befindet. Sie brauchen nur auf das jeweilige Symbol zu klicken.

**1** Standardmäßig enthält die Symbolleiste drei Befehle. Damit können Sie Ihre letzte Aktion rückgängig machen oder wiederholen .

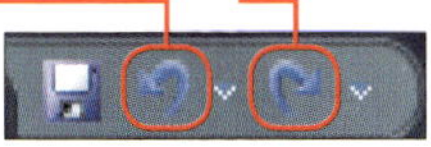

Und zum Speichern Ihrer Arbeitsmappe klicken Sie links auf

.

**2** Angenommen, Sie benötigen häufig den Befehl, mit dem Spalten in eine Tabelle eingefügt werden. Dann wäre es praktisch, diese Anweisung in die Symbolleiste aufzunehmen. Klicken Sie dazu rechts neben der Leiste auf

.

**3** In der Auswahl, die daraufhin aufklappt, sehen Sie an den Haken, welche Befehle sich aktuell in der Symbolleiste befinden. Zudem werden Ihnen etliche Befehle angeboten, die Sie per Mausklick in die Leiste übernehmen können. Der Befehl zum Spalteneinfügen befindet sich allerdings nicht darunter. Klicken Sie daher auf ●.

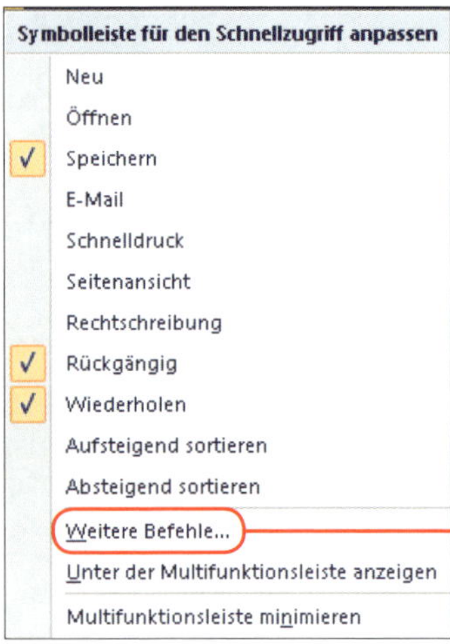


**4** Im Fenster, das anschließend angezeigt wird, lassen Sie den Bereich ●

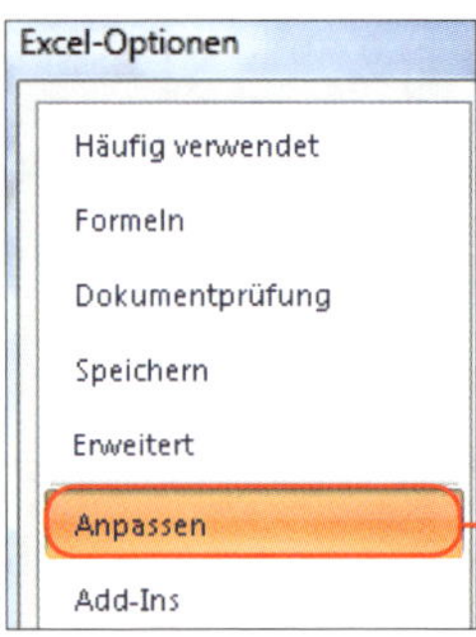


im Vordergrund. Über das erste Auswahlfeld ● können Sie bei Bedarf auf den gesamten Befehlsfundus zugreifen. Im Beispielfall ist dies jedoch nicht nötig. Klicken Sie stattdessen im Bereich darunter einfach auf ●,

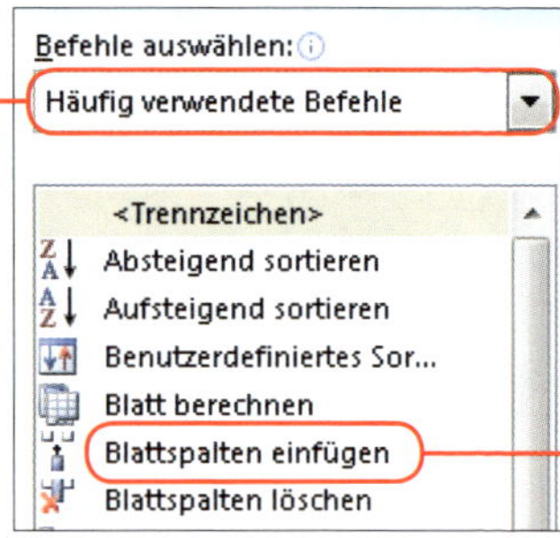


um den Eintrag zu markieren: ●.

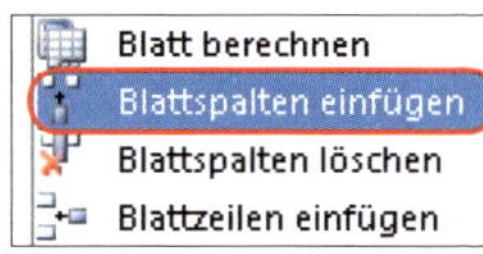


**5** Sobald Sie danach neben der Spalte mit den vorhandenen Befehlen auf die Schaltfläche

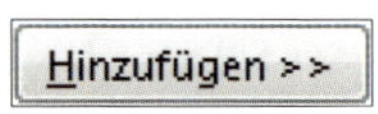


klicken, erscheint der Befehl in der Spalte rechts: ●.

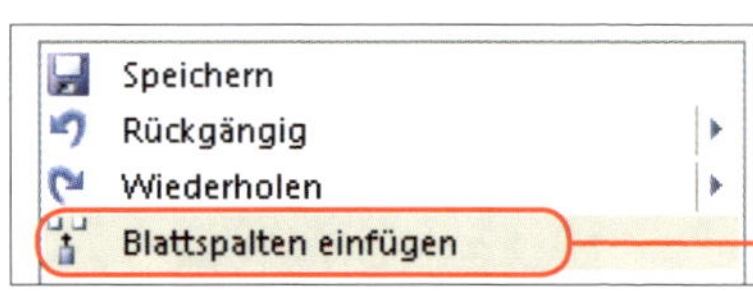

Dort sind die Befehle aufgelistet, die in der Symbolleiste erscheinen sollen.

**6** Zur Bestätigung genügt ein Mausklick auf die Schaltfläche

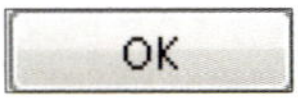

.

Sofort taucht das neue Symbol in der Symbolleiste für den Schnellzugriff auf. Wenn Sie künftig eine Spalte in Ihre Tabelle einfügen wollen, brauchen Sie das neue Symbol

nur anzuklicken.

## Arbeitsmappen schneller speichern

Wenn Sie eine neue Arbeitsmappe speichern möchten, wird Ihnen in der Standardeinstellung Ihr Dokumente-Ordner als Speicherort vorgeschlagen. Nun kann es aber gut sein, dass Sie Ihre Tabellen in der Regel lieber in einem anderen Ordner ablegen wollen, etwa im Ordner „Öffentliche Dokumente“, um auch anderen Benutzern Ihres Rechners oder Ihres Netzwerks den Zugriff darauf zu ermöglichen. Damit Sie diesen Ordner nicht jedes Mal erst ansteuern müssen, machen Sie ihn einfach zum Standardspeicherort.

**1** Klicken Sie zunächst links oben im Programmfenster auf das Office-Symbol

und dann unterhalb der Auflistung der zuletzt bearbeiteten Dateien auf die Schaltfläche

.

**2** Im Optionen-Fenster, das daraufhin geöffnet wird, können Sie das Verhalten von Excel bis ins Detail festlegen. Klicken Sie dort auf ,

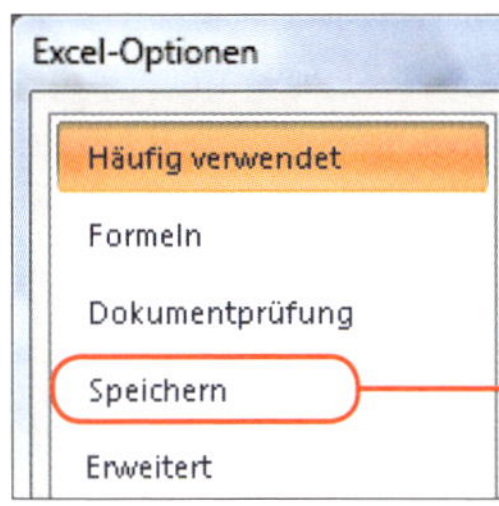


sehen Sie im Feld

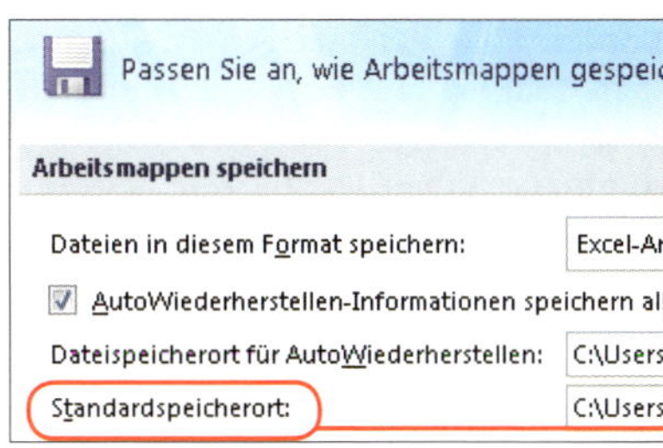

den aktuell eingestellten Standardspeicherort.

**3** Tippen Sie in dieses Feld die Pfadangabe des gewünschten Speicherorts ein. Im Beispielfall muss also nur der Benutzername, hier ●,

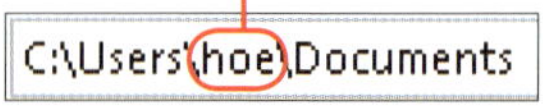


mit dem Ausdruck „public“ (engl. für „öffentlich“) überschrieben werden: ●.

Danach klicken Sie zur Bestätigung auf die Schaltfläche

.

**4** Probieren Sie am besten gleich aus, ob alles geklappt hat. Schließen Sie Excel, und starten Sie es erneut. Sobald Sie dann auf

sowie anschließend auf ●

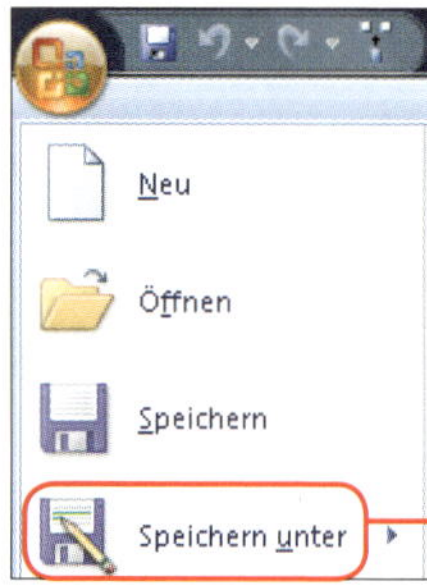


klicken, wird wunschgemäß der Ordner „Öffentliche Dokumente“ vorgeschlagen.

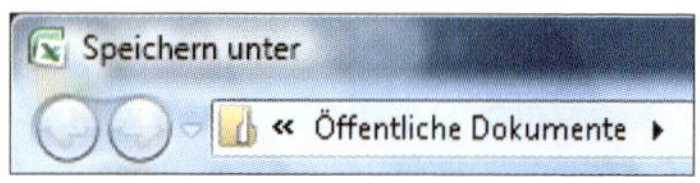


## Excel auf den neuesten Stand bringen

Professionelle Programme wie Excel werden ständig weiterentwickelt. So werden zum Beispiel Fehler, die erst nach dem Verkauf des Programms auftraten, beseitigt oder neu hinzugekommene Sicherheitslücken gestopft. Diese Programmverbesserungen werden von Microsoft im Internet zur Verfügung gestellt. Schon in wenigen Sekunden können Sie prüfen, ob es aktuell Verbesserungen gibt oder nicht. Zudem können Sie diese sogenannten Updates im Fall der Fälle auch gleich einrichten.

**1** Stellen Sie zunächst eine Internetverbindung her. Klicken Sie dann links unten auf Ihrem Bildschirm auf

und anschließend im geöffneten Startmenü auf den Eintrag

.

**2** Wenn Sie im Menü, das nun zu sehen ist, auf den Eintrag ●

klicken, erfahren Sie bereits nach wenigen Sekunden, ob Programmverbesserungen vorhanden sind.

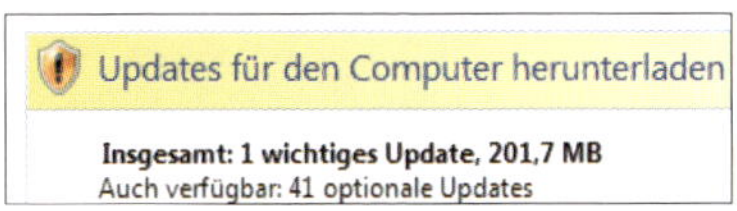


**3** Um sich erst einmal einen Überblick über sämtliche vorhandenen Updates für Windows Vista und für Office-Programme zu verschaffen, klicken Sie rechts neben dieser Meldung *nicht* gleich auf die Schaltfläche „Updates installieren", sondern zunächst auf den Verweis ●.

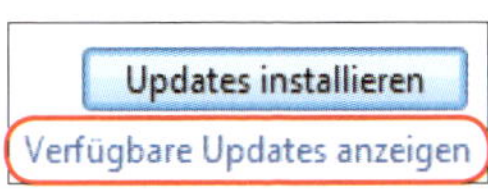


Dann wird eine Liste eingeblendet. Im Beispielfall benötigen Sie lediglich das „Service Pack" für die Office-Pakete. Da sich in dem Auswahlkästchen bereits ein Haken befindet ●,

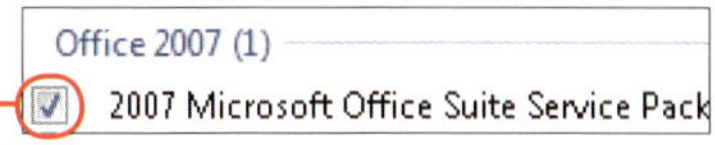


können Sie direkt auf die Schaltfläche

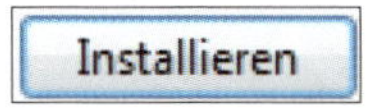


klicken.

**4** Die Programmverbesserungen werden anschließend auf Ihren Rechner überspielt und auch gleich installiert. Über den aktuellen Stand werden Sie stets informiert.

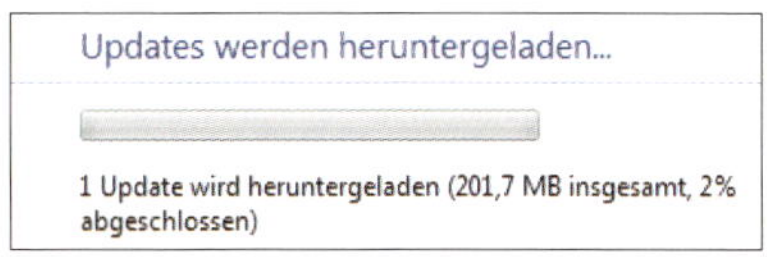


Ist die Installation erfolgreich verlaufen, erscheint eine entsprechende Erfolgsmeldung.

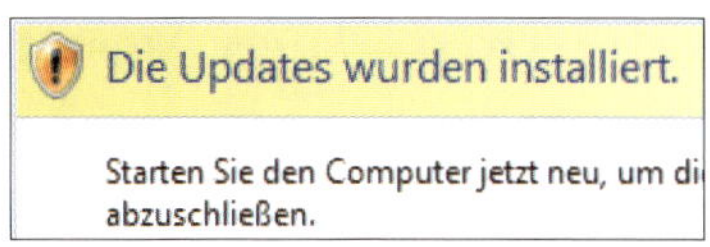


Im Beispielfall ist ein Neustart des Rechners nötig. Um diesen durchzuführen, brauchen Sie nur auf

zu klicken. Danach ist Ihr Office-Programmpaket – und damit auch Excel – auf dem neuesten Stand.

# 2 Tabellen einfach ausfüllen

Mit Excel Daten zu erfassen, ist ein Kinderspiel. Und es spielt praktisch keine Rolle, ob es sich bei diesen Daten um Wörter, also etwa Namenslisten, oder um Zahlenwerte handelt. Genau so wie Sie ein Blatt Papier in Zeilen und Spalten einteilen und dann die dazugehörigen Werte unter- oder nebeneinander schreiben, gehen Sie beim Erstellen und Ausfüllen einer Excel-Tabelle vor. Um eine Eingabe in einer Zelle zu bestätigen, genügt es, diese Zelle zu „verlassen". Dazu klicken Sie einfach mit der Maus in die nächste Zelle, in die Sie etwas eintragen möchten. Oder Sie verwenden die Richtungstasten ↑, ↓, →, ←, die Eingabetaste ↵ oder die ⇄-Tabulatortaste. Damit die Arbeit für Sie leichter wird, bietet Ihnen Excel etliche Ausfüllhilfen an, mit denen Sie beispielsweise blitzschnell fortlaufende Monatsnamen eintragen können. Zudem brauchen Sie in vielen Fällen Daten gar nicht selbst zu erfassen, sondern greifen auf bestehende Sammlungen zurück.

Im zweiten Kapitel dieses Buches erfahren Sie,
- wie Excel-Tabellen aufgebaut sind,
- wie Sie sich Eingaben vorschlagen lassen,
- wie Sie Umsatzdaten Ihres Online-Kontos in eine Excel-Tabelle übernehmen,
- wie Sie Namenseingaben in zwei Spalten aufteilen,
- wie Sie Zellinhalte zusammenführen,
- wie Sie falsche Eingaben ruckzuck in der ganzen Tabelle korrigieren
- und wie Excel Doubletten aufspürt und beseitigt.

### Kapitel-Wegweiser

# Werte aus einer Vorschlagsliste übernehmen

Excel versucht, Ihnen so viel Arbeit wie möglich abzunehmen. Das merken Sie zum Beispiel auch, wenn Sie bei der Datenerfassung verschiedene Ausgabekategorien einfach aus einer Vorschlagsliste übernehmen können. Dabei sparen Sie sich nicht nur Tipparbeit, sondern verhindern auch Rechtschreibfehler und stellen die einheitliche Erfassung sicher. Sie brauchen sich die Bezeichnungen einzelner Ausgabearten nämlich nicht zu merken, sondern sehen auf den ersten Blick, welche Sie bisher bereits verwendet haben.

In der Beispieltabelle erfassen Sie in der Spalte A Ausgabearten, in der Spalte B die dazugehörigen Werte.

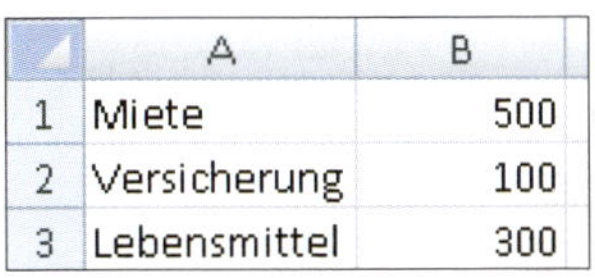


**1** Es ist Ihnen sicherlich schon aufgefallen, dass Excel Vermutungen darüber anstellt, welche Eingabe Sie als Nächstes vornehmen wollen. Sobald Sie etwa in der Beispieltabelle in die Zelle A4 den ersten Buchstaben „M“ eingetippt haben, prüft Excel, ob in dieser Spalte schon einmal ein Wert vorgekommen ist, der mit diesem Buchstaben beginnt. Im Beispiel ist dies in der Zelle A1, in der „Miete“ steht, der Fall. Excel unterbreitet Ihnen daher diesen Vorschlag: ●.

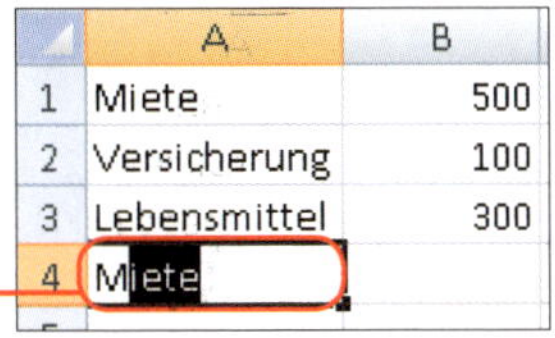


Um ihn zu übernehmen, brauchen Sie gar nicht weiterzutippen, sondern nur die Taste ↵ oder ⇆ zu drücken. Schon wird das Wort eingetragen: ●.

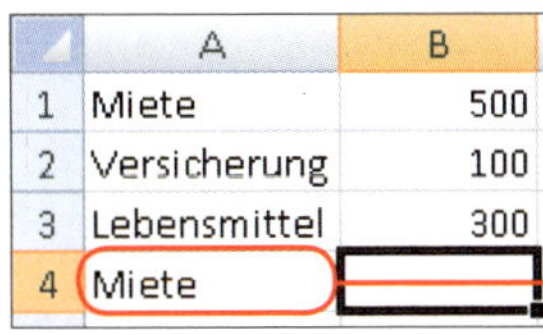


> **! Bezeichnungen rund um Tabellen**
>
> Die Kästchen, aus denen sich eine Tabelle zusammensetzt, bezeichnet man als Zellen. Jede Zelle hat durch Spaltenbuchstabe und Zeilennummer eine eindeutige Zelladresse. So lautet zum Beispiel die Adresse der Zelle ganz links oben „A1“. Unter Spaltenkopf versteht man die Zeile mit den Spaltenbuchstaben ● und unter Zeilenkopf die Spalte mit den Zeilennummern ●.
>
> 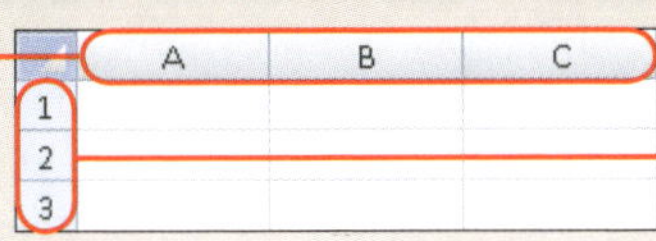
> 

**2** Diese Merkfähigkeit von Excel können Sie noch intensiver nutzen: Gerade in umfangreichen Tabellen kann es leicht passieren, dass Sie nicht mehr genau wissen, wie Sie eine Ausgabeart genannt haben. Zum Glück müssen Sie in einem solchen Fall nicht die ganze Tabelle absuchen. Klicken Sie stattdessen mit der rechten (!) Maustaste in die Zelle, in der Sie die Bezeichnung eintragen möchten, im Beispiel ●. Im Kontextmenü, das daraufhin angezeigt wird, folgt ein Klick auf ●.

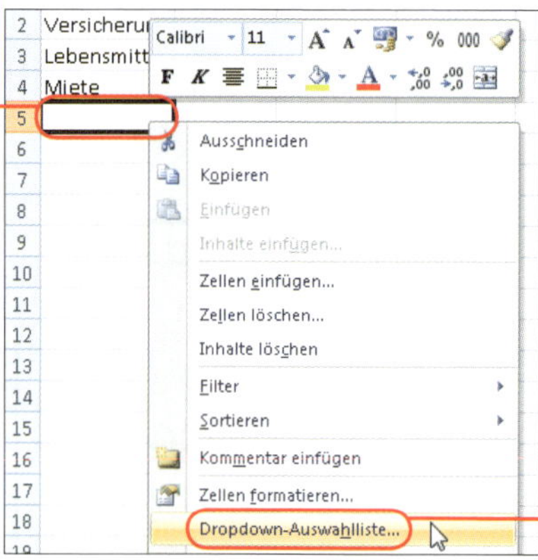


**3** Excel präsentiert Ihnen anschließend alle Einträge, die Sie in dieser Spalte schon einmal vorgenommen haben. Klicken Sie in dieser Liste die Bezeichnung an, die Sie benötigen, im Beispiel ●,

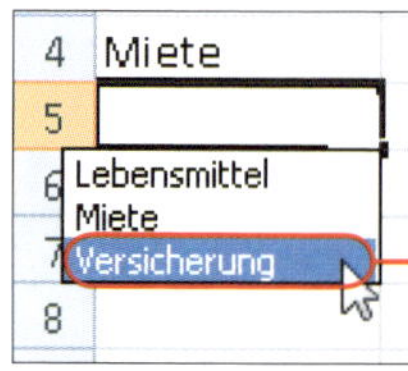


wird diese umgehend übernommen: ●.

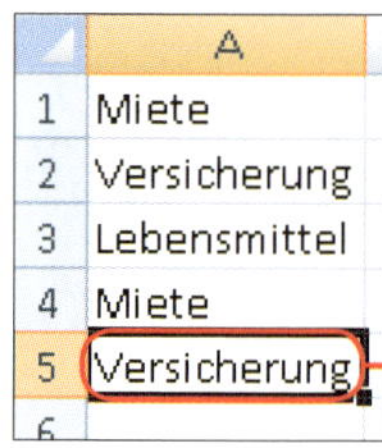


Auf diese Weise können Sie die Spalte ganz einfach einheitlich - und ohne Tippfehler zu machen - ausfüllen.

## Eigene Ausfülllisten erstellen

Es gibt Tabellengerüste, in denen immer wieder die Monatsnamen von Januar bis Dezember oder die Wochentage von Montag bis Sonntag erscheinen müssen. Solche häufig benötigten Reihen können Sie im Nu automatisch vervollständigen lassen. Denn Excel bietet Ihnen die Funktion „Autoausfüllen". Zudem lässt sich die praktische Hilfe noch ergänzen. Es ist nämlich auch möglich, eigene Reihen als Listen anzulegen.

**1** Um die Wirkungsweise der automatischen Ausfüllhilfen zu verdeutlichen, tippen Sie in die Zelle A1 den Monatsnamen „Januar“ ein. Klicken Sie dann in die Zelle, um sie zu aktivieren. Anschließend führen Sie den Mauszeiger über das kleine Quadrat in der rechten unteren Ecke: ●.

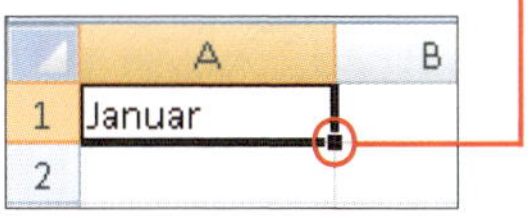


Der Mauszeiger verändert daraufhin seine Form: ●.

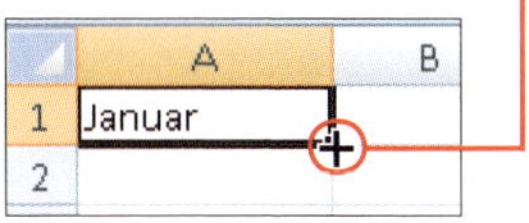


**2** Drücken Sie nun die linke Maustaste, halten Sie sie gedrückt, und führen Sie mit weiterhin gedrückter Maustaste eine Ziehbewegung nach unten aus. Wenn Sie beispielsweise die Monate des ersten Halbjahres brauchen, führen Sie die Ziehbewegung so weit nach unten aus, bis die Bezeichnung „Juni“ als Hinweistext angezeigt wird: ●.

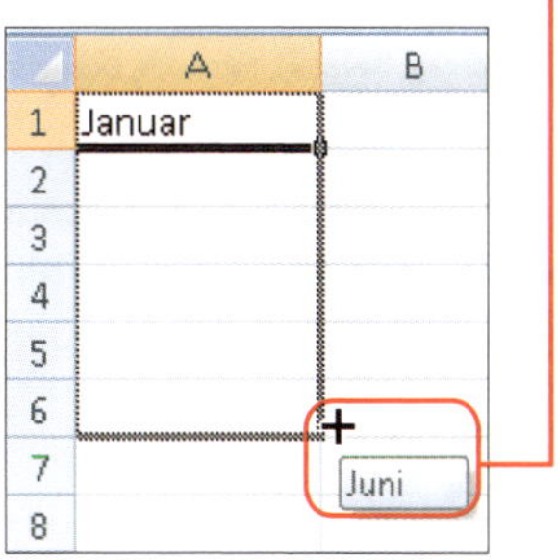


Lassen Sie dann die Maustaste los, tauchen die Namen der ersten sechs Monate auf.

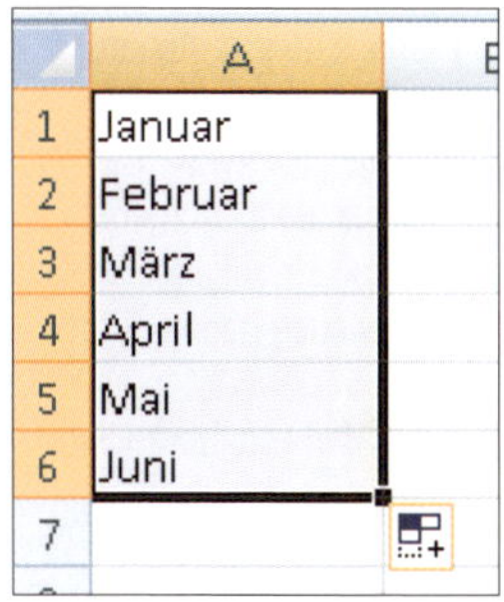


Mithilfe dieser Technik können Sie sich natürlich jede Menge Tipparbeit ersparen.

**3** Eine solche Ausfüllliste können Sie auch selbst anlegen. Stellen Sie sich zum Beispiel vor, Sie benötigen häufig Auflistungen der Filialen Ihrer Firma und möchten sich dabei die Arbeit erleichtern. Dann gehen Sie so vor: Klicken Sie als Erstes auf das Office-Symbol

und danach unterhalb der Auswahl der zuletzt geöffneten Dokumente auf die Schaltfläche

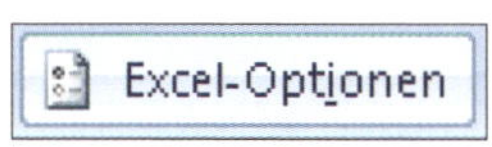


.

## Monatsnamen kopieren

Beim Autoausfüllen wählt Excel die wahrscheinlichste Variante. Im Beispiel der Schritte 1 und 2 dieser Anleitung werden daher aufeinanderfolgende Monatsnamen eingetragen. Das ist zwar meistens, aber nicht immer so gewollt. Wollen Sie stattdessen beispielsweise den „Januar" mehrfach untereinander stehen haben, führen Sie den Mauszeiger nach dem automatischen Ausfüllen über das dann sichtbare Symbol ●,

bis ein nach unten weisender Pfeil erscheint. Nach einem Klick auf diesen Pfeil ●

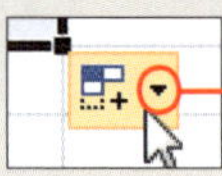

öffnet sich ein Menü. Klicken Sie darin einfach auf ●.

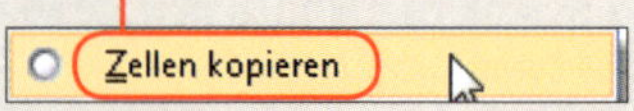


Schon kopiert Excel den obersten Eintrag, also den Januar: ●.

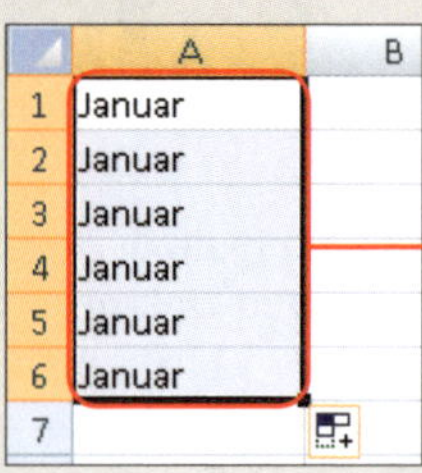


**4** Im Fenster, das daraufhin angezeigt wird, behalten Sie die Vorauswahl ●

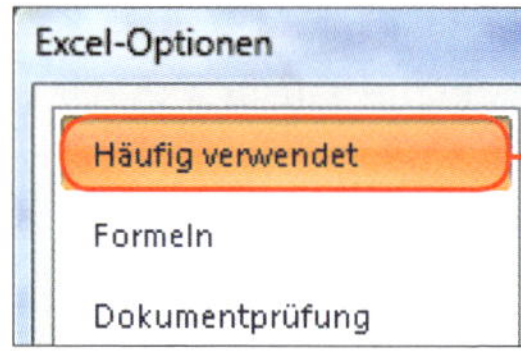


im Bildschirmvordergrund und klicken direkt auf die Schaltfläche

.

**5** Anschließend sehen Sie, welche Listen Sie mit Excel für das Autoausfüllen nutzen können. Um eine eigene Liste anzulegen, lassen Sie die Markierung ●

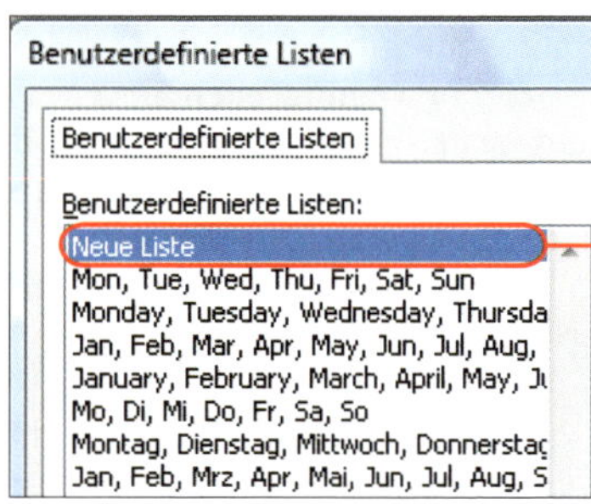


stehen, tippen im Fensterbereich rechts daneben die erste Filialbezeichnung ein, hier ●,

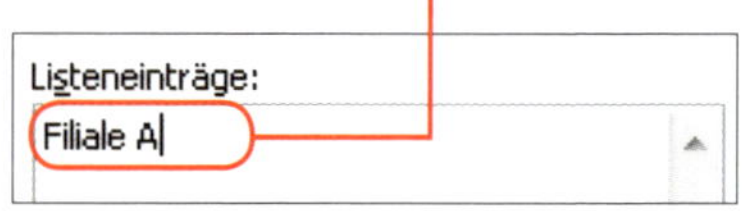

und drücken dann auf die [↵]-Taste, um den nächsten Wert eintippen zu können.

**6** Auf diese Weise tragen Sie auch die übrigen Bezeichnungen ein.

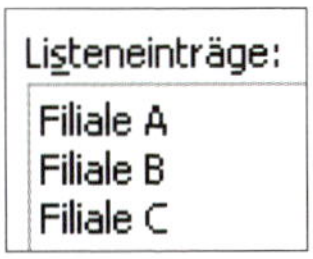


Zur Bestätigung klicken Sie danach auf die Schaltfläche

,

und das noch geöffnete Optionen-Fenster schließen Sie ebenfalls per Klick auf

.

**7** Probieren Sie die Funktion gleich einmal aus: Tippen Sie einen Wert der Liste ein, und führen Sie den Mauszeiger über die rechte untere Ecke ●,

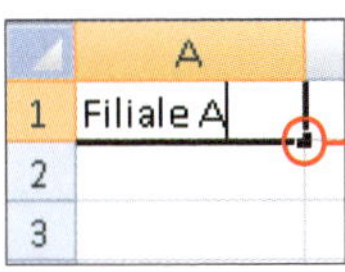


bis er wieder seine Form verändert: ●.

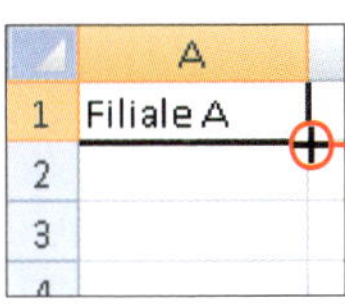


**8** Klicken Sie, und führen Sie mit weiterhin gedrückter Maustaste eine Ziehbewegung nach unten aus.

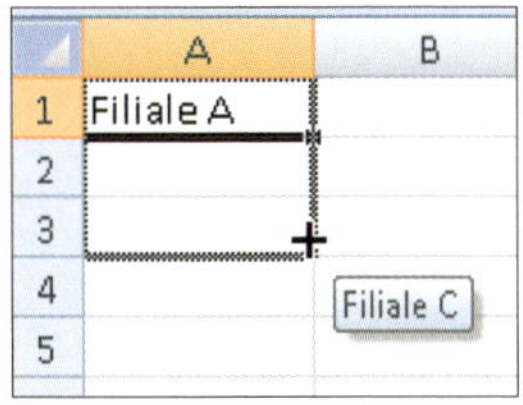


Sowie Sie die Maustaste loslassen, werden die Werte wunschgemäß ergänzt.

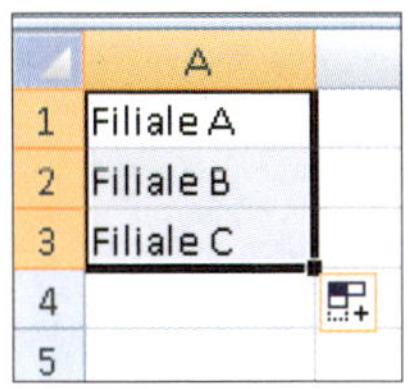


**9** Es gibt noch einen anderen Weg, um Excel zum selbstständigen Ausfüllen einer Liste zu bewegen. Dabei greifen Sie auf bereits bestehende Einträge in einer Excel-Tabelle zu. Im Beispiel sind die Namen der Verkäufer Ihrer Firma aufgelistet.

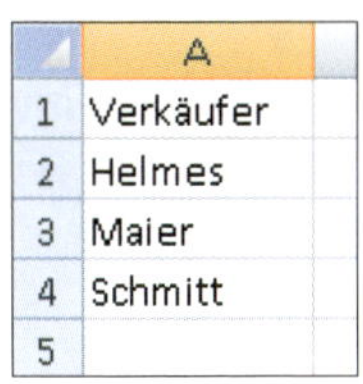


Diese tauchen logischerweise des Öfteren in Ihren Tabellen auf. Wiederholen

## Listen bearbeiten oder löschen

Natürlich können Sie Ihre selbst erstellten Listen auch bearbeiten oder wieder löschen. Wiederholen Sie dazu die Schritte 3 und 4 der nebenstehenden Anleitung, um das entsprechende Fenster zu öffnen. Wenn Sie Ihre Liste dann per Mausklick markiert haben,

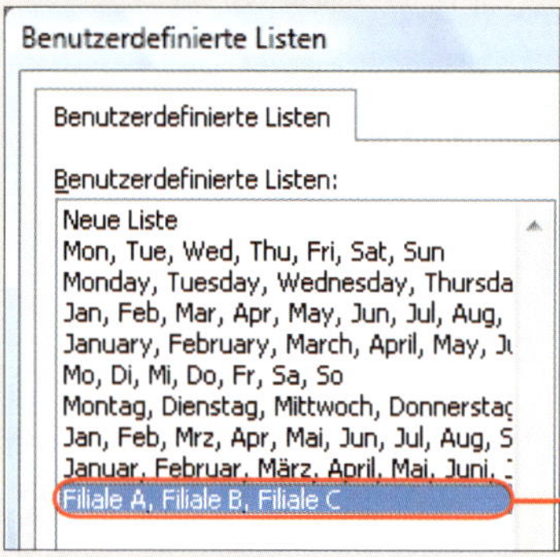


können Sie im Bereich rechts daneben die Einträge verändern oder ergänzen.

Falls Sie die markierte Liste hingegen nicht mehr benötigen, klicken Sie einfach auf die Schaltfläche

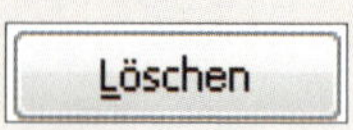

,

um sie zu entfernen.

Sie daher die Schritte 3 und 4 dieser Anleitung, um das Fenster mit den benutzerdefinierten Listen zu öffnen. Belassen Sie die Markierung auf ,

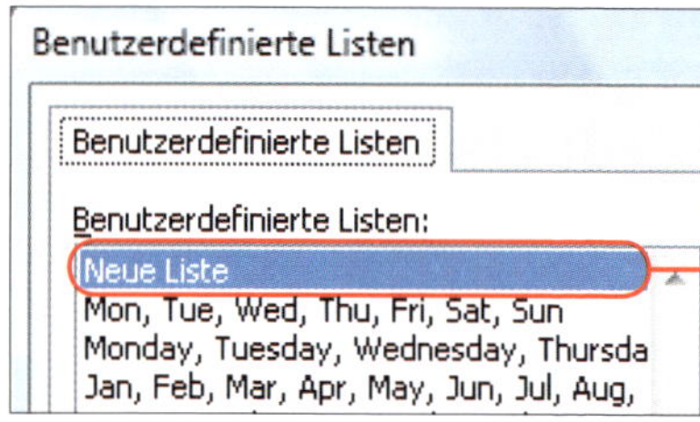


und klicken Sie dann rechts neben dem Feld

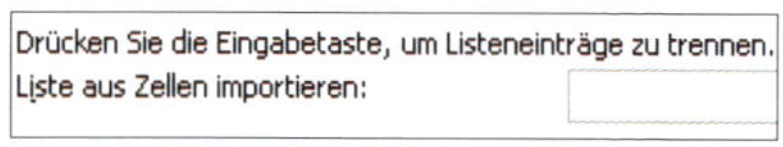


auf das Symbol

.

**10** In der Tabelle erscheint nun ein schmales zusätzliches Fenster: .

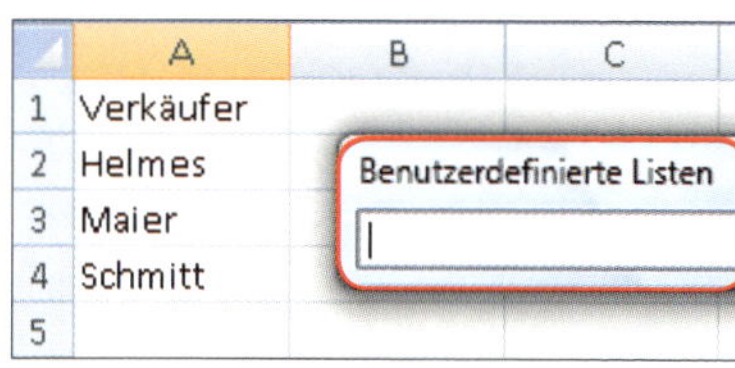


Markieren Sie in der Tabelle die Werte, die Sie in Ihre Liste aufnehmen möchten, im Beispiel also die Verkäufernamen ●. Die entsprechenden Zelladressen werden daraufhin im Fenster rechts eingefügt: ●.

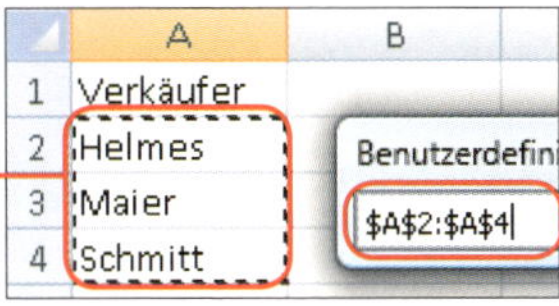


Ist das geschehen, klicken Sie rechts in diesem Fenster auf ●.

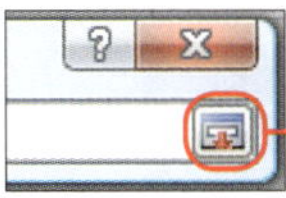

**11** Anschließend werden die Zelladressen ins Feld ●

übernommen. Klicken Sie nun rechts daneben auf die Schaltfläche

,

damit die dazugehörigen Namen in den entsprechenden Bereich eingelesen werden: ●.

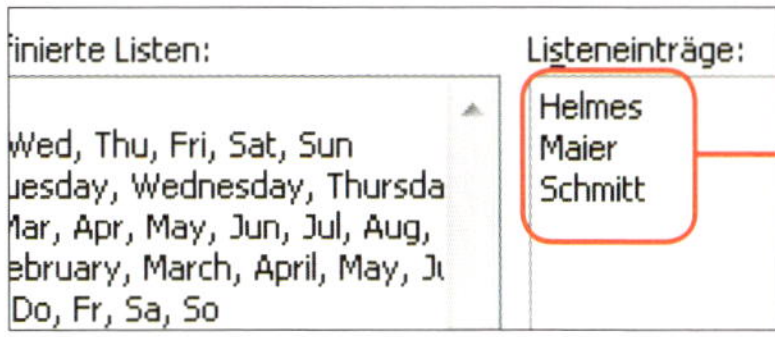


Zur Bestätigung genügt der übliche Klick auf

.

**12** Künftig können Sie auch auf diese Autoausfüllliste zugreifen. Wenn Sie einen Verkäufernamen in eine Tabelle eingetragen haben, brauchen Sie nur noch die in den Schritten 7 und 8 gezeigte Ziehtechnik anzuwenden.

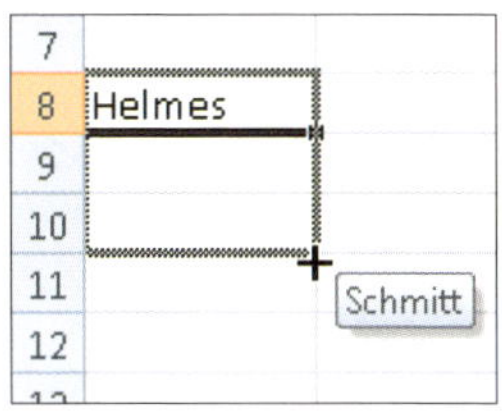


Lassen Sie die Maustaste los, werden die Namen ruckzuck ergänzt.

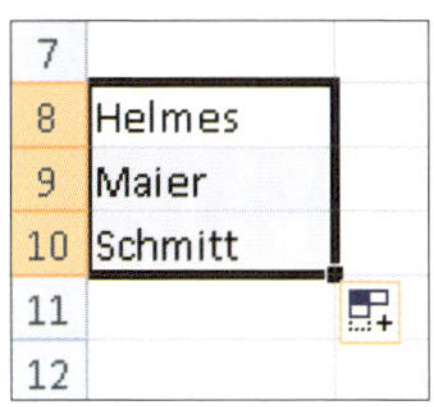

# Bankdaten übernehmen

Wenn Daten in einer Excel-Tabelle erfasst sind, stellt die Übernahme in ein neues Arbeitsblatt natürlich kein Problem dar. Häufig bekommen Sie Daten aber in einem allgemeinen Format, das von verschiedenen Tabellenkalkulations- oder Datenbankprogrammen verarbeitet werden kann. So bieten Ihnen beispielsweise viele Banken die Möglichkeit, die Umsätze auf Ihrem Online-Konto als sogenannte CSV-Dateien zu exportieren. Diese CSV-Dateien können Sie dann in eine Excel-Tabelle importieren.

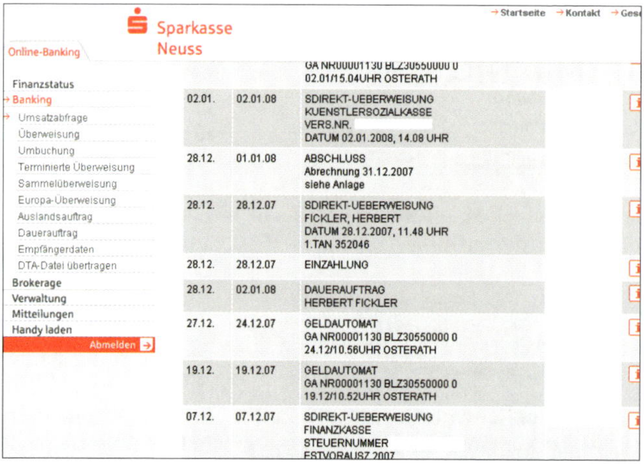


**1** Als Beispiel dient ein Online-Konto bei der Sparkasse. Angenommen, Sie wollen in einer Excel-Tabelle Ihre Einnahmen und Ausgaben analysieren. Als Basis sollen die Umsätze Ihres Online-Kontos dienen. Rufen Sie also zunächst die entsprechende Seite auf, und führen Sie eine Umsatzabfrage durch. (In der Beispielabbildung sind die Beträge und einzelne persönliche Angaben aus Datenschutzgründen unkenntlich gemacht.)

**2** Wie sehr viele andere Banken auch bietet die Sparkasse ihren Kunden die Möglichkeit, die Daten der Umsatzabfrage als Datei zu speichern. Klicken Sie dazu auf das Symbol

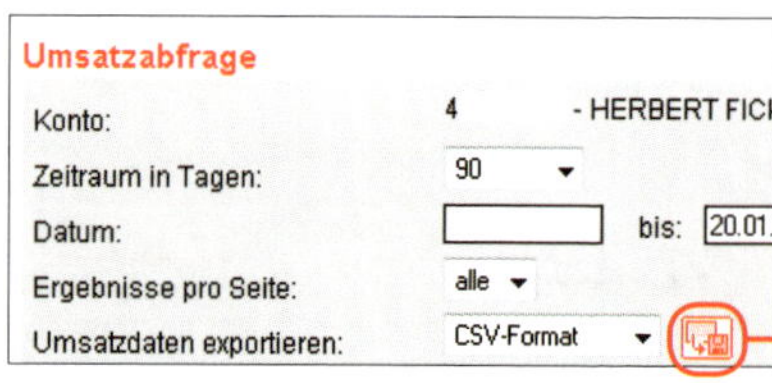


und im nachfolgenden Fenster auf die Schaltfläche .

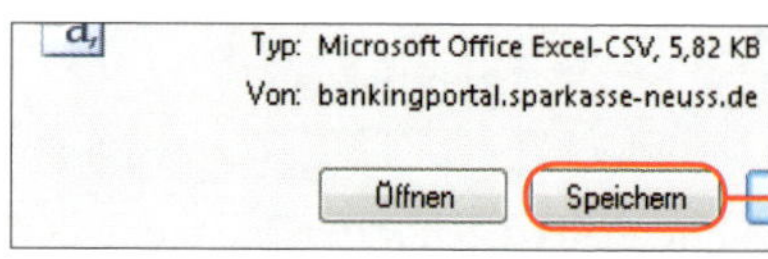

### Blockade der Dateiübertragung aufheben

Der Internet Explorer ist aus Sicherheitsgründen standardmäßig so eingestellt, dass die Übertragung einer Datei aus dem Internet zunächst verhindert wird. Sie merken dies daran, dass nach dem Schritt 2 ein Hinweis eingeblendet wird

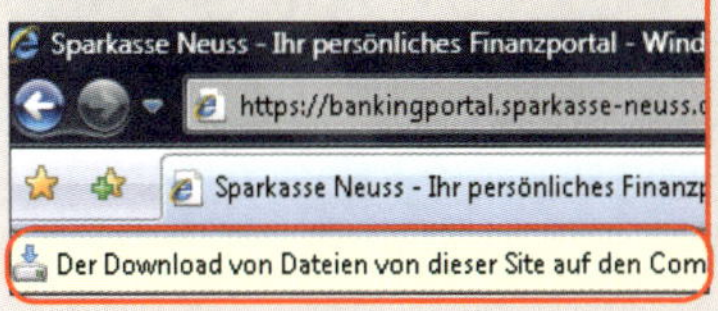


und sonst nichts weiter geschieht. In einem solchen Fall klicken Sie einfach in die Zeile mit dem Hinweis und in der anschließend geöffneten Befehlsauswahl auf .

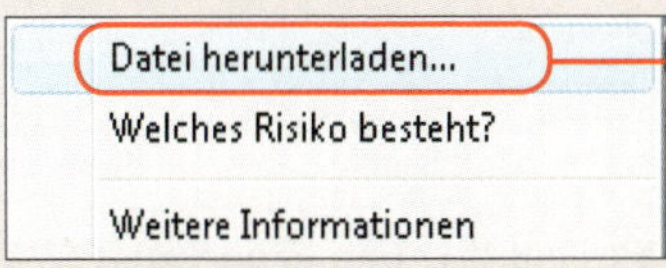


Danach geht es weiter wie in Schritt 3 beschrieben.

**3** Wählen Sie dann den Speicherort für die Datei, im Beispiel ,

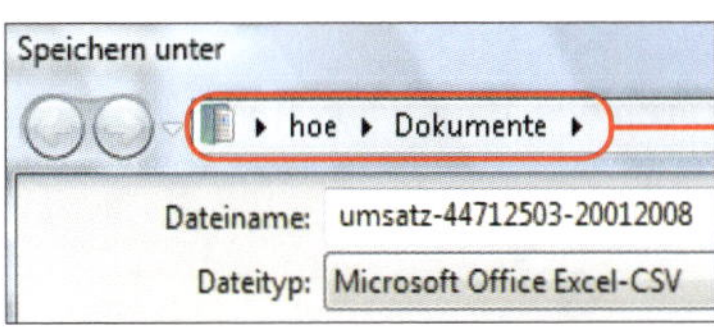


und klicken Sie auch in diesem Explorer-Fenster auf

.

Sobald die Datei komplett auf Ihren Rechner überspielt wurde, erhalten Sie eine Erfolgsmeldung,

die Sie einfach per Klick auf

zur Kenntnis nehmen.

**4** Die Datei befindet sich nun auf Ihrem Rechner. Allerdings werden Sie sie dort vermutlich zunächst vergeblich suchen. Wenn Sie nämlich auf und dann auf

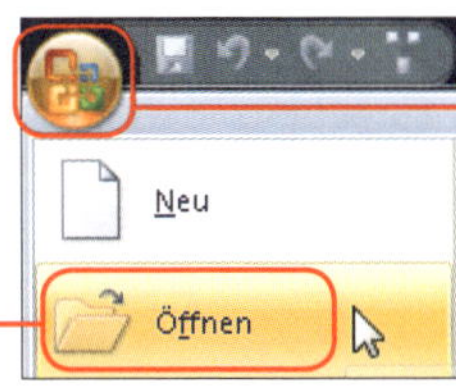


klicken, landen Sie zwar im richtigen Ordner ,

sehen aber nicht die gewünschte Datei.

**5** Das liegt daran, dass Excel standardmäßig nur Excel-Dateien anzeigt. Die Datei, die Sie auf Ihren Rechner überspielt haben, hat jedoch ein anderes Dateiformat. Daher müssen Sie rechts unten im Explorer-Fenster auf

und anschließend auf

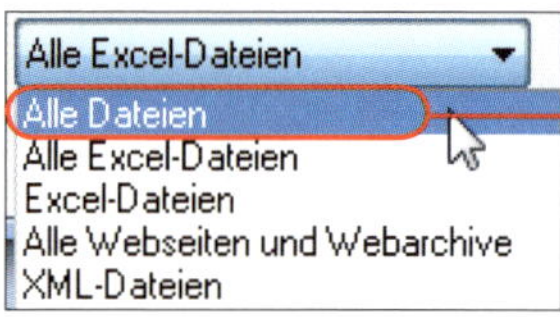


klicken. Dann werden alle Dateitypen, eben auch die CSV-Datei, in Ihrem Dokumente-Ordner angezeigt.

und klicken Sie danach auf

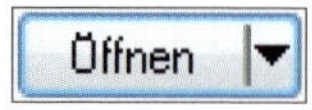


,

damit die Datei im Excel-Programmfenster auftaucht.

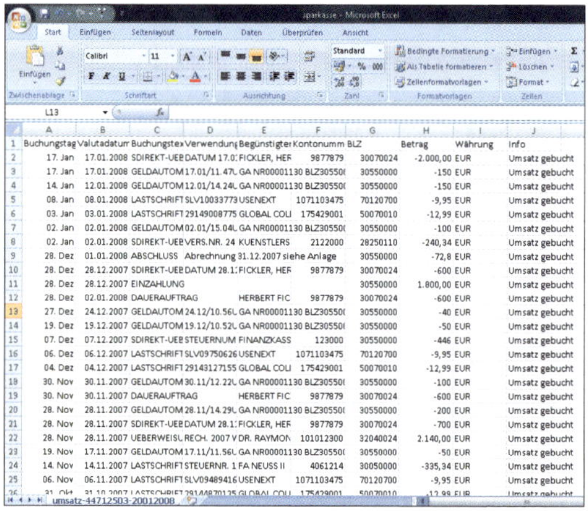


**6** Jetzt ist auch die soeben überspielte Datei zu sehen. Markieren Sie die Datei mit einem Mausklick,

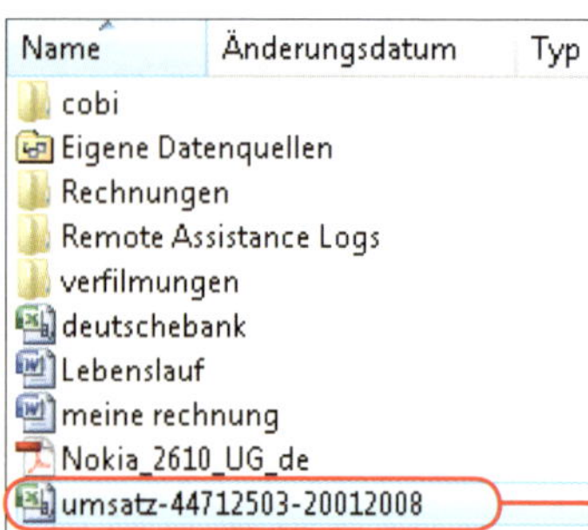


**7** Sie liegt aber immer noch als CSV-Datei vor. Um eine Umwandlung ins Excel-Format vorzunehmen - man bezeichnet diesen Vorgang als Konvertieren -, klicken Sie auf

,

führen den Mauszeiger über

und klicken dann auf den Eintrag ●.

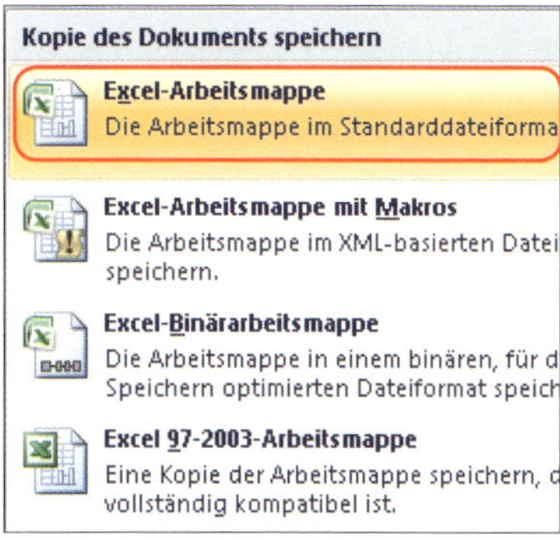


**8** Im daraufhin geöffneten Explorer-Fenster wählen Sie den Speicherort, im Beispielfall also ●,

geben Ihrer Datei einen Namen, etwa ●,

und klicken schließlich auf die Schaltfläche

.

## Eigene Daten weitergeben

Im vorigen Abschnitt haben Sie erfahren, wie Sie Tabellendaten übernehmen können, ohne dass diese als Excel-Arbeitsmappen vorliegen. Aber es geht auch genau andersrum: Analog dazu können Sie Ihre Excel-Arbeitsmappen in ein Dateiformat konvertieren, das von anderen Tabellenkalkulations- oder Datenbankprogrammen verarbeitet werden kann. Im Beispiel speichern Sie eine Arbeitsmappe im grundlegenden CSV-Format.

**1** Um eine geöffnete Arbeitsmappe als CSV-Datei zu speichern, klicken Sie zunächst ganz normal auf ● und in der dann angezeigten Liste auf ●.

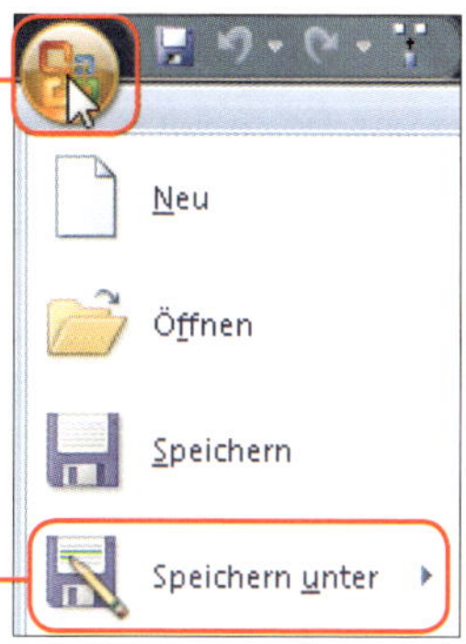


**2** Im Explorer-Fenster, das daraufhin erscheint, legen Sie als Erstes wie gewohnt den Speicherort fest.

Dann geben Sie der Datei wieder einen Namen, im Beispiel ●. Den Dateityp ●

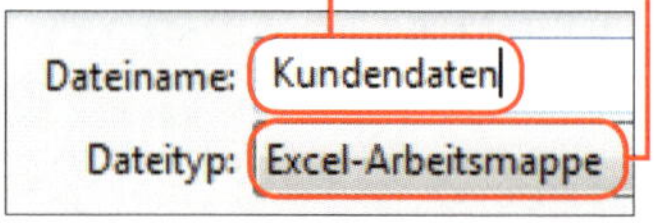


müssen Sie jetzt aber verändern. Klicken Sie dazu am rechten Rand dieses Feldes auf den Pfeil

und in der geöffneten Auswahl auf ●.

**3** Sobald Sie den Dateityp wie beschrieben geändert haben ●,

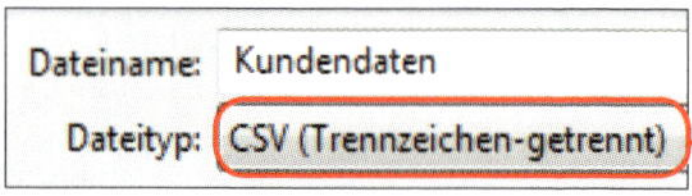


brauchen Sie nur noch auf die Schaltfläche

zu klicken. Jetzt kann Ihre Excel-Datei auch von einem anderen Tabellenkalkulationsprogramm geöffnet und bei Bedarf bearbeitet werden.

## Zellinhalte flott ändern

Gerade wenn Sie „fremde" Daten übernehmen, kann es vorkommen, dass Sie Eingaben verändern wollen oder auch müssen, etwa die Schreibweise eines Namens. Dazu brauchen Sie die Tabelle nicht Zeile für Zeile abzusuchen und die entsprechenden Änderungen manuell vorzunehmen. Mithilfe der Funktion „Suchen/Ersetzen" geht das viel flotter.

**1** Die Beispieltabelle enthält eine falsche Schreibweise des Namens „Maier". Statt mit „ai" wird der Name hier mit „ay" geschrieben.

| | A |
|---|---|
| 1 | Mayer |
| 2 | Schmitt |
| 3 | Mayer |
| 4 | Müller |
| 5 | Lehmann |

Um dies zu ändern, klicken Sie im Start-Register der Multifunktionsleiste auf

und anschließend auf den Eintrag ●.

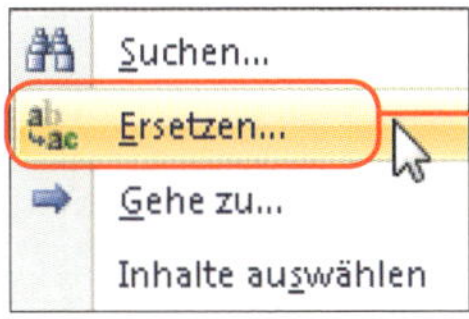


**2** In dem Fenster, das daraufhin angezeigt wird, tippen Sie die falsche Schreibweise ins obere Feld ● und die korrekte ins Feld darunter ●.

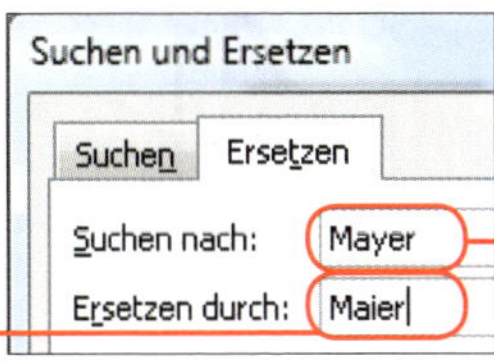


Es folgt ein Mausklick auf die Schaltfläche

.

**3** Schon wird die erste Zelle, die die falsche Schreibweise enthält, markiert: ●.

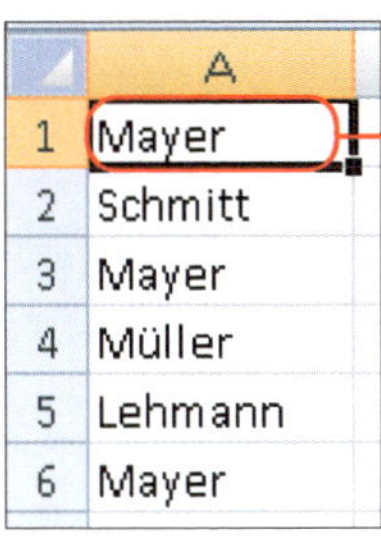


Wenn Sie nun auf die Schaltfläche

klicken, wird der markierte (falsch geschriebene) Name durch die korrekte Schreibweise ersetzt: ●. Gleichzeitig wird die nächste Fundstelle markiert: ●.

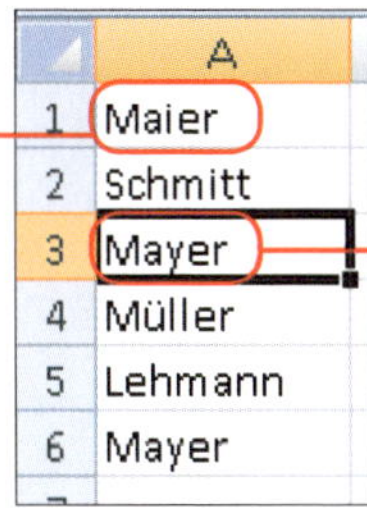


Auf diese Weise können Sie die ganze Tabelle durcharbeiten.

**4** Falls Sie einmal keine Änderung vornehmen möchten, klicken Sie statt auf „Ersetzen" auf

.

Wenn Sie dagegen sicher sind, dass sämtliche falschen Einträge entsprechend korrigiert werden müssen, können Sie auch gleich auf

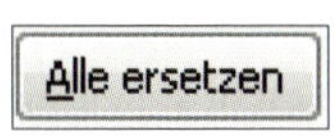


klicken. Dann werden nämlich auf einen Schlag alle „Mayer" durch „Maier" ersetzt. In diesem Fall brauchen Sie die Erfolgsmeldung nur noch zu bestätigen, indem Sie auf

klicken. Und das „Suchen und Ersetzen“-Fenster blenden Sie einfach per Klick auf aus.

## Zellinhalte aufteilen

Stellen Sie sich vor, Sie haben in ein und derselben Spalte sowohl den Vor- als auch den Nachnamen Ihrer Kunden erfasst. In der Beispieltabelle stehen diese Informationen gemeinsam in den Zellen der Spalte A.

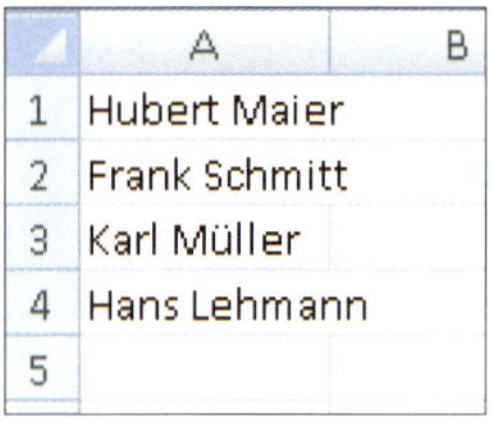


Damit die Namensliste sinnvoll sortiert werden kann, wäre es aber am besten, wenn die hier angezeigten Vor- und Nachnamen in unterschiedlichen Spalten erschienen. Mit Excel kein Problem: Teilen Sie die Werte, die in einer Spalte erfasst sind, einfach auf mehrere Spalten auf.

**1** Im Beispielfall sollen die Vornamen in der Spalte B, die Nachnamen in der Spalte C erscheinen. Klicken Sie dazu als Erstes im Spaltenkopf auf ,

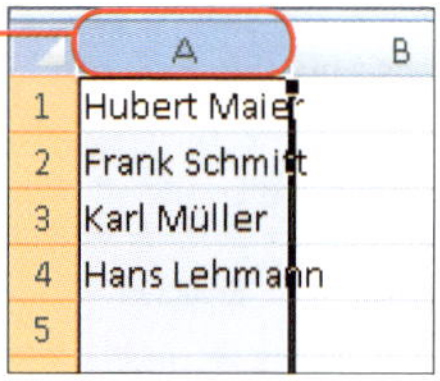


um die Spalte A zu markieren.

**2** Dann holen Sie per Klick in der Multifunktionsleiste auf den Registerreiter

das entsprechende Register in den Vordergrund und klicken dort in der Befehlsgruppe auf .

**3** Ein Assistent leitet Sie nun durch die weiteren Schritte. Im ersten Fenster

behalten Sie die Vorauswahl

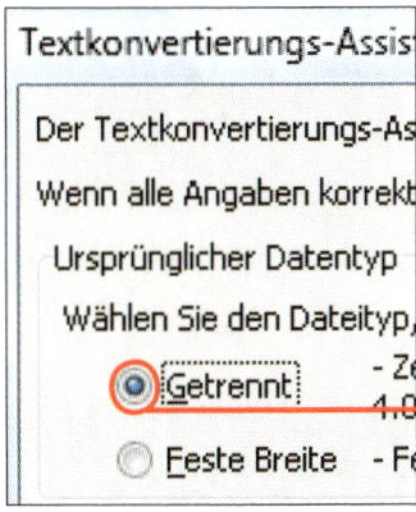


bei und klicken gleich auf die Schaltfläche

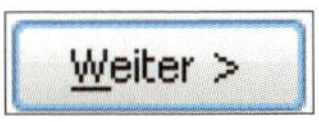


.

**4** Im Fenster, das daraufhin geöffnet wird, setzen Sie mit einem Mausklick einen Haken in das Auswahlkästchen.

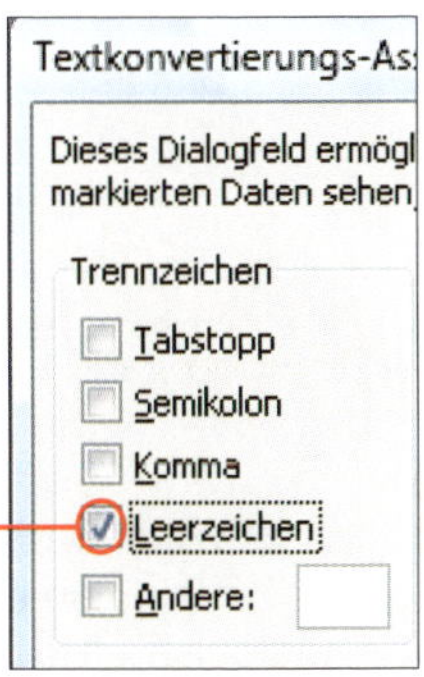


Aus den anderen Kästchen müssen Sie die Häkchen gegebenenfalls - ebenfalls per Mausklick - entfernen.

Um fortzufahren, klicken Sie danach wieder auf die Schaltfläche

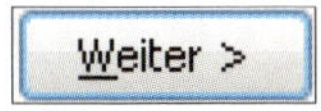


.

**5** Im dritten Assistentenfenster lassen Sie das Datenformat

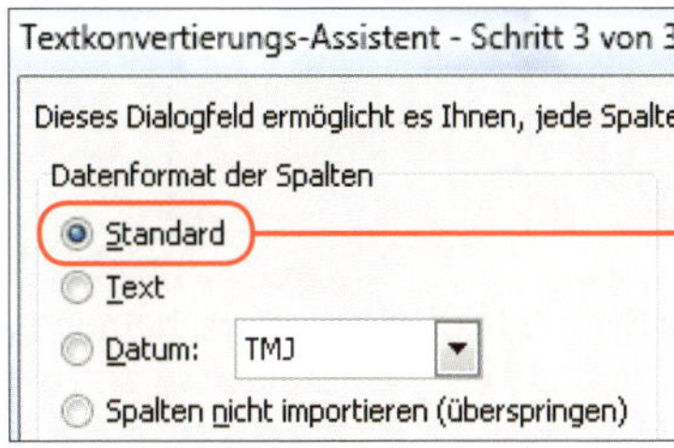


unverändert stehen. Den Zielbereich im Feld darunter

müssen Sie allerdings ändern. Klicken Sie dazu rechts in diesem Feld auf das Symbol

.

**6** Daraufhin taucht ein Hilfsfenster in Ihrer Arbeitsmappe auf:

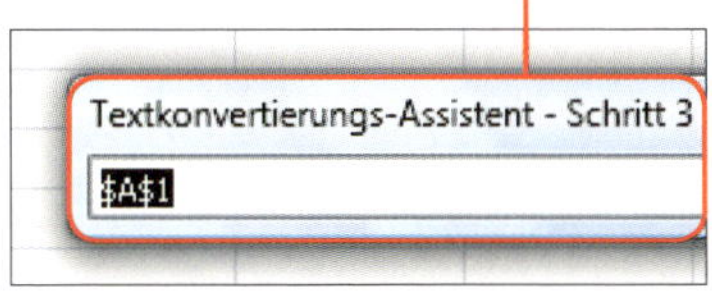


.

Markieren Sie nun die Spalten B und C, indem Sie zunächst auf ● klicken, dann die [⇧]-Taste drücken und bei weiterhin gedrückter Taste auf ●

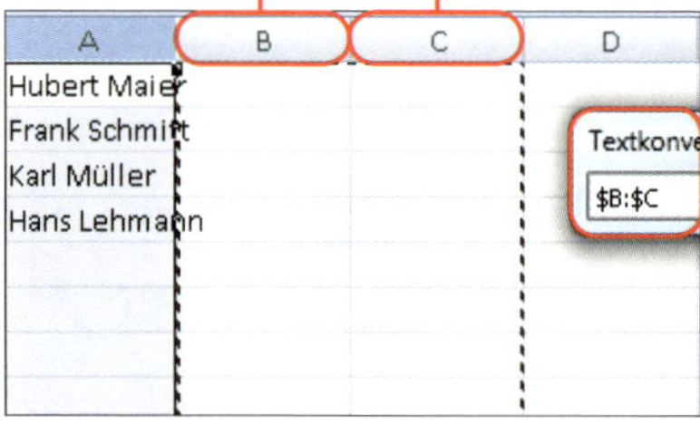


klicken. Im Hilfsfenster erscheinen anschließend die Adressen der Spalten ●, und Sie können rechts davon auf ● klicken.

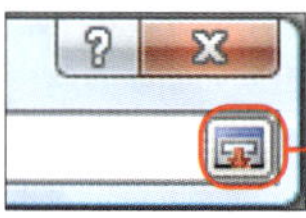

**7** Sie kehren dadurch wieder zum dritten Assistentenfenster zurück und sehen jetzt, dass der soeben neu eingegebene Zielbereich bereits automatisch übernommen wurde: ●.

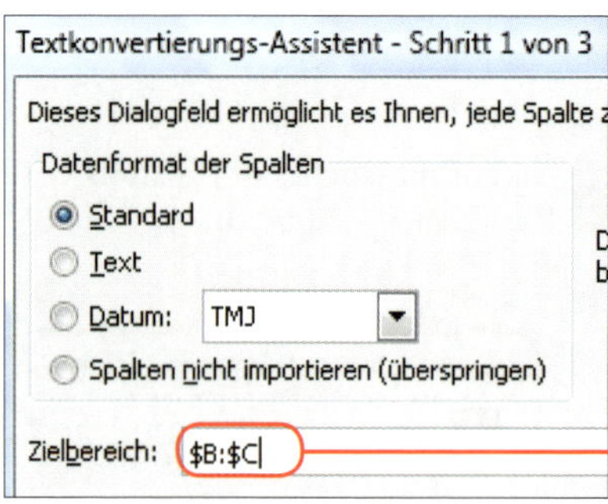


Das war es auch schon. Sie brauchen nur noch auf

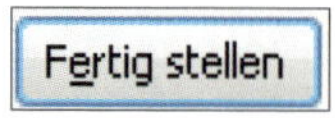


zu klicken. Schon sind die Werte der Spalte A auf die Spalten B und C aufgeteilt.

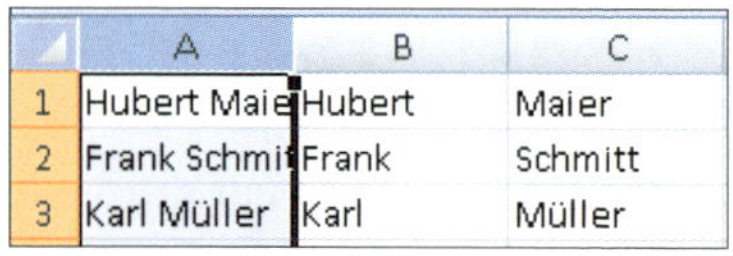


**8** Die Spalte A benötigen Sie nun nicht mehr. Um die Zellen zu löschen, lassen Sie die Markierung auf der Spalte A und klicken dann in der Multifunktionsleiste auf den Registerreiter

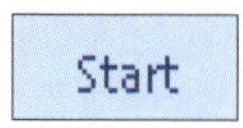


sowie anschließend auf ●.

Umgehend verschwinden die Zellen, und die Spalten mit den Vor- und Nachnamen rücken automatisch nach links.

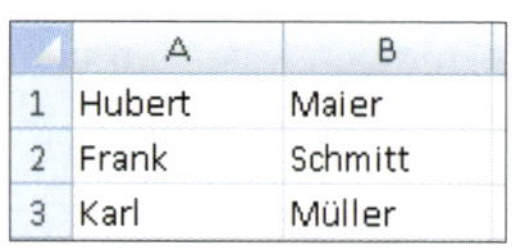

# Zellinhalte verbinden

Wie Sie im vorigen Abschnitt gesehen haben, ist es möglich, die Inhalte von Zellen aufzuspalten. Aber auch die gegenteilige Operation, also das Zusammenfügen von Informationen verschiedener Spalten in eine einzelne kann in bestimmten Fällen Sinn machen. Und zwar zum Beispiel im Folgenden:

**1** Angenommen, Sie haben Ihre Produkte in Warengruppen eingeteilt. Innerhalb dieser Gruppen sind die Produkte durchnummeriert. Aus der Nummer der Warengruppe und der Produktnummer möchten Sie eine eindeutige Bestellnummer bilden. Das bedeutet, dass in der Spalte C Nummern stehen sollen, die sich aus den Werten der Spalten A und B zusammensetzen. Klicken Sie dazu als Erstes in die Zelle C2.

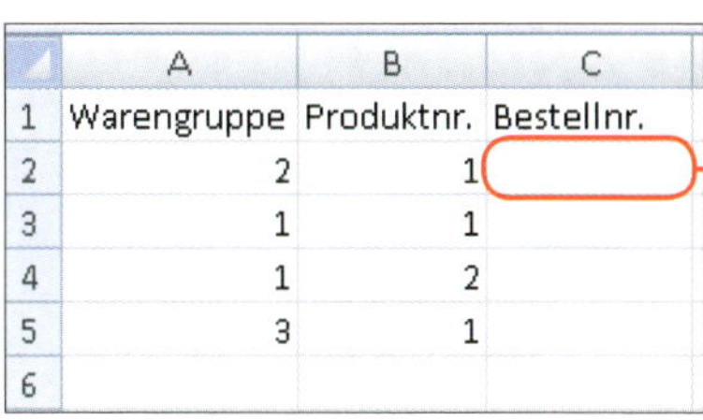

| | A | B | C |
|---|---|---|---|
| 1 | Warengruppe | Produktnr. | Bestellnr. |
| 2 | 2 | 1 | |
| 3 | 1 | 1 | |
| 4 | 1 | 2 | |
| 5 | 3 | 1 | |
| 6 | | | |

**2** Dann verwenden Sie eine vorgefertigte Funktion (mehr zu Funktionen erfahren Sie im Kapitel 4). Geben Sie dazu Folgendes ein: „=verketten(A2;B2)“:.

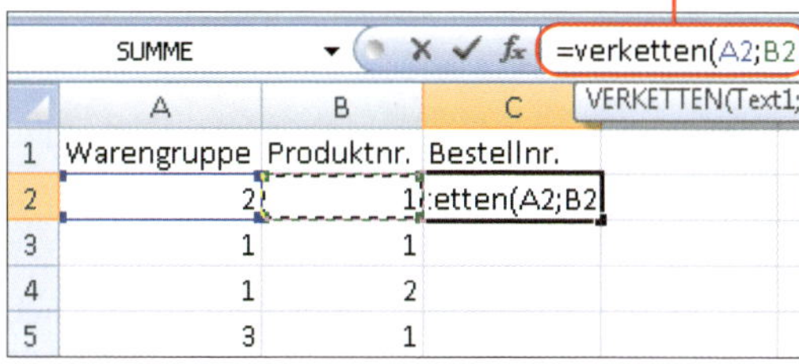



| | A | B | C |
|---|---|---|---|
| 1 | Warengruppe | Produktnr. | Bestellnr. |
| 2 | 2 | 1 | etten(A2;B2 |
| 3 | 1 | 1 | |
| 4 | 1 | 2 | |
| 5 | 3 | 1 | |

Durch das Gleichheitszeichen signalisieren Sie Excel, dass nun eine Anweisung folgt. „Verketten“ bezeichnet die Funktion, die Sie verwenden möchten, nämlich das Verbinden verschiedener Zellinhalte. In Klammern setzen Sie dann die Zelladressen der Zellen, die verbunden werden sollen. Getrennt werden diese Adressen durch ein Semikolon.

Sobald Sie Ihre Eingabe bestätigen, erscheint wunschgemäß die eindeutige Nummer „21“, die sich aus der „2“ der Zelle A2 sowie der „1“ der Zelle B2 zusammensetzt.

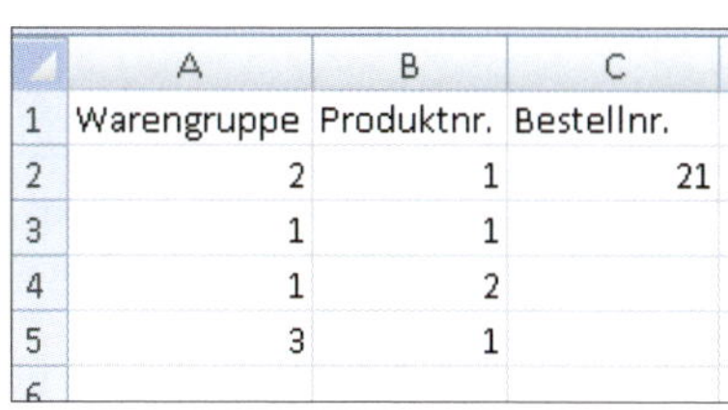

| | A | B | C |
|---|---|---|---|
| 1 | Warengruppe | Produktnr. | Bestellnr. |
| 2 | 2 | 1 | 21 |
| 3 | 1 | 1 | |
| 4 | 1 | 2 | |
| 5 | 3 | 1 | |

**3** Aus Übersichtsgründen ist es natürlich sinnvoll, die beiden Zahlen durch einen Punkt zu trennen. Auch das ist problemlos möglich. Sie brauchen die Anweisung an Excel nur zu ergänzen. Und zwar tippen Sie zwischen die beiden Zelladressen einen Punkt. Diesen Punkt setzen Sie in Anführungszeichen. Die komplette Anweisung lautet also: .

```
fx =VERKETTEN(A2;".";B2)
```

Nach Bestätigung der Anweisung sehen Sie das Ergebnis: .

| | A | B | C |
|---|---|---|---|
| 1 | Warengruppe | Produktnr. | Bestellnr. |
| 2 | 2 | 1 | 2.1 |
| 3 | 1 | 1 | |
| 4 | 1 | 2 | |
| 5 | 3 | 1 | |
| 6 | | | |

**4** Die Anweisung der Zelle C2 können Sie leicht für die darunter liegenden Zellen übernehmen. Klicken Sie in die Zelle C2, führen Sie den Mauszeiger über den Eckpunkt rechts unten ,

| B | C |
|---|---|
| Produktnr. | Bestellnr. |
| 1 | 2.1 |
| 1 | |
| 2 | |
| 1 | |

und ziehen Sie die Markierung mit weiterhin gedrückter Maustaste nach unten. Lassen Sie dann die Maustaste los, wird die Anweisung kopiert - mit der Folge, dass die Zelladressen automatisch angepasst werden.

| | A | B | C |
|---|---|---|---|
| 1 | Warengruppe | Produktnr. | Bestellnr. |
| 2 | 2 | 1 | 2.1 |
| 3 | 1 | 1 | 1.1 |
| 4 | 1 | 2 | 1.2 |
| 5 | 3 | 1 | 3.1 |
| 6 | | | |

## Doppelte Einträge entfernen

Selbst bei sorgfältigstem Arbeiten kann es hin und wieder vorkommen, dass eine Tabelle unerwünschte doppelte Einträge enthält. Excel stellt Ihnen jedoch eine praktische Funktion zur Verfügung, die solche Doubletten entfernt. In der Beispieltabelle rechts sind Kundennamen und Kundennummern aufgelistet.

| | A | B | C |
|---|---|---|---|
| 1 | **Kd-Nr.** | **Name** | **Vorname** |
| 2 | 4 | Mayer | Hans |
| 3 | 3 | Müller | Karl |
| 4 | 1 | Schmitt | Manfred |
| 5 | 2 | Klein | Dominik |
| 6 | 3 | Müller | Karl |
| 7 | 5 | Müller | Fritz |
| 8 | | | |

Kundennamen können natürlich doppelt vorkommen, nicht jedoch Kundennummern. Diese sind eindeutig. In der kleinen Beispieltabelle oben sehen Sie sofort, dass die Einträge in den Zeilen 3 und 6 identisch sind. In umfangreichen Datensammlungen wäre eine manuelle Suche allerdings erheblich schwieriger. Und so entfernen Sie den doppelten Eintrag:

**1** Klicken Sie zunächst in eine beliebige Zelle der Tabelle, beispielsweise die Zelle A2 ●.

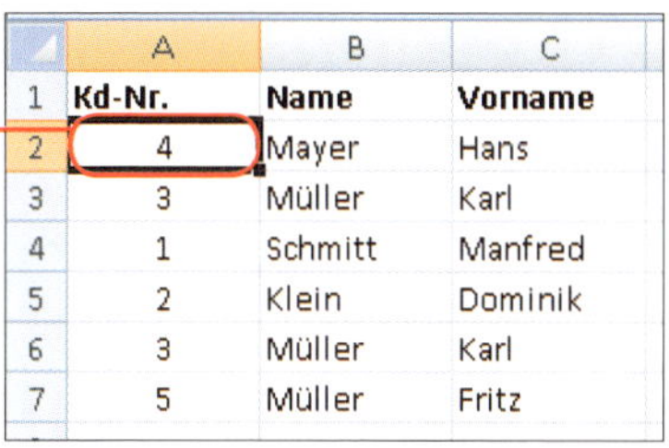

| | A | B | C |
|---|---|---|---|
| 1 | Kd-Nr. | Name | Vorname |
| 2 | 4 | Mayer | Hans |
| 3 | 3 | Müller | Karl |
| 4 | 1 | Schmitt | Manfred |
| 5 | 2 | Klein | Dominik |
| 6 | 3 | Müller | Karl |
| 7 | 5 | Müller | Fritz |

**2** Anschließend klicken Sie in der Multifunktionsleiste auf den Registerreiter

und dann im geöffneten Register auf den Eintrag ●.

**3** Namen und Vornamen können natürlich doppelt vorkommen. Nur die Kundennummern sind eindeutig und dürfen daher nur ein einziges Mal in der Tabelle bleiben. Klicken Sie daher im folgenden Fenster in die Kästchen ● und ●,

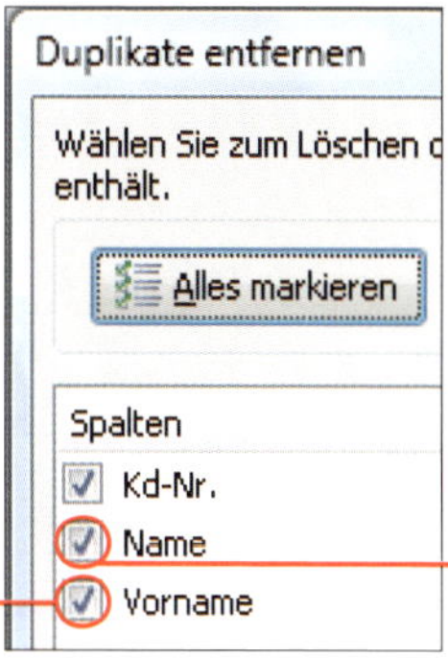


um die Haken daraus zu entfernen: ●.

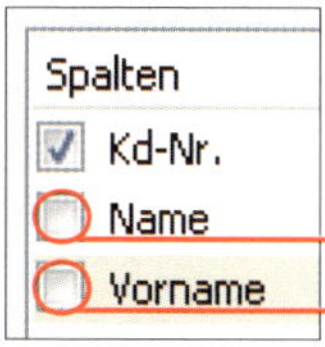


**4** Den Haken im Kästchen ●

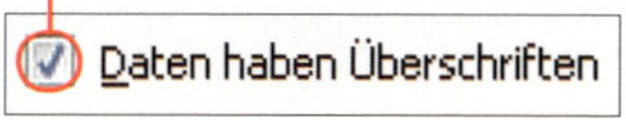


können Sie stehen lassen. Nach einem Mausklick auf die Schaltfläche

entfernt Excel die Zeilen mit doppelten Kundennummern. Die entsprechende Erfolgsmeldung nehmen Sie einfach per Klick auf

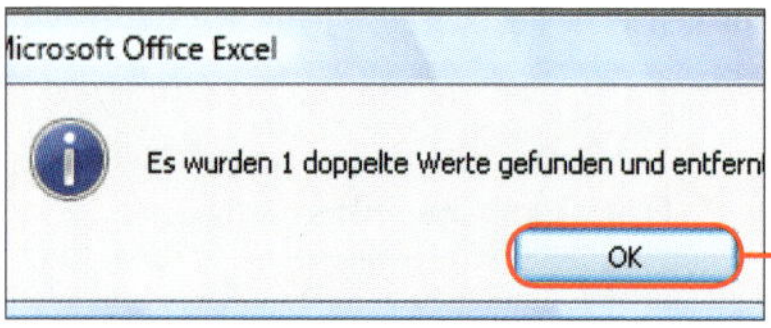


zur Kenntnis. Jetzt enthält die Tabelle wunschgemäß jeden Kunden nur noch einmal.

| | A | B | C |
|---|---|---|---|
| 1 | **Kd-Nr.** | **Name** | **Vorname** |
| 2 | 4 | Mayer | Hans |
| 3 | 3 | Müller | Karl |
| 4 | 1 | Schmitt | Manfred |
| 5 | 2 | Klein | Dominik |
| 6 | 5 | Müller | Fritz |

# 3 Tabellen anlegen und gestalten

Excel stellt Ihnen viele Formatierungsmöglichkeiten zur Verfügung, mit deren Hilfe Sie Ihre Tabellen bis ins Detail optisch gestalten können. Das reicht von der Wahl einer Schriftart bis hin zur Ausrichtung der Zellinhalte. Auf diese Weise lassen sich beispielsweise Spalten- und Zeilenbeschriftungen deutlich von den Daten abgrenzen oder auch Rechenergebnisse hervorheben. Bevor Sie sich aber ans Werk machen und umfangreiche Gestaltungsarbeiten in Angriff nehmen, sollten Sie prüfen, ob Sie nicht eine Arbeitsmappen-Vorlage finden, die zumindest weitgehend Ihren Vorstellungen entspricht. Solche Vorlagen gibt es für unzählige Zwecke, beispielsweise für Ihre Haushaltsplanung oder auch Spesenabrechnungen. Entweder befinden sich diese Vorlagen bereits auf Ihrem Rechner, weil sie von vornherein zum Lieferumfang Ihres Office-Pakets gehören. Oder Sie werden im Internet fündig, wo Microsoft jede Menge Vorlagen kostenlos zur Verfügung stellt.

Im dritten Kapitel dieses Buches erfahren Sie,

- wie Sie Excel mitteilen, auf welche Zellen sich eine Gestaltungsanweisung beziehen soll,
- wie Sie die Registerreiter einzelner Arbeitsblätter beschriften,
- wie Sie Eingaben und Formatierungen gleichzeitig auf mehreren Blättern vornehmen
- und wie Sie Zellen, Tabellen und ganze Arbeitsmappen mithilfe von Vorlagen gestalten.

### Kapitel-Wegweiser

# Zellen und Zellbereiche markieren

Um Excel mitzuteilen, worauf sich eine Gestaltungsanweisung beziehen soll, müssen Sie die entsprechenden Zellen beziehungsweise Zellbereiche zuvor markieren. Hier eine kleine Übersicht der wichtigsten Techniken:

**1** Um eine einzelne **Zelle** zu markieren, brauchen Sie diese nur anzuklicken. Eine aktive Zelle ist nämlich gleichzeitig auch markiert. Die Markierung erkennen Sie an der dicken Umrandung. In der Beispielabbildung ist also die Zelle B4 markiert: .

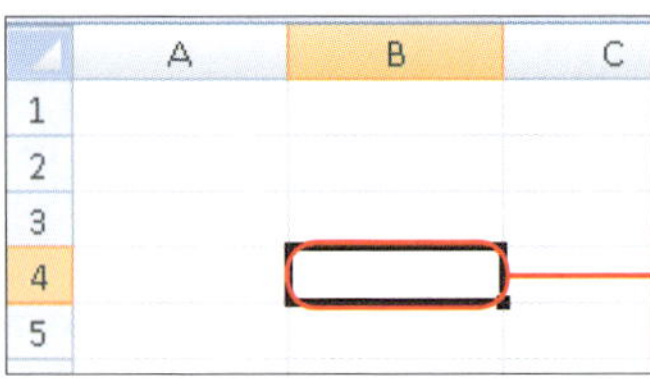


**2** Wenn Sie einen zusammenhängenden rechteckigen **Zellbereich** markieren wollen, können Sie zum einen die Ziehtechnik mit der Maus anwenden. Damit beispielsweise die Zellen A2 bis B5 markiert werden, klicken Sie in die Zelle A2 ,

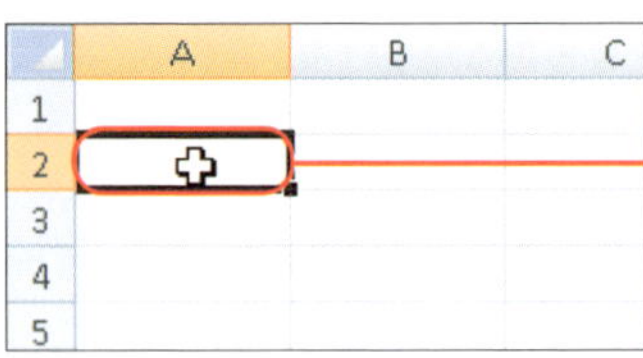


halten die Maustaste gedrückt und ziehen die Markierung mit weiterhin gedrückter Maustaste bis zur Zelle B5 , wo Sie die Maustaste dann loslassen.

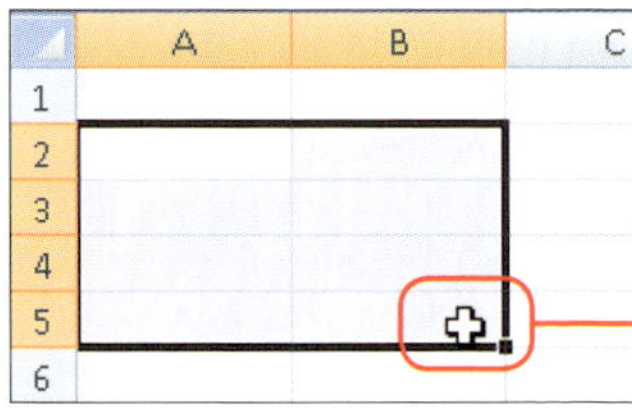


Alternativ können Sie auch in die Zelle A2 klicken und dann mit gedrückt gehaltener ⇧-Taste auf B5. Diese Technik bietet sich an, wenn Sie sehr große Zellbereiche markieren möchten. Denn das geht mit der Maus oft nicht so exakt.

**3** Eine komplette **Zeile** markieren Sie, indem Sie im Zeilenkopf auf die entsprechende Zahl klicken. Ein Klick beispielsweise auf

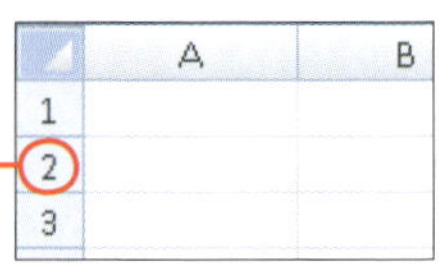


markiert die komplette Zeile 2.

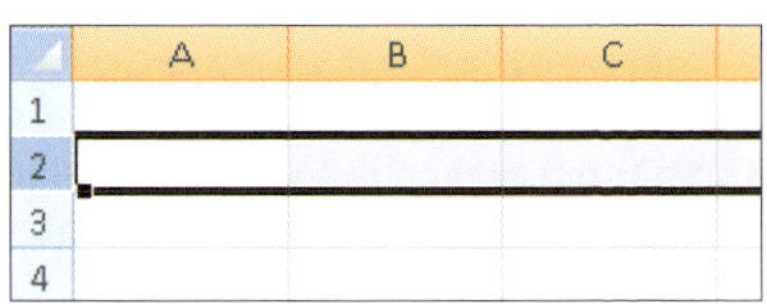

Entsprechend können Sie auch komplette **Spalten** markieren. Klicken Sie einfach auf den jeweiligen Buchstaben im Spaltenkopf.

**4** Ein Mausklick auf das Kästchen, wo sich Spalten- und Zeilenkopf treffen ●,

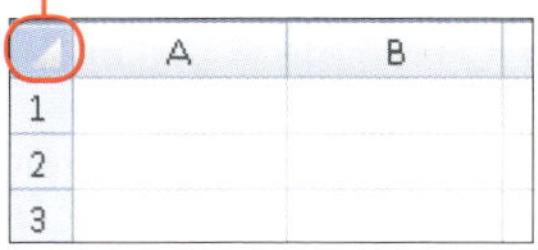


markiert auf einen Schlag das gesamte **Arbeitsblatt**.

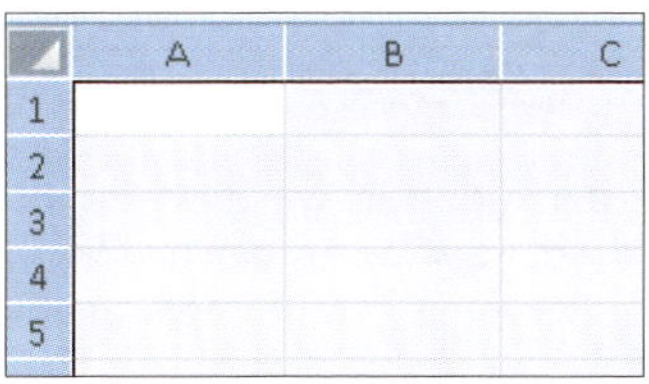


**5** Selbstverständlich ist es auch möglich, mehrere nicht zusammenhängende Zellen oder Zellbereich zu markieren. Um beispielsweise die Spalten B und D zu markieren, klicken Sie zunächst auf ●, drücken dann die Strg-Taste und klicken mit weiterhin gedrückter Taste auf ●.

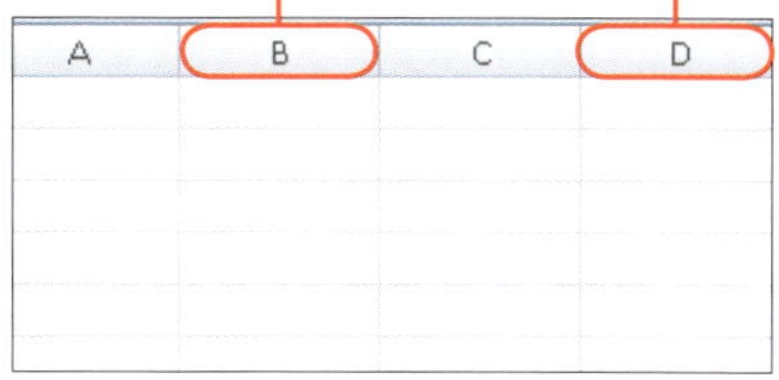


Schon sind beide Spalten markiert: ●.

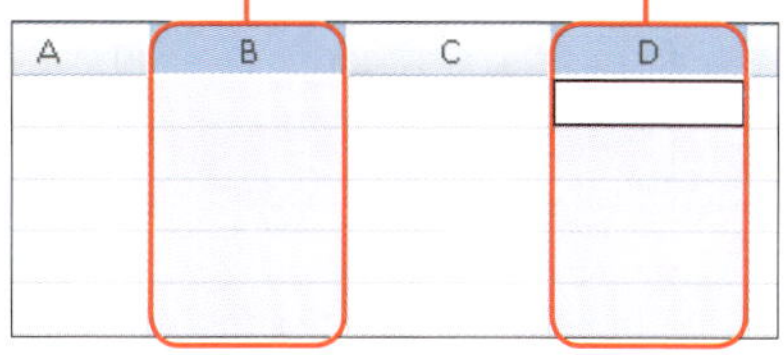


## Tabelle gleichzeitig in mehreren Blättern anlegen

In der Praxis kommt es recht häufig vor, dass Sie identische Tabellen auf mehreren Arbeitsblättern anlegen müssen. So ist es zum Beispiel sinnvoll, Ertragsübersichten für die Jahre 2006 bis 2008 jeweils in einem separaten Blatt zu dokumentieren. Die Tabellengerüste sehen dabei völlig identisch aus, nur die Werte unterscheiden sich. Es spricht natürlich nichts dagegen, die Tabelle für ein Arbeitsblatt anzulegen und dann mithilfe der Zwischenablage auf die anderen Blätter zu kopieren. Es geht aber auch eleganter. Sie können nämlich alle Eingaben von vornherein auf allen drei Blättern vornehmen. Und so geht's Schritt für Schritt:

**1** Wenn Sie mehrere Arbeitsblätter einer Arbeitsmappe nutzen, ist es aus

Gründen der Übersichtlichkeit ratsam, die Registerreiter zu beschriften. Klicken Sie dazu als Erstes mit der rechten (!) Maustaste auf ●

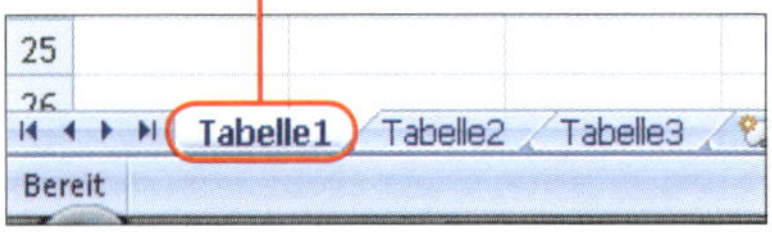


und im Kontextmenü, das sich daraufhin öffnet, auf ●.

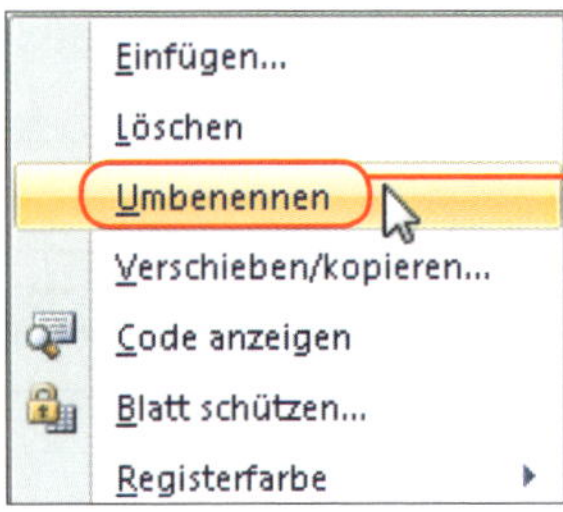


**2** Dadurch wird die Beschriftung des Registerreiters markiert ●,

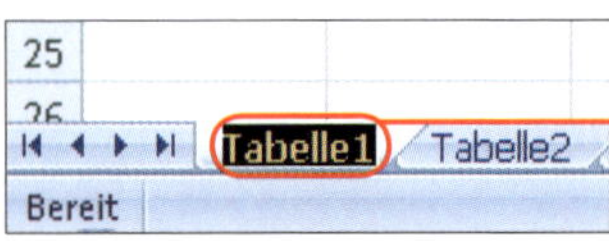


und Sie können einen Namen Ihrer Wahl eintippen, im Beispielfall also einfach die Jahreszahl ●.

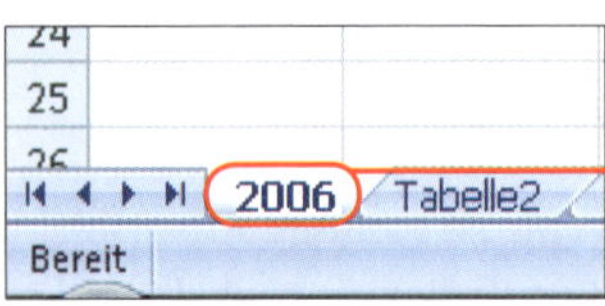


Mit derselben Technik beschriften Sie auch die beiden anderen Registerreiter.

**3** Bevor Sie nun darangehen, Ihr Tabellengerüst anzulegen, markieren Sie alle drei Blätter. Klicken Sie dazu auf ●, drücken Sie dann die [⇧]-Taste, halten Sie sie gedrückt, und klicken Sie auf ●.

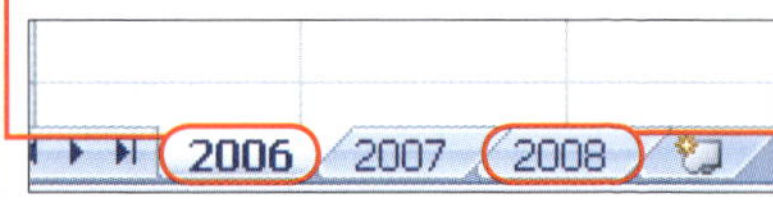


Die drei Blätter werden daraufhin markiert, was Sie an der helleren Färbung der Registerreiter erkennen können.

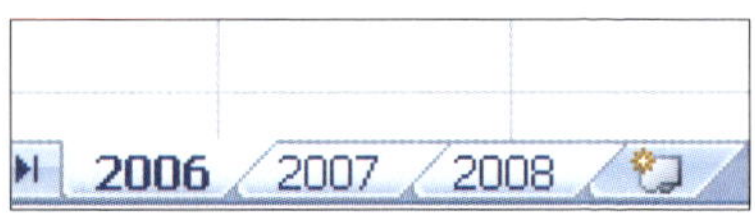


**4** Excel weiß jetzt, dass sich die folgenden Anweisungen auf alle drei Blätter beziehen sollen. Sie können nun also ganz normal Ihre Eingaben machen. Dabei stehen Ihnen alle Techniken zur Verfügung. So ist es beispielsweise möglich, beim Eintragen der Monatsnamen die automatische Ausfüllhilfe in Anspruch zu nehmen, wie im vorigen Kapitel gezeigt. Auch Rechenanweisungen (mehr dazu im nächsten Kapitel) wie in der Spalte D

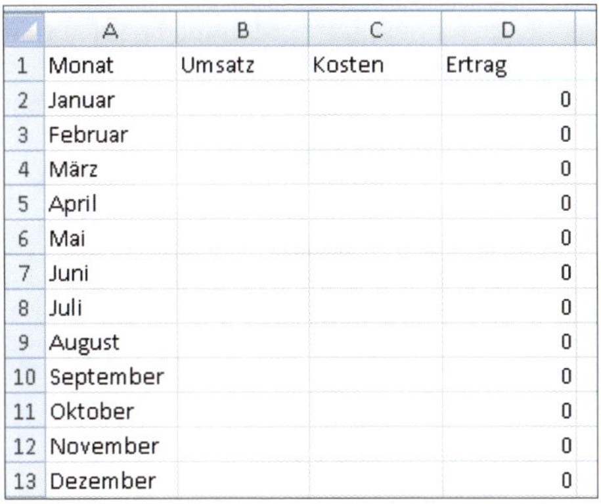

| | A | B | C | D |
|---|---|---|---|---|
| 1 | Monat | Umsatz | Kosten | Ertrag |
| 2 | Januar | | | 0 |
| 3 | Februar | | | 0 |
| 4 | März | | | 0 |
| 5 | April | | | 0 |
| 6 | Mai | | | 0 |
| 7 | Juni | | | 0 |
| 8 | Juli | | | 0 |
| 9 | August | | | 0 |
| 10 | September | | | 0 |
| 11 | Oktober | | | 0 |
| 12 | November | | | 0 |
| 13 | Dezember | | | 0 |

können Sie erteilen. Alle Eingaben, die Sie bei bestehender Markierung vornehmen, erscheinen in sämtlichen Blättern. Um sich davon zu überzeugen, holen Sie am Schluss einfach per Mausklick auf ● oder ●

eines der anderen Blätter in den Bildschirmvordergrund.

**5** Auch Formatierungen können Sie in einem Rutsch in allen Blättern durchführen. Markieren Sie die drei Blätter, wie im Schritt 3 gezeigt, und klicken Sie dann beispielsweise auf ●,

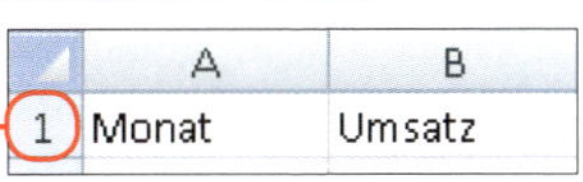

| | A | B |
|---|---|---|
| 1 | Monat | Umsatz |

um die Zeile 1, die die Überschriften enthält, zu markieren.

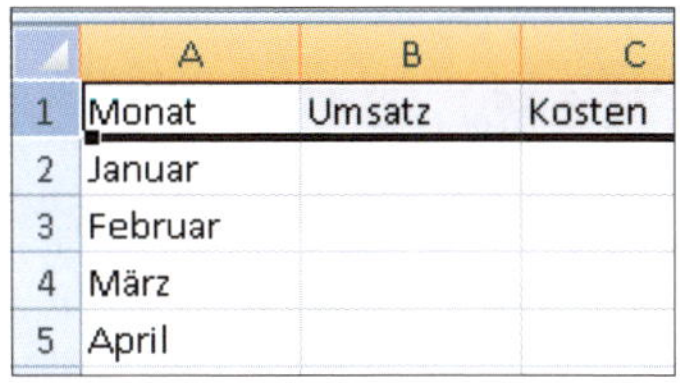

| | A | B | C |
|---|---|---|---|
| 1 | Monat | Umsatz | Kosten |
| 2 | Januar | | |
| 3 | Februar | | |
| 4 | März | | |
| 5 | April | | |

Wenn Sie dann im Start-Register der Multifunktionsleiste zum Beispiel auf ●

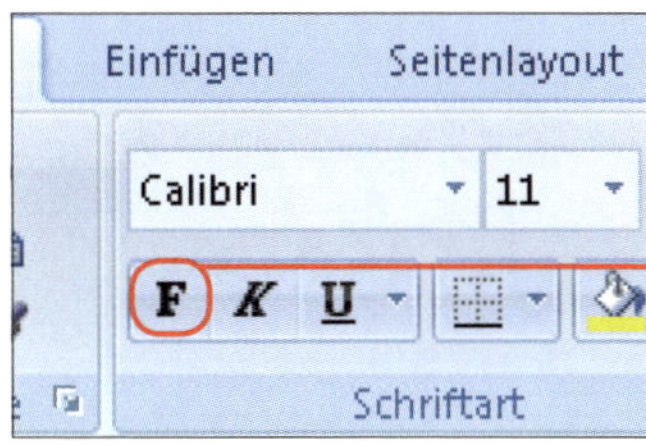


klicken, werden die verschiedenen Spaltenbeschriftungen wunschgemäß fett hervorgehoben: ●.

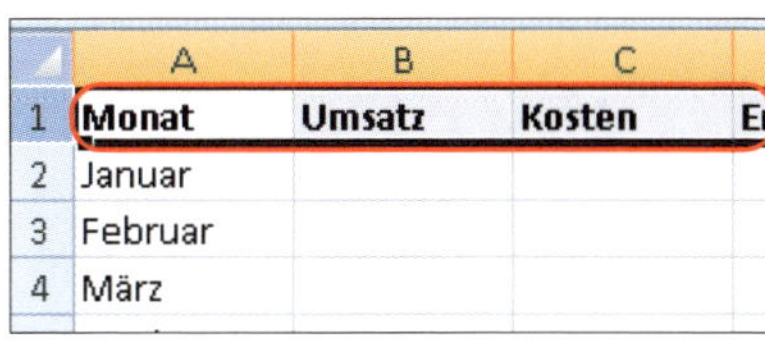

| | A | B | C |
|---|---|---|---|
| 1 | **Monat** | **Umsatz** | **Kosten** |
| 2 | Januar | | |
| 3 | Februar | | |
| 4 | März | | |

Dies ist nicht nur in dem Tabellenblatt so, das sich aktuell im Vordergrund befindet, sondern auch auf den anderen Blättern, die gerade nicht sichtbar sind.

# Die wichtigsten Gestaltungsmöglichkeiten

Im Start-Register der Multifunktionsleiste finden Sie die wichtigsten Funktionen, mit denen sich Zellinhalte gestalten lassen. Hier ein kleiner Überblick:

**1** Standardmäßig werden Zellinhalte mit der 11-Punkt-Schrift Calibri dargestellt. Von beiden Vorgaben, also sowohl der Schriftart als auch der Schriftgröße, können Sie natürlich abweichen. Dazu verwenden Sie die Auswahlfelder ●.

Markieren Sie etwa die Zeile 1 der Tabelle, die im vorigen Abschnitt als Beispiel diente, und klicken Sie danach auf ●

sowie auf ●.

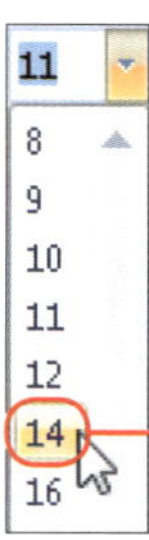


Anschließend werden die Spaltenüberschriften in einer 14-Punkt-Schrift dargestellt. Die Höhe der Zellen wird dabei automatisch angepasst.

| | A | B | C | D |
|---|---|---|---|---|
| 1 | Monat | Umsatz | Kosten | Ertrag |
| 2 | Januar | | | 0 |
| 3 | Februar | | | 0 |
| 4 | März | | | 0 |
| 5 | April | | | 0 |
| 6 | Mai | | | 0 |
| 7 | Juni | | | 0 |
| 8 | Juli | | | 0 |
| 9 | August | | | 0 |
| 10 | September | | | 0 |
| 11 | Oktober | | | 0 |
| 12 | November | | | 0 |

**2** Analog dazu können Sie Zellinhalte fett, kursiv oder mit einer Unterstreichung ● hervorheben. Und mithilfe der Symbole ●

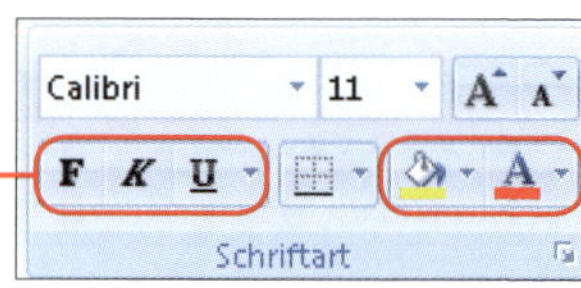


lassen sich die Hintergrund- und die Schriftfarbe ganz nach Wunsch ändern.

**3** Damit sich Ihre Tabelle deutlicher vom nicht ausgefüllten Teil eines Arbeitsblattes abhebt, können Sie die Zellen mit Rahmen versehen. Markieren Sie dazu die Tabelle, und klicken Sie dann auf den kleinen Pfeil neben dem Rahmensymbol ●

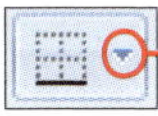

und anschließend auf ●.

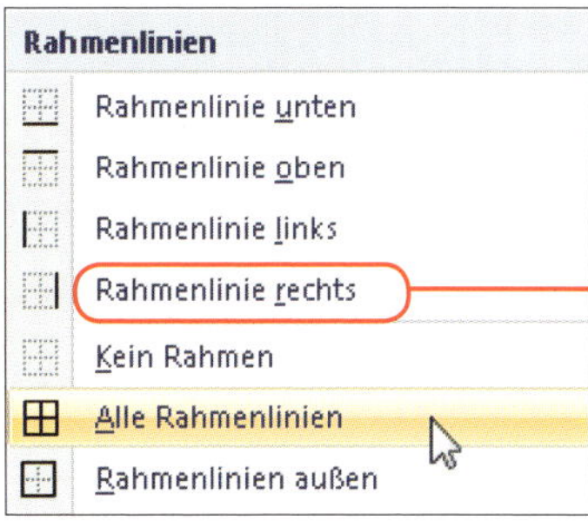


Schon sehen Sie das Ergebnis:

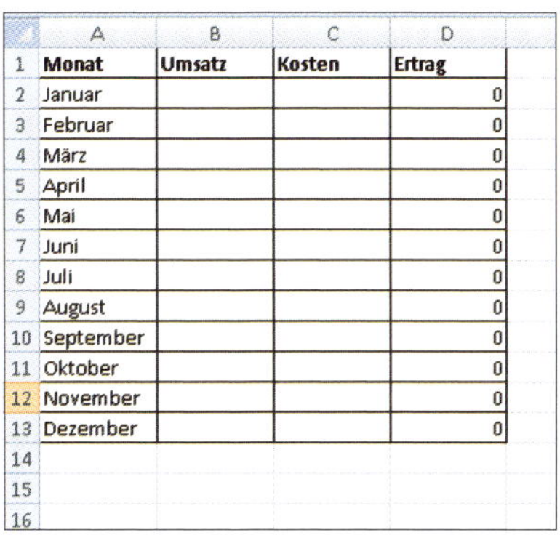

| | A | B | C | D |
|---|---|---|---|---|
| 1 | Monat | Umsatz | Kosten | Ertrag |
| 2 | Januar | | | 0 |
| 3 | Februar | | | 0 |
| 4 | März | | | 0 |
| 5 | April | | | 0 |
| 6 | Mai | | | 0 |
| 7 | Juni | | | 0 |
| 8 | Juli | | | 0 |
| 9 | August | | | 0 |
| 10 | September | | | 0 |
| 11 | Oktober | | | 0 |
| 12 | November | | | 0 |
| 13 | Dezember | | | 0 |
| 14 | | | | |
| 15 | | | | |
| 16 | | | | |

**4** Texte werden in Zellen standardmäßig links, Zahlen dagegen rechts ausgerichtet. Mit Mausklicks auf die Symbole ●

können Sie von diesen Vorgaben abweichen.

**5** Falls sich die Zellhöhe nicht am Inhalt orientiert, haben Sie zudem die Möglichkeit, durch Anklicken des entsprechenden Symbols ●

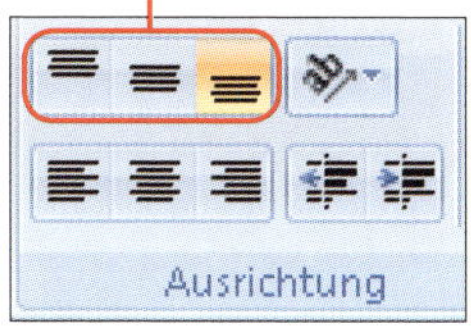


festzulegen, ob sich der Zellinhalt am oberen oder unteren Rand anlehnen oder mittig ausgerichtet werden soll. Und nach einem Klick auf

öffnet sich ein Menü, über das Sie Zellinhalte auch drehen können

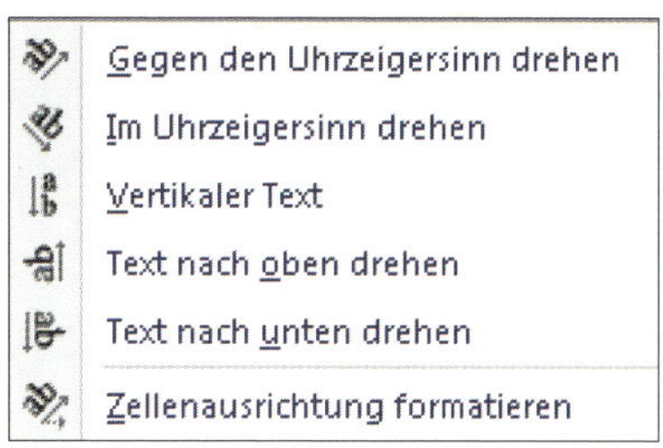

# Formatierungen löschen

Beim optischen Gestalten von Tabellen gehen manchmal die Pferde mit einem durch, denn die zahlreichen Formatierungsmöglichkeiten verleiten schnell dazu, es zu übertreiben. Und dann würden Sie vermutlich am liebsten noch einmal ganz von vorne beginnen. Doch keine Sorge: Dazu brauchen Sie nicht jeden einzelnen Formatierungsschritt manuell rückgängig zu machen. Das geht in einem Rutsch.

**1** Sollten Sie beispielsweise mit der Gestaltung der Ertragstabelle nicht zufrieden sein, klicken Sie als Erstes auf ●,

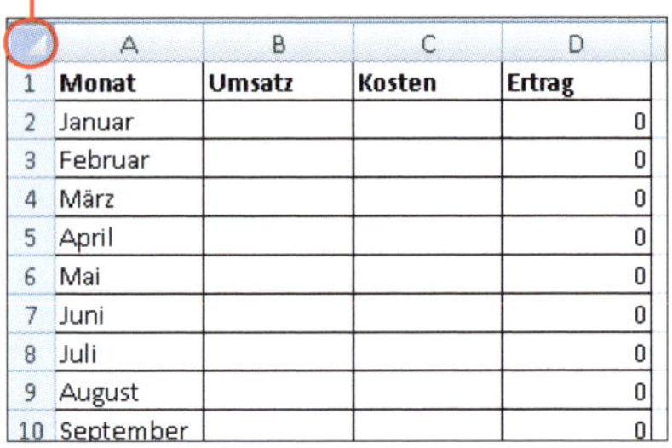

| | A | B | C | D |
|---|---|---|---|---|
| 1 | Monat | Umsatz | Kosten | Ertrag |
| 2 | Januar | | | 0 |
| 3 | Februar | | | 0 |
| 4 | März | | | 0 |
| 5 | April | | | 0 |
| 6 | Mai | | | 0 |
| 7 | Juni | | | 0 |
| 8 | Juli | | | 0 |
| 9 | August | | | 0 |
| 10 | September | | | 0 |

um das Arbeitsblatt zu markieren.

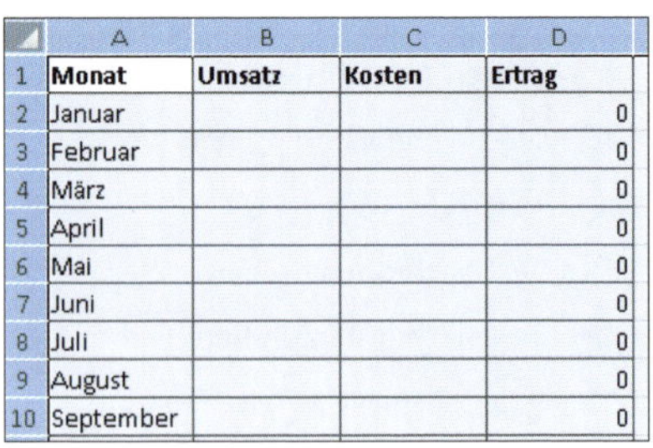

| | A | B | C | D |
|---|---|---|---|---|
| 1 | Monat | Umsatz | Kosten | Ertrag |
| 2 | Januar | | | 0 |
| 3 | Februar | | | 0 |
| 4 | März | | | 0 |
| 5 | April | | | 0 |
| 6 | Mai | | | 0 |
| 7 | Juni | | | 0 |
| 8 | Juli | | | 0 |
| 9 | August | | | 0 |
| 10 | September | | | 0 |

**2** Anschließend brauchen Sie im Start-Register der Multifunktionsleiste nur noch auf ●

sowie auf den Befehl ●

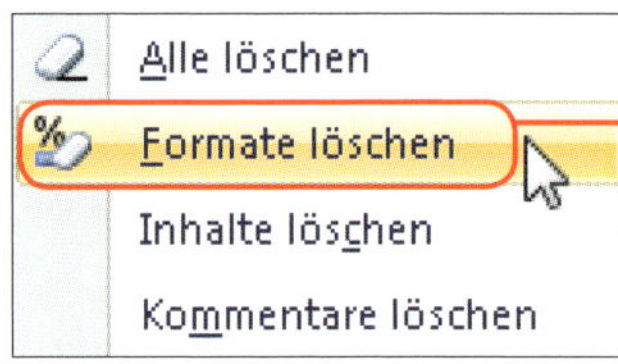


zu klicken. Schon sind alle Formatierungen auf einen Schlag entfernt.

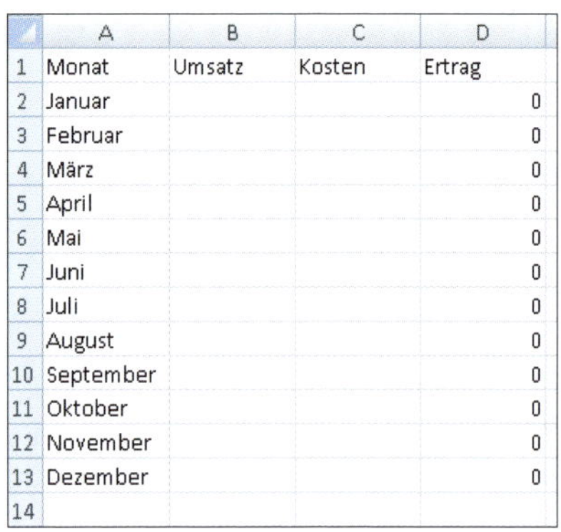

| | A | B | C | D |
|---|---|---|---|---|
| 1 | Monat | Umsatz | Kosten | Ertrag |
| 2 | Januar | | | 0 |
| 3 | Februar | | | 0 |
| 4 | März | | | 0 |
| 5 | April | | | 0 |
| 6 | Mai | | | 0 |
| 7 | Juni | | | 0 |
| 8 | Juli | | | 0 |
| 9 | August | | | 0 |
| 10 | September | | | 0 |
| 11 | Oktober | | | 0 |
| 12 | November | | | 0 |
| 13 | Dezember | | | 0 |
| 14 | | | | |

# Zellenformatvorlagen nutzen

Genauso wie Sie Texte in Word mithilfe von Formatvorlagen blitzschnell einheitlich gestalten können, ist es auch möglich, Tabellen mithilfe von Vorlagen zu formatieren. Dabei gibt es zwei verschiedene Arten von Vorlagen. Mit sogenannten Zellenformatvorlagen formatieren Sie einzelne Zellen oder Zellbereiche, beispielsweise die Spaltenbeschriftungen Ihrer Tabelle. Zum anderen gibt es Formatvorlagen, mit deren Hilfe Sie im Nu komplette Tabellen gestalten. Näheres dazu erfahren Sie im Abschnitt ab Seite 48.

**1** Markieren Sie zunächst die Zellen, die Sie gestalten möchten, im Beispiel also die Spaltenbezeichnungen ●.

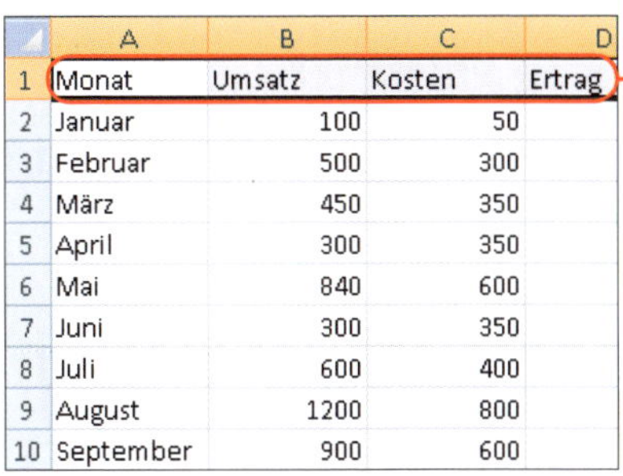

| | A | B | C | D |
|---|---|---|---|---|
| 1 | Monat | Umsatz | Kosten | Ertrag |
| 2 | Januar | 100 | 50 | |
| 3 | Februar | 500 | 300 | |
| 4 | März | 450 | 350 | |
| 5 | April | 300 | 350 | |
| 6 | Mai | 840 | 600 | |
| 7 | Juni | 300 | 350 | |
| 8 | Juli | 600 | 400 | |
| 9 | August | 1200 | 800 | |
| 10 | September | 900 | 600 | |

Dann klicken Sie im Start-Register der Multifunktionsleiste auf ●,

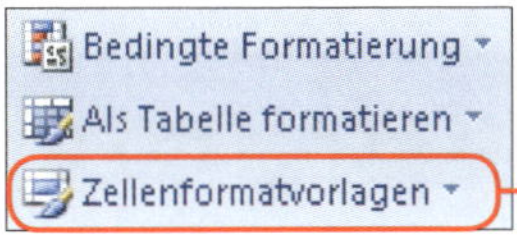


damit der Formatvorlagen-Katalog geöffnet wird.

**2** Um Ihnen bei der Auswahl einer geeigneten Vorlage behilflich zu sein, gibt es in Excel eine praktische Vorschaufunktion. Führen Sie den Mauszeiger über einen Eintrag, etwa ●,

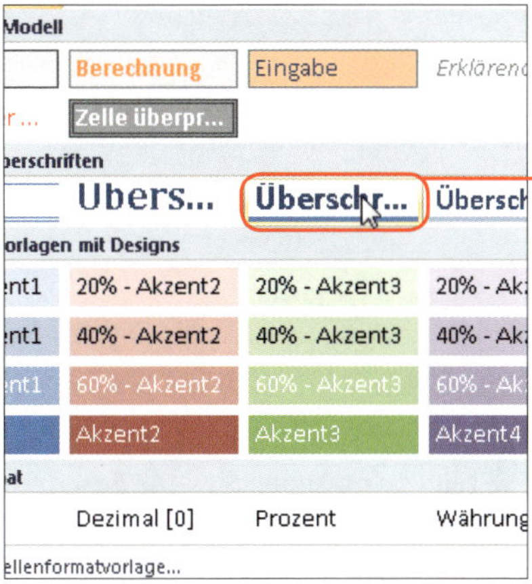


sehen Sie sofort, wie sich die Formatierung auswirken würde: ●.

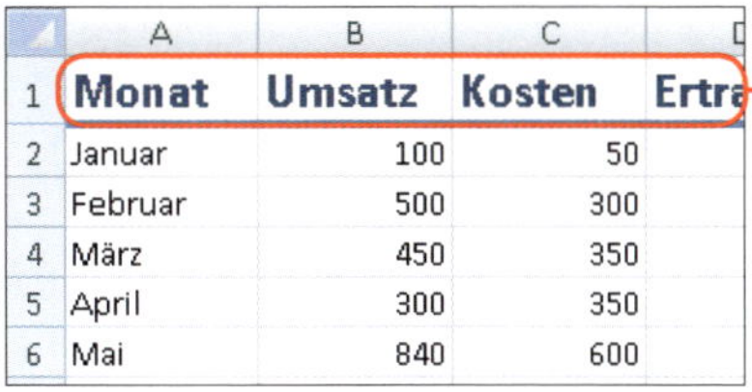

| | A | B | C |
|---|---|---|---|
| 1 | Monat | Umsatz | Kosten |
| 2 | Januar | 100 | 50 |
| 3 | Februar | 500 | 300 |
| 4 | März | 450 | 350 |
| 5 | April | 300 | 350 |
| 6 | Mai | 840 | 600 |

Erst wenn Sie eine Vorlage anklicken,

wird die Gestaltung ausgeführt und der Vorlagen-Katalog geschlossen.

**3** Vorlagen lassen sich auch ganz nach Wunsch anpassen. Möchten Sie beispielsweise die Zellinhalte horizontal mittig ausrichten, gehen Sie so vor: Öffnen Sie den Katalog, und klicken Sie dann die entsprechende Vorlage mit der rechten (!) Maustaste an.

Im Kontextmenü, das daraufhin erscheint, folgt ein Mausklick auf ●.

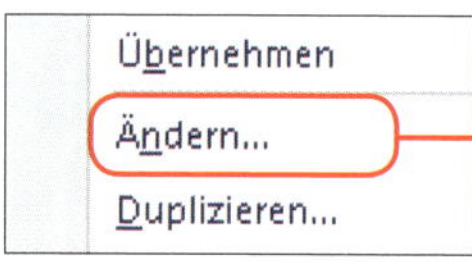


**4** Im Fenster, das anschließend angezeigt wird, sehen Sie eine Beschreibung der aktuellen Vorlage. Nach einem Klick auf ●

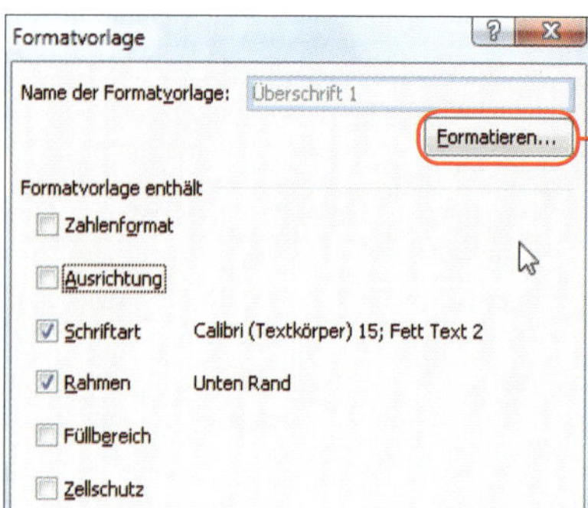


bekommen Sie in einem weiteren Fenster Zugriff auf alle Gestaltungsmöglichkeiten.

**5** Um die gewünschte Änderung durchzuführen, holen Sie zunächst per Klick auf den Registerreiter ●

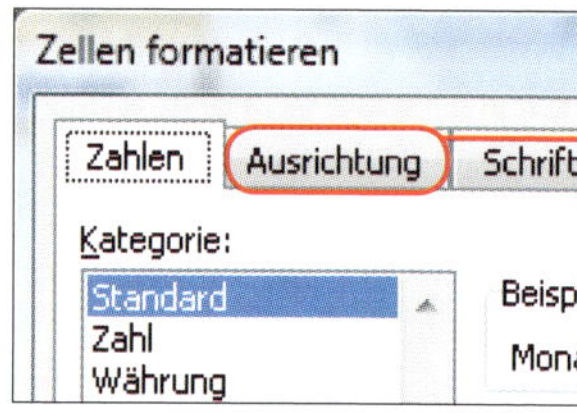


das dazugehörige Register in den Vordergrund. Klicken Sie dort auf ●,

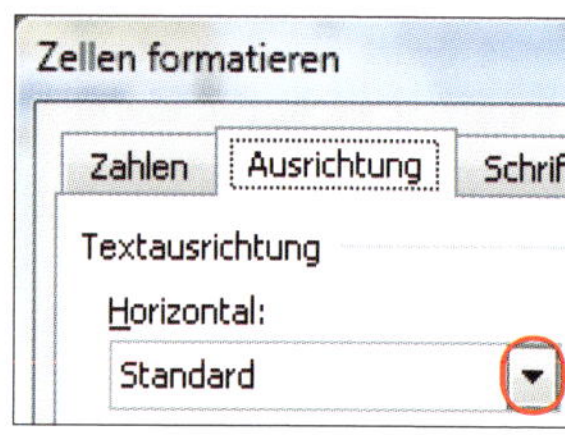


in der geöffneten Liste auf ●

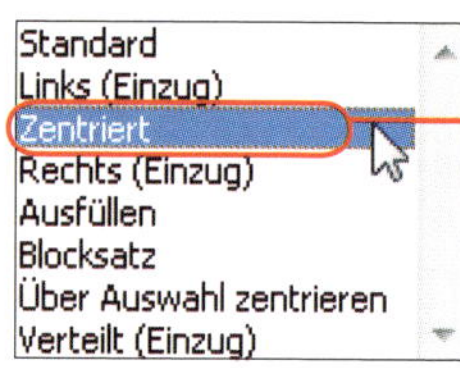


und zur Bestätigung auf

.

**6** Daraufhin können Sie im Fenster „Formatvorlage“ (siehe Schritt 4) anhand der Häkchen sehen, was genau Sie für die Formatierung entschieden haben, etwa ●.

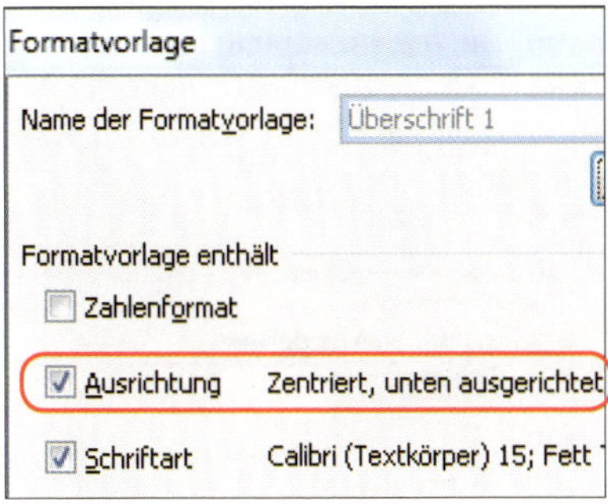


Um die Änderung auszuführen, brauchen Sie nur noch auf

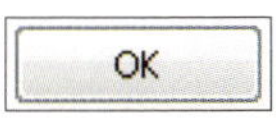


zu klicken. Umgehend werden die Spaltenbezeichnungen, die Sie mit dieser Vorlage beispielhaft gestaltet haben, wunschgemäß in den Zellen zentriert.

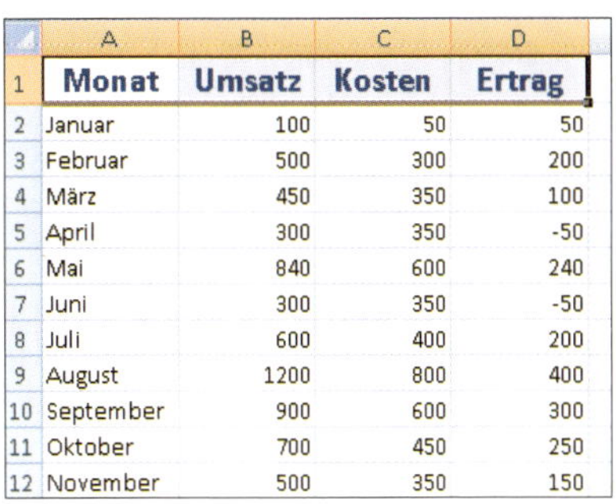

| | A | B | C | D |
|---|---|---|---|---|
| 1 | Monat | Umsatz | Kosten | Ertrag |
| 2 | Januar | 100 | 50 | 50 |
| 3 | Februar | 500 | 300 | 200 |
| 4 | März | 450 | 350 | 100 |
| 5 | April | 300 | 350 | -50 |
| 6 | Mai | 840 | 600 | 240 |
| 7 | Juni | 300 | 350 | -50 |
| 8 | Juli | 600 | 400 | 200 |
| 9 | August | 1200 | 800 | 400 |
| 10 | September | 900 | 600 | 300 |
| 11 | Oktober | 700 | 450 | 250 |
| 12 | November | 500 | 350 | 150 |

**7** Sie können nicht nur bestehende Vorlagen ändern, sondern auch komplett eigene Vorlagen konzipieren. Klicken Sie dazu im geöffneten Vorlagen-Katalog unten auf ●.

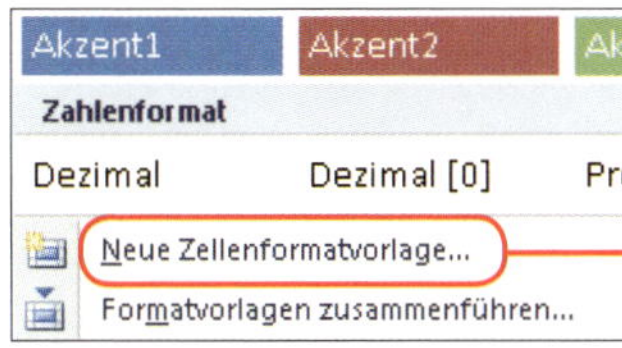


**8** Vergeben Sie dann einen Namen für die Vorlage, beispielsweise ●. Nach einem Mausklick auf die Schaltfläche ●

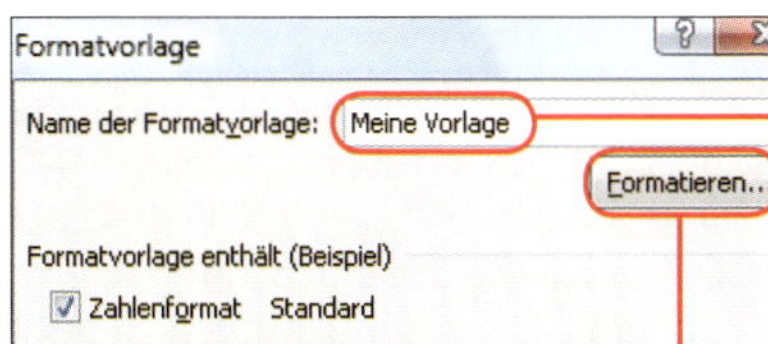


stehen Ihnen wieder alle Formatierungsmöglichkeiten zur Verfügung. Dabei gehen Sie genau so vor wie bei der Änderung einer Vorlage. Im Vorlagen-Katalog finden Sie Ihre eigenen Vorlagen künftig ganz oben in einem separaten Bereich: ●.

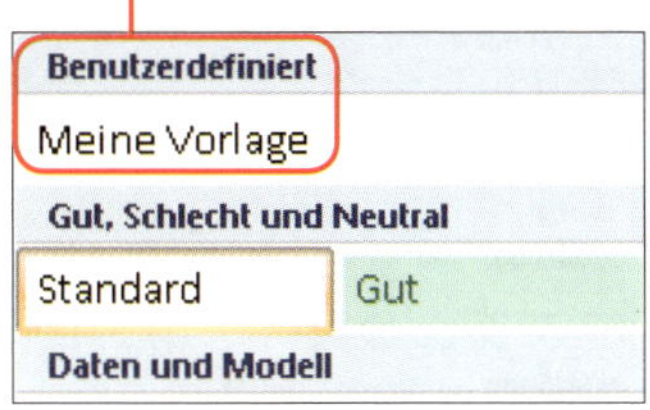

# Komplette Tabellen mit Vorlagen gestalten

Neben den Zellformatvorlagen bietet Ihnen Excel auch Vorlagen, mit denen sich in Nullkommanichts komplette Tabellen gestalten lassen.

**1** Nachdem Sie die Tabelle, die Sie gestalten möchten, markiert haben, klicken Sie im Start-Register der Multifunktionsleiste auf den Eintrag ●.

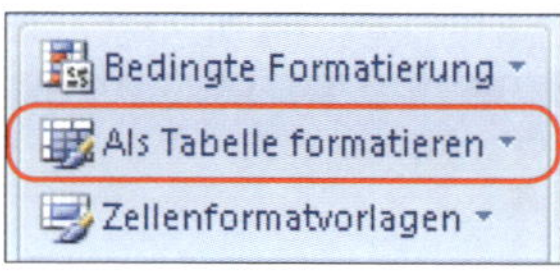


**2** Daraufhin öffnet sich der Vorlagen-Katalog. Es erfordert sicher etwas Übung, aus den dort gezeigten Vorschaubildchen auf das Aussehen einer Tabelle zu schließen. Um ein bisschen Experimentieren werden Sie also nicht herumkommen. Klicken Sie auf die Vorlage, die Sie verwenden wollen, beispielsweise ●.

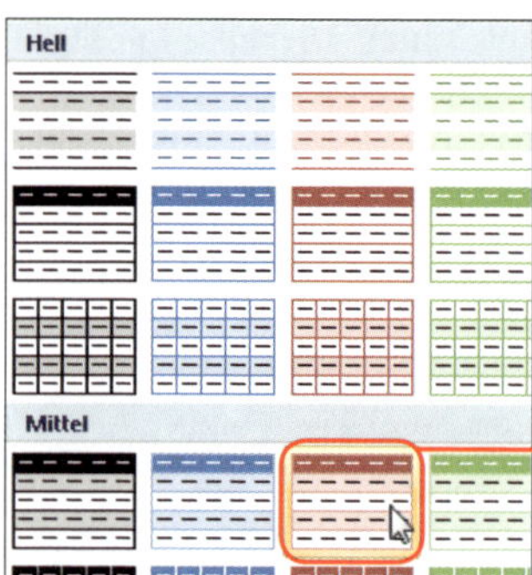


**3** Da Sie die Tabelle im ersten Schritt markiert haben, brauchen Sie sich um die Angaben im Feld ● nicht zu kümmern. Die Beispieltabelle enthält in der Zeile 1 Spaltenbeschriftungen. Daher können Sie auch den Haken im Kästchen ●

stehen lassen und gleich zur Bestätigung auf ● klicken.

Die Formatierungen der Vorlage werden daraufhin auf Ihre Tabelle angewendet.

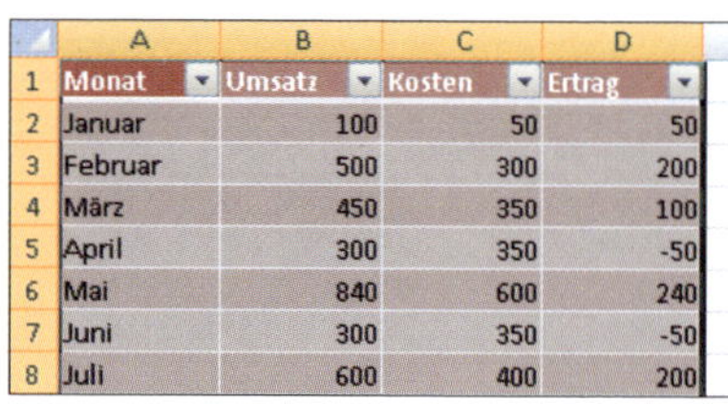

| | A | B | C | D |
|---|---|---|---|---|
| 1 | Monat | Umsatz | Kosten | Ertrag |
| 2 | Januar | 100 | 50 | 50 |
| 3 | Februar | 500 | 300 | 200 |
| 4 | März | 450 | 350 | 100 |
| 5 | April | 300 | 350 | -50 |
| 6 | Mai | 840 | 600 | 240 |
| 7 | Juni | 300 | 350 | -50 |
| 8 | Juli | 600 | 400 | 200 |

**4** Solange die Tabelle markiert ist (oder wenn Sie in irgendeine Zelle innerhalb der Tabelle geklickt haben), ist in der Multifunktionsleiste praktischerweise ein zusätzliches Register zu sehen: ●.

Klicken Sie in eine Zelle außerhalb der Tabelle, verschwindet es übrigens. Das zusätzliche Register können Sie nutzen, um das Aussehen Ihrer Tabelle noch zu verfeinern. Im Beispielfall klicken Sie in die Kästchen ●,

die daraufhin mit Haken versehen werden: ●.

Dadurch erreichen Sie, dass die erste Spalte mit den Zeilenbeschriftungen ● sowie die letzte Spalte der Tabelle mit den Ergebnissen ●

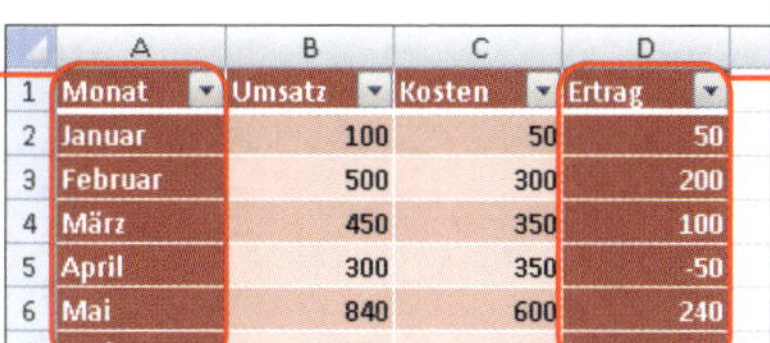

| | A | B | C | D |
|---|---|---|---|---|
| 1 | Monat | Umsatz | Kosten | Ertrag |
| 2 | Januar | 100 | 50 | 50 |
| 3 | Februar | 500 | 300 | 200 |
| 4 | März | 450 | 350 | 100 |
| 5 | April | 300 | 350 | -50 |
| 6 | Mai | 840 | 600 | 240 |
| 7 | Juni | 300 | 350 | -50 |

optisch hervorgehoben werden.

**5** Sollten Sie mit dem Aussehen Ihrer Tabelle doch nicht so zufrieden sein, können Sie ganz einfach eine andere Vorlage ausprobieren. Klicken Sie dazu einfach in die Tabelle, damit das zusätzliche Entwurfs-Register wieder angezeigt wird. Nach je einem Klick auf ●

und auf einen Alternativvorschlag, etwa ●,

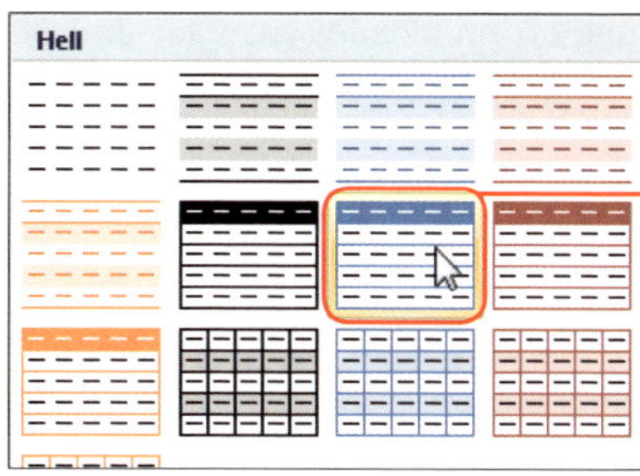


können Sie eine andere Vorlage zur Anwendung bringen.

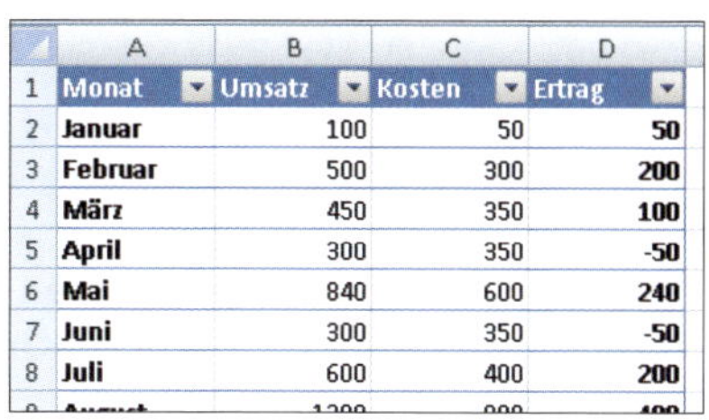

| | A | B | C | D |
|---|---|---|---|---|
| 1 | Monat | Umsatz | Kosten | Ertrag |
| 2 | Januar | 100 | 50 | 50 |
| 3 | Februar | 500 | 300 | 200 |
| 4 | März | 450 | 350 | 100 |
| 5 | April | 300 | 350 | -50 |
| 6 | Mai | 840 | 600 | 240 |
| 7 | Juni | 300 | 350 | -50 |
| 8 | Juli | 600 | 400 | 200 |

# Tabellen nach einheitlichem Konzept gestalten

Mit den Office-Programmen der neuesten Version ist es leicht wie nie, sowohl Word-Dokumenten als auch Excel-Tabellen eine einheitliche Optik zu verpassen. Möglich machen dies die sogenannten Designs. In einem Design werden wichtige Formatierungen wie etwa die Schriftart oder auch die Farbe und Art von Rahmenlinien zusammengefasst. Standard ist das Design Larissa, das bei der Neuanlage eines Dokuments Anwendung findet. Davon können Sie jedoch ganz leicht abweichen. Bevorzugen Sie beispielsweise bei Ihren Briefen das Design Dactylos, können Sie diese Gestaltungsart problemlos auch auf Ihre Tabelle anwenden.

**1** Klicken Sie dazu in der Multifunktionsleiste zunächst auf den Registerreiter

und dann, um auf die Design-Auswahl zuzugreifen, auf ●.

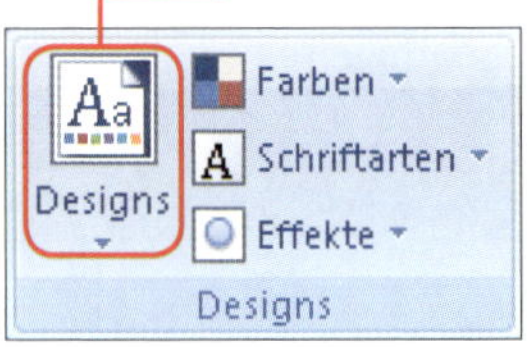


**2** In der daraufhin geöffneten Design-Auswahl brauchen Sie jetzt nur noch auf das Symbol ●

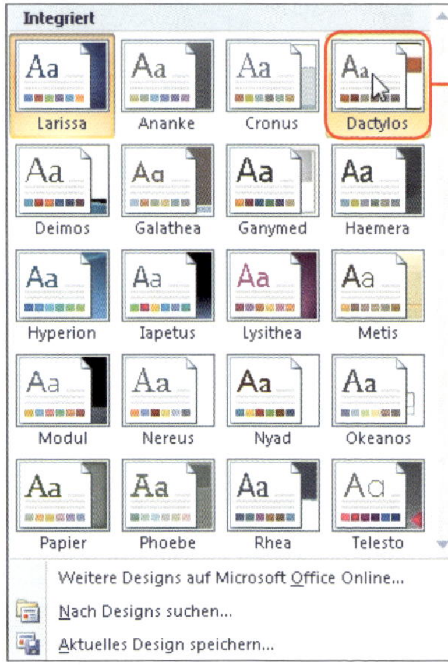


zu klicken – und schon erscheint Ihre Tabelle in diesem Gestaltungskonzept.

| | A | B | C | D |
|---|---|---|---|---|
| 1 | Monat | Umsatz | Kosten | Ertrag |
| 2 | Januar | 100 | 50 | 50 |
| 3 | Februar | 500 | 300 | 200 |
| 4 | März | 450 | 350 | 100 |
| 5 | April | 300 | 350 | -50 |
| 6 | Mai | 840 | 600 | 240 |
| 7 | Juni | 300 | 350 | -50 |
| 8 | Juli | 600 | 400 | 200 |
| 9 | August | 1200 | 800 | 400 |
| 10 | September | 900 | 600 | 300 |
| 11 | Oktober | 700 | 450 | 250 |
| 12 | November | 500 | 350 | 150 |
| 13 | Dezember | 800 | 500 | 300 |
| 14 | | | | |

# Arbeiten mit Dokumentvorlagen

Es gibt Tabellenkonstrukte, die Sie immer wieder benötigen. Natürlich könnten Sie in einem solchen Fall eine Arbeitsmappe mit dieser Tabelle öffnen, unter einem neuen Namen speichern und dann die alten Angaben mit Ihren neuen Daten überschreiben. Diese Vorgehensweise ist aber sehr fehleranfällig und umständlich. Besser ist es in einem solchen Fall, eine Dokumentvorlage zu erstellen. Diese Vorlage enthält dann alle Angaben, die jedes Mal in der Mappe enthalten sein sollen. Wenn Sie später eine neue Arbeitsmappe auf Basis dieser Vorlage anlegen, brauchen Sie nur noch die aktuellen Werte einzutippen. Im folgenden Beispiel besorgen Sie sich zunächst im Internet eine Rechnungsvorlage. Diese schneiden Sie dann auf Ihre Bedürfnisse zu und speichern sie als eigene Vorlage.

**1** Stellen Sie zunächst eine Internetverbindung her, und starten Sie Excel. Klicken Sie dann auf das Office-Symbol

sowie anschließend in der aufklappenden Liste auf

.

**2** Möglicherweise befinden sich schon Vorlagen auf Ihrem Rechner, sofern diese zum Lieferumfang Ihres Office-Pakets gehören. Per Klick auf ● könnten Sie darauf zugreifen. Die Rechnungsvorlage, die in diesem Abschnitt als Beispiel dient, finden Sie aber im Internet. Auf diese Internet-Vorlagen können Sie im Bereich unterhalb des Eintrags ●

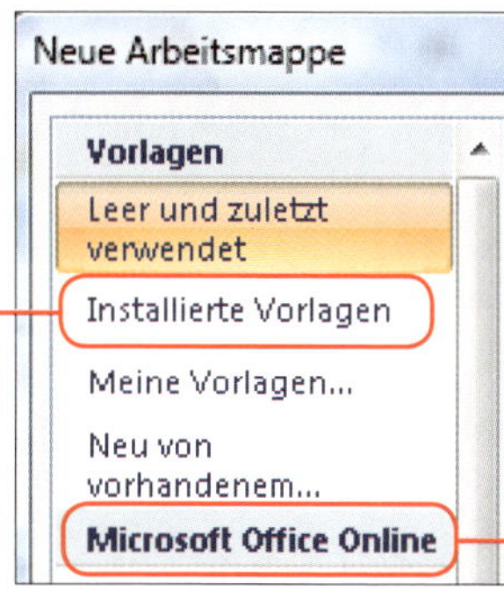


zugreifen. Klicken Sie dort auf ●.

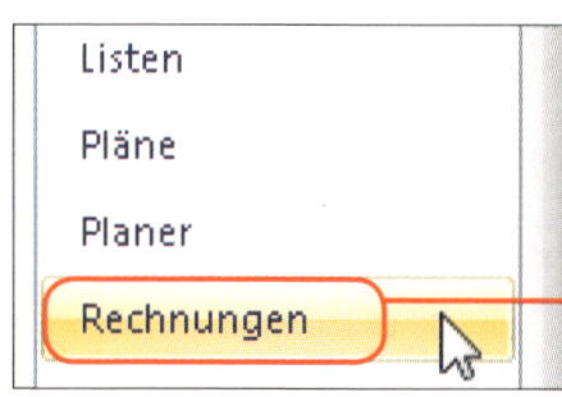


**3** Nach wenigen Sekunden wird die entsprechende Auswahl angezeigt. Markieren Sie mit einem Mausklick die

Vorlage, die Ihnen gefällt, etwa ●,

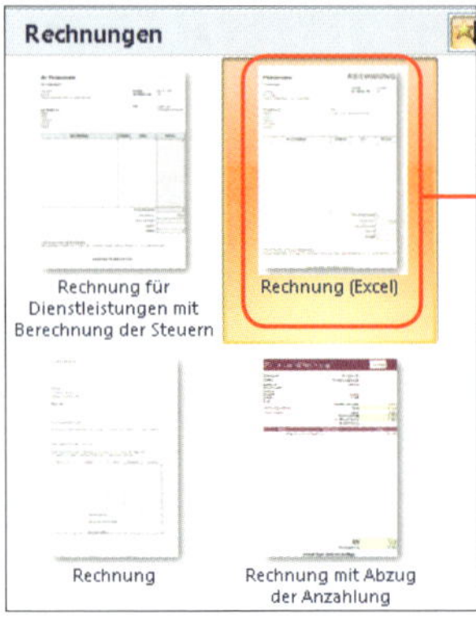


und klicken Sie danach auf die Schaltfläche

.

**4** Microsoft stellt Ihnen die Vorlagen kostenlos zur Verfügung. Sie müssen allerdings belegen, dass Sie ein legales Office-Produkt installiert haben. Um diese Prüfung durchzuführen, brauchen Sie nur auf ●

zu klicken. (Unter Umständen ist zur Durchführung der Prüfung die Installation eines Hilfsprogramms nötig. In dem Fall folgen Sie einfach nur den Anweisungen.)

**5** Nach erfolgreicher Prüfung wird die Vorlage in Excel geladen. Im Beispielfall handelt es sich um ein Rechnungsformular.

Überschreiben Sie nun die Platzhaltertexte mit Ihren persönlichen Daten. Klicken Sie also beispielsweise in die Zelle ●,

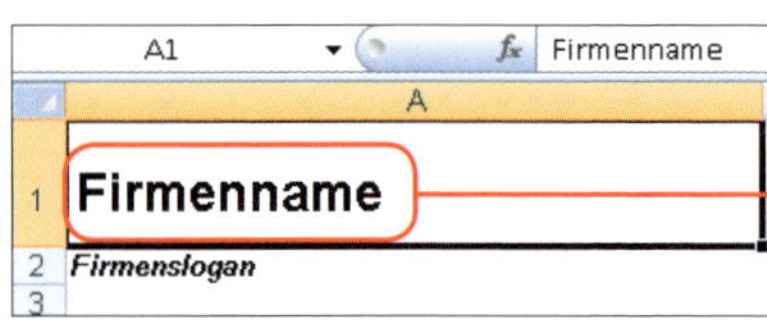


und tippen Sie Ihren Firmennamen ein. Das machen Sie mit allen Angaben, die in jeder Ihrer Rechnungen vorkommen sollen. Tragen Sie also zum Beispiel Ihre Adresse, Ihre Bankverbindung und so weiter ein.

**6** Nun müssen Sie die angepasste Vorlage speichern. Klicken Sie dazu wieder auf das Office-Symbol

und danach auf

.

Wie zu erwarten, öffnet sich ein Explorer-Fenster, und Sie befinden sich in Ihrem Standardordner beziehungsweise in dem Ordner, in dem Sie die letzte Arbeitsmappe gespeichert haben.

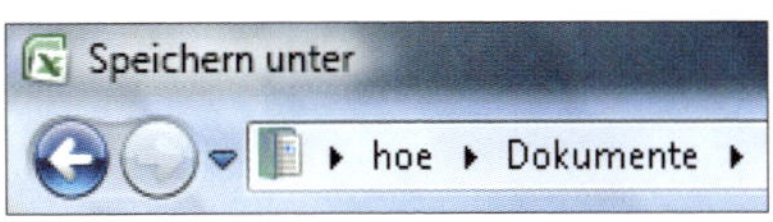


**7** Sie dürfen jetzt aber noch *nicht* auf „Speichern" klicken! Denn dann würden Sie lediglich ein Dokument speichern. Klicken Sie stattdessen neben dem Feld ●

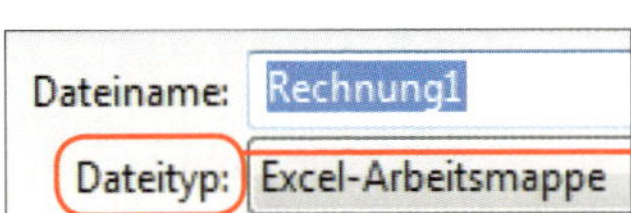


auf den kleinen Pfeil

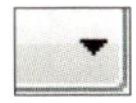

und in der daraufhin angezeigten Auswahlliste auf ●.

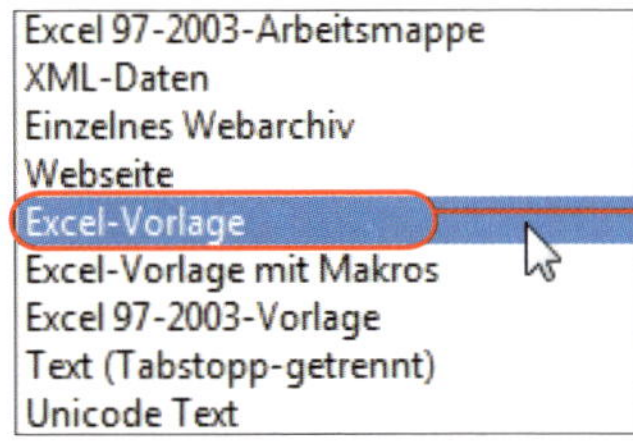


**8** Anschließend geben Sie Ihrer Vorlage einen aussagekräftigen Namen, beispielsweise ●.

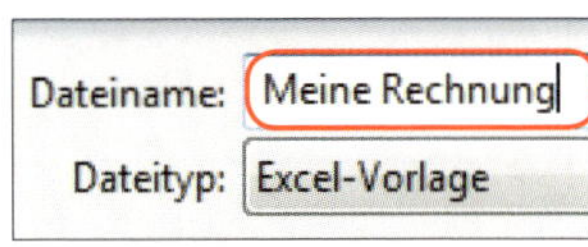


Um den richtigen Speicherort für die Vorlage brauchen Sie sich nicht zu kümmern. Excel wechselt nämlich automatisch zum passenden Ordner: ●.

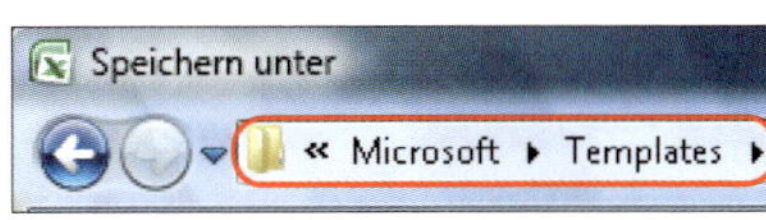


Sie können daher gleich auf

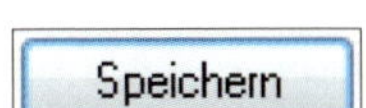


klicken.

**9** Künftig können Sie auf Ihre selbst erstellte Rechnungsvorlage jederzeit zugreifen. Klicken Sie dazu als Erstes auf

,

danach auf

und schließlich auf den Eintrag ●.

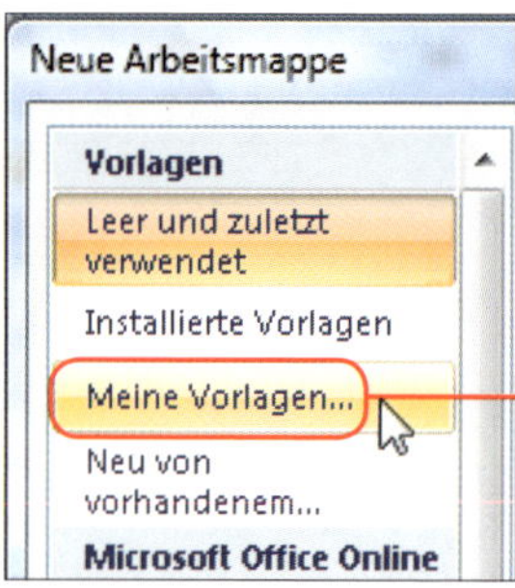


**10** Markieren Sie Ihre Rechnungsvorlage mit einem Mausklick auf ●,

und klicken Sie danach zur Bestätigung auf

.

**11** Umgehend wird Ihr Rechnungsformular in Excel angezeigt. Sie brauchen nur noch die Zahlen einzusetzen, die sich bei jeder Rechnung unterscheiden. Insbesondere sind dies natürlich die einzelnen Rechnungspositionen, also etwa Ihre Stunden- und Satzangaben, hier ●.

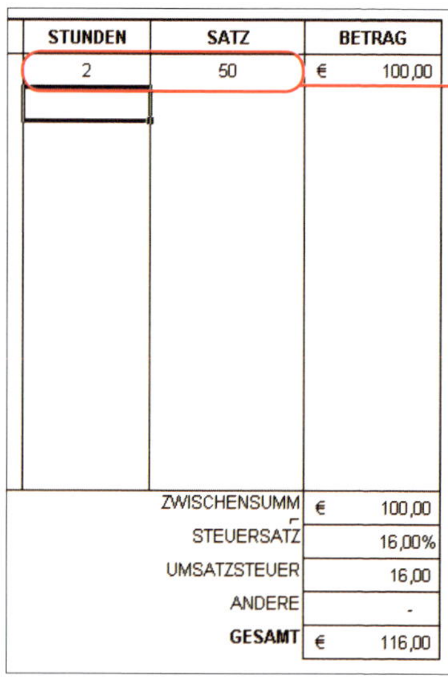

| STUNDEN | SATZ | BETRAG |
|---|---|---|
| 2 | 50 | € 100,00 |
| | ZWISCHENSUMM | € 100,00 |
| | STEUERSATZ | 16,00% |
| | UMSATZSTEUER | 16,00 |
| | ANDERE | - |
| | **GESAMT** | € 116,00 |

Die daraus resultierende Rechnungssumme sowie die Umsatzsteuer werden automatisch berechnet. Ihre fertige Rechnung können Sie dann ganz normal speichern.

# 4 Berechnungen durchführen

Bei Excel handelt es sich um ein Tabellenkalkulationsprogramm. Das heißt, dass Rechenoperationen im Mittelpunkt der Arbeit stehen. Einfache Rechenanweisungen können Sie intuitiv erteilen. Diese funktionieren nämlich im Prinzip wie die Eingaben in einen Taschen- oder Tischrechner. Für komplexere Berechnungen stellt Ihnen Excel Hunderte vorgefertigte Funktionen zur Verfügung. Die Angebotspalette lässt dabei keine Wünsche offen. Finanzmathematische Aufgabenstellungen können Sie ebenso lösen wie statistische oder trigonometrische.

Bekanntlich ist jedoch niemand perfekt. Daher kann es auch bei sorgfältigstem Arbeiten hin und wieder zu fehlerhaften Rechenanweisungen kommen. Mithilfe von Excel lassen sich solche Fehler von vornherein deutlich reduzieren, wenn auch nicht gänzlich ausschließen. Aber selbst dann lässt Excel Sie nicht im Stich und hilft Ihnen bei der Fehlersuche.

Im vierten Kapitel dieses Buches erfahren Sie,

- wie Sie mit Excel Berechnungen durchführen,
- wie Sie Formeln eingeben, die auf Daten verschiedener Arbeitsmappen zugreifen,
- wie Sie Funktionen verwenden und bearbeiten
- und wie Excel Sie vor der Eingabe falscher Rechenanweisungen bewahrt.

**Kapitel-Wegweiser**

# Rechenanweisungen erteilen

Wie einfach das Rechnen mit Excel geht, erfahren Sie im folgenden einfachen Beispiel: Stellen Sie sich vor, Sie haben eine Tabelle angelegt, in der Sie für die einzelnen Monate eines Jahres Umsätze und Kosten erfassen. In der Spalte D sollen daraus die Erträge berechnet werden. Der Ertrag eines Monats ergibt sich dabei logischerweise aus der Differenz zwischen Umsatz und Kosten.

| | A | B | C | D |
|---|---|---|---|---|
| 1 | Monat | Umsatz | Kosten | Ertrag |
| 2 | Januar | | | |
| 3 | Februar | | | |
| 4 | März | | | |
| 5 | April | | | |
| 6 | Mai | | | |
| 7 | Juni | | | |
| 8 | Juli | | | |
| 9 | August | | | |
| 10 | September | | | |
| 11 | Oktober | | | |
| 12 | November | | | |
| 13 | Dezember | | | |
| 14 | | | | |

**1** Um die erste Rechenanweisung eingeben zu können, müssen Sie eine Zelle zunächst markieren. Klicken Sie dazu im Beispiel in die Zelle D2 ●.

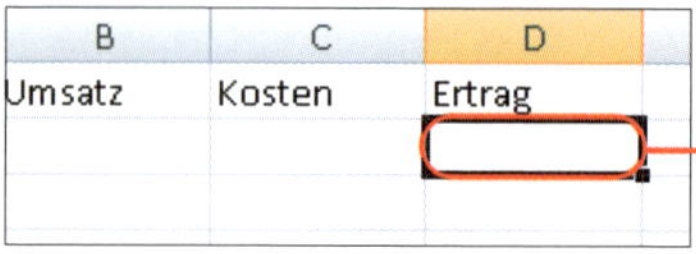


**2** Tippen Sie nun als Erstes ein Gleichheitszeichen ein: ●.

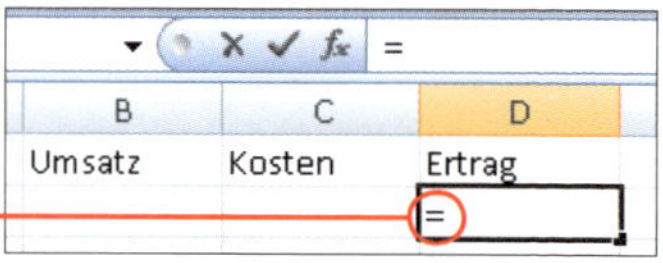


Damit teilen Sie Excel mit, dass jetzt eine Rechenanweisung erfolgt. Eine solche Rechenanweisung wird übrigens auch als Formel bezeichnet.

**3** Anschließend klicken Sie in die Zelle B2. Die Zelladresse wird dadurch automatisch in die Formel eingesetzt: ●. Die Rechenanweisung beziehungsweise Formel sehen Sie nicht nur in der Zelle selbst, sondern auch in der Bearbeitungsleiste ●.

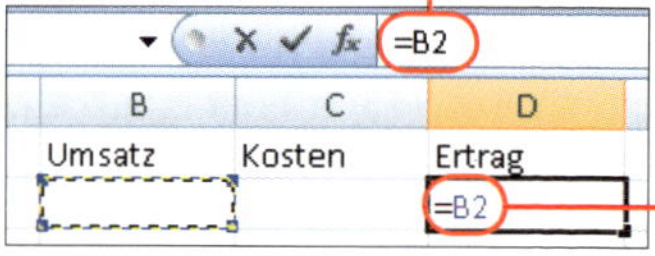


**4** Genau wie bei einem Taschenrechner werden Additionen mithilfe des Pluszeichens, Subtraktionen mithilfe des Minuszeichens, Multiplikationen mit * und Divisionen mit / durchgeführt. Im Beispielfall soll vom Umsatz in der Zelle B2 etwas abgezogen werden. Tippen Sie daher ein Minuszeichen ein: ●.

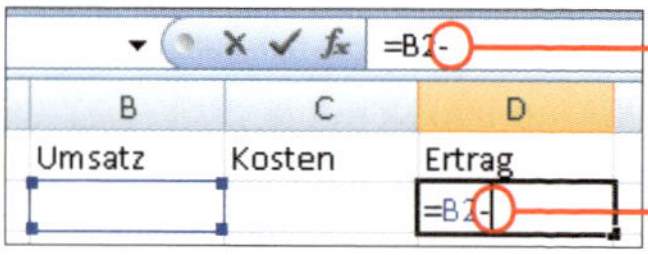

**5** Nun müssen Sie nur noch festlegen, was aus welcher Zelle abgezogen werden soll. Da es sich um die Kosten in Zelle C2 handelt, klicken Sie einfach in die entsprechende Zelle ●.

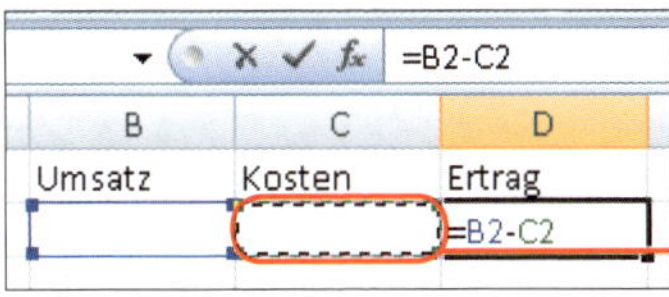


**6** Die Formel ist jetzt fertig. Drücken Sie daher zur Bestätigung die [↵]-Taste. Da die Zellen B2 und C2 zu diesem Zeitpunkt noch keine Werte enthalten, erscheint als Rechenergebnis eine Null ●.

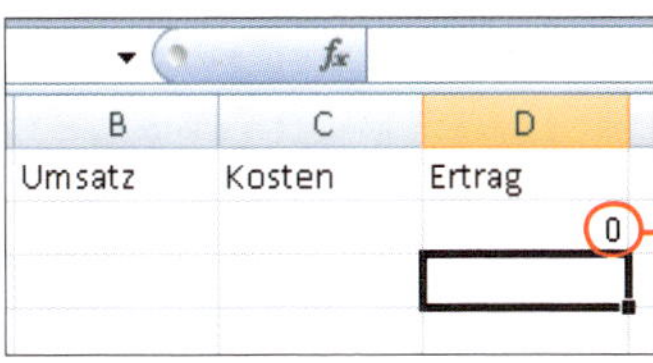


**7** Wenn Sie zwei Beispielwerte eintragen, sehen Sie allerdings sofort, dass die Berechnung korrekt erfolgt.

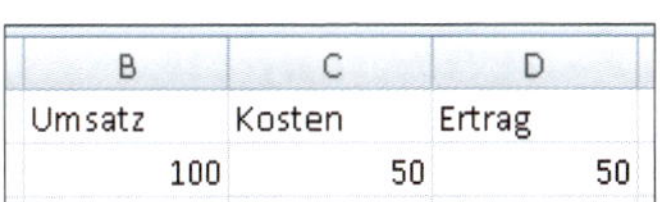


In der Zelle D2 erscheint zwar ein Zahlenwert, nämlich das Rechenergebnis. Tatsächlich enthält die Zelle aber, wie Sie wissen, eine Formel. Klicken Sie in die Zelle, wird diese Formel in der Bearbeitungsleiste angezeigt: ●.

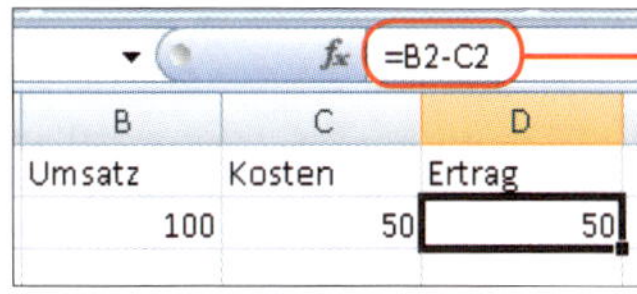


Ändern Sie einen Wert, beispielsweise den Umsatz, wird die Berechnung automatisch angepasst.

**8** Die Formel können Sie jetzt ganz einfach auf die übrigen Monate übertragen. Klicken Sie dazu in die Zelle D2, führen Sie den Mauszeiger über die rechte untere Ecke ●,

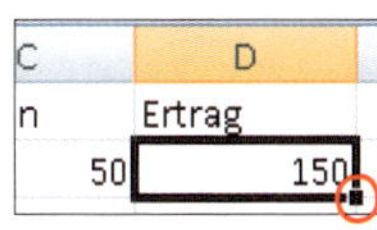


drücken Sie die Maustaste, und halten Sie sie gedrückt, während Sie eine Ziehbewegung nach unten ausführen.

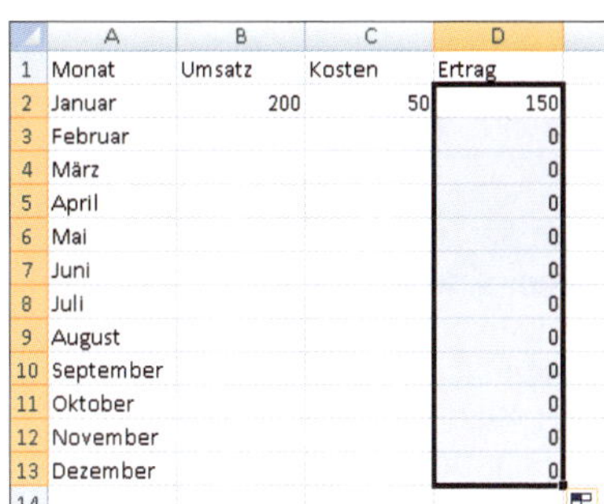

**9** Nach einem Klick in eine der Zellen, in die im vorigen Schritt die Formel übernommen wurde, können Sie in der Bearbeitungsleiste sehen, dass Excel die Zellbezüge automatisch sinnvoll angepasst hat: ●. Im Beispiel klicken Sie für diese Kontrolle in die Zelle D5 ●.

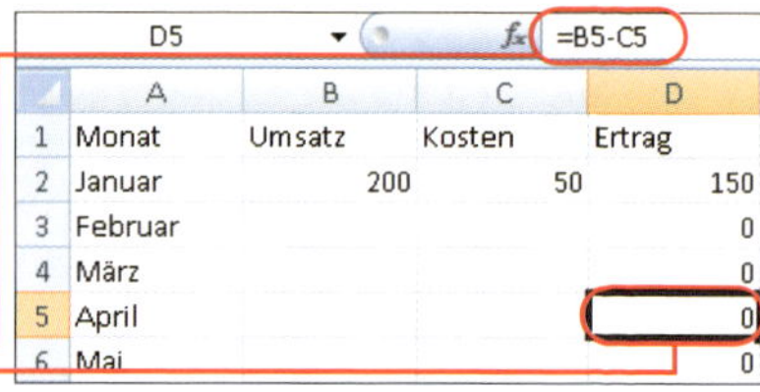


### Rechnen mit Klammern

Auch für das Rechnen mit Excel gilt, dass Punkt- vor Strichrechnung geht. Durch das Setzen von Klammern können Sie von dieser Reihenfolge abweichen. Konkret bedeutet dies, dass beispielsweise die Anweisung ●

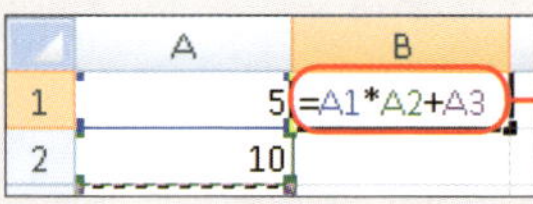


zu einem anderen Ergebnis führt als die Anweisung ●.

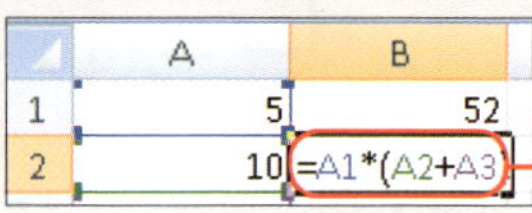


Im ersten Fall werden nämlich zunächst die Zellen A1 und A2 multipliziert und dann der Wert der Zelle A3 zu diesem Zwischenergebnis addiert. Bei der Formel in der Zelle B2 dagegen werden erst die Zellen A2 und A3 addiert und dann die Summe mit A1 multipliziert. Das führt zu den unterschiedlichen Ergebnissen ●.

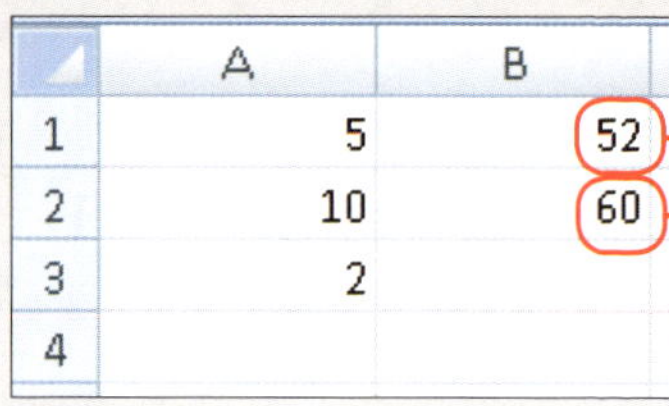


## Rechnen über mehrere Arbeitsmappen

Wenn Sie Berechnungen mit Excel anstellen, sind Sie nicht auf ein einziges Arbeitsblatt beschränkt. Denn Formeln können sich auch auf Zellen verschiedener Blätter beziehen. Ja, es ist sogar möglich, Berechnungen mit Zellen, die sich in unterschiedlichen Arbeitsmappen befinden, durchzuführen. Das ist in der Praxis sehr hilfreich. So können zum Beispiel verschiedene Abteilungen eigene Kosten- oder Umsatzaufstellungen in separaten Arbeitsmappen anlegen. In einer weiteren Arbeitsmappe kann dann eine Gesamtauswertung erfolgen. Und zwar, ohne dass Sie etwa Werte von Hand übertragen müssen. Das erledigt Excel für Sie. Im folgenden einfachen Beispiel stehen Ihnen drei Arbeitsmappen zur Verfügung. Eine enthält Umsatzzahlen, eine zweite Angaben zu Kosten. In der dritten Arbeitsmappe schließlich wollen Sie den Ertrag als Differenz daraus berechnen.

**1** Öffnen Sie zunächst alle drei Arbeitsmappen. In der Taskleiste finden Sie dann die entsprechenden Einträge, im Beispiel ●.

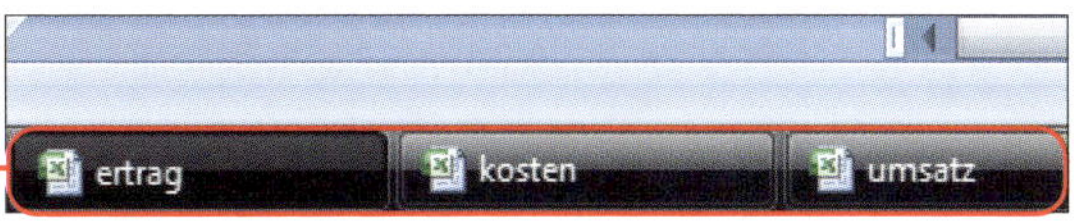


Durch Anklicken können Sie die jeweilige Mappe in den Bildschirmvordergrund holen. Als Erstes benötigen Sie die Mappe „Ertrag“, in der Sie die Formel eingeben müssen. Tippen Sie dort in der Zelle A2 ein Gleichheitszeichen ein: ●.

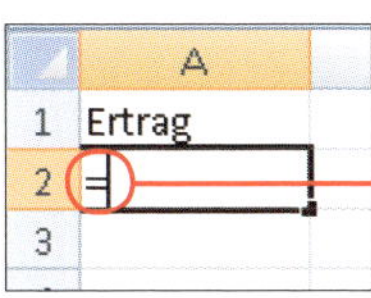


**2** Da Sie anschließend die Umsatz-Arbeitsmappe brauchen, klicken Sie in der Taskleiste auf

und dann in die Zelle ●.

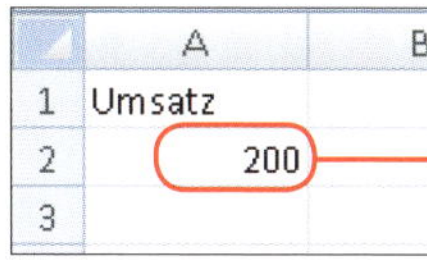


Die Zelle ist nun umrandet, und die dazugehörige Adresse wird automatisch in die Formel übernommen.

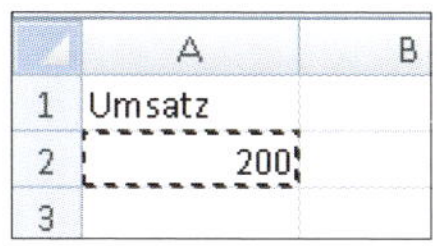


Danach tippen Sie ein Minuszeichen ein. In der Bearbeitungsleiste können Sie die Entwicklung der Formel übrigens nachvollziehen.

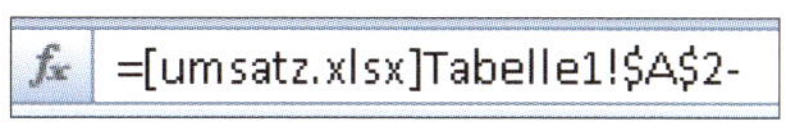


**3** Vom Umsatz sollen die Kosten abgezogen werden. Klicken Sie daher in der Taskleiste auf

und danach in die Zelle ●.

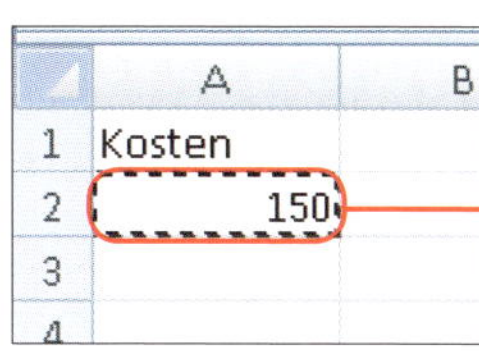

**4** Bestätigen Sie Ihre Eingaben, indem Sie etwa die Taste [Tab] oder [Enter] drücken. Daraufhin wird automatisch die Ertrags-Arbeitsmappe in den Vordergrund geholt. In der Zelle A2 sehen Sie auch gleich das korrekte Rechenergebnis: ●.

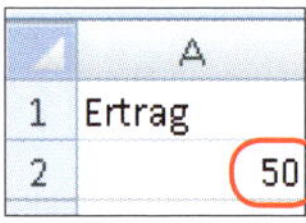


**5** Schließen Sie nun die Ertrags-Mappe. Dann ändern Sie in der Kosten-Mappe den Betrag von 150 beispielsweise in 180 ●.

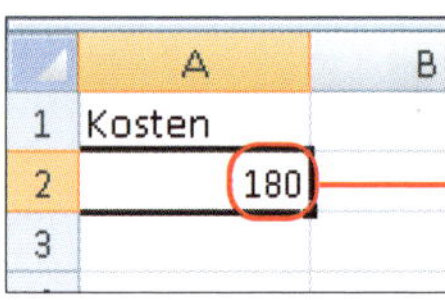


Danach können Sie auch diese Mappe schließen und die Änderung speichern.

**6** Wenn Sie das nächste Mal die Ertrags-Mappe öffnen, sehen Sie zunächst noch das „alte" Ergebnis: ●.

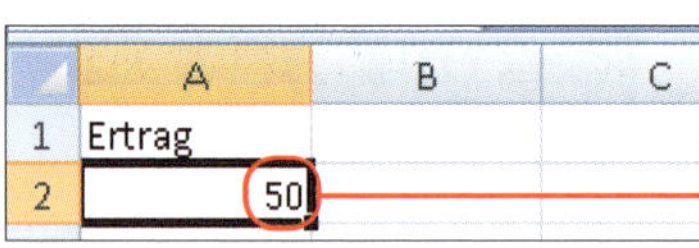


Das liegt daran, dass Excel normalerweise die Aktualisierung mit Daten aus einer anderen Mappe aus Sicherheitsgründen verhindert. Oberhalb des Arbeitsbereichs finden Sie einen entsprechenden Hinweis: ●.

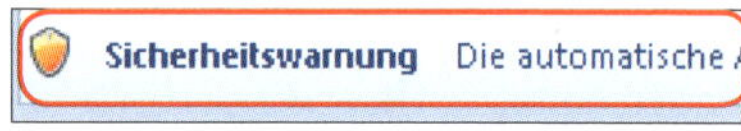


**7** Um die Berechnung mit dem neuen Wert vorzunehmen, gehen Sie so vor: Klicken Sie in der Sicherheitswarnung auf die Schaltfläche

und anschließend in den Kreis ●,

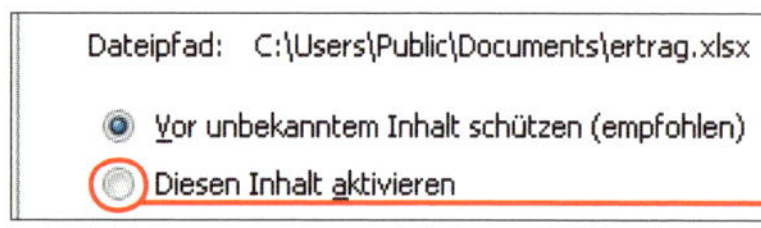


sodass dort der Auswahlpunkt erscheint: ●.

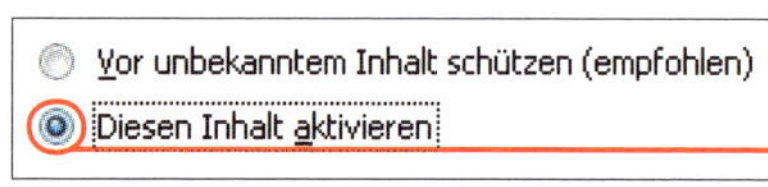


Jetzt brauchen Sie nur noch zur Bestätigung auf

zu klicken. Schon wird das korrekte Ergebnis angezeigt: ●.

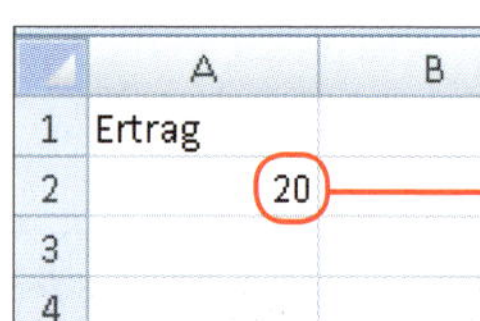

# Funktionen anwenden

Funktionen sind vorgefertigte Rechenanweisungen. Solche Funktionen gibt es für alle denkbaren Bereiche. Kaufleute führen damit Zinsberechnungen durch, Mathematiker berechnen mithilfe von trigonometrischen Funktionen Sinus- oder Cosinus-Werte. Um das Prinzip des Arbeitens mit Funktionen zu verdeutlichen, wird in diesem Abschnitt die Summenfunktion vorgestellt, die wirklich jeder beim Rechnen mit Tabellen benötigt.

**1** In der Beispieltabelle soll in der aktiven Zelle A7 der Gesamtbetrag der Spalten B und C summiert werden.

| | A | B | C |
|---|---|---|---|
| 1 | Kunde | Januar | Februar |
| 2 | Müller | 300 | 200 |
| 3 | Maier | 300 | 100 |
| 4 | Schmitt | 400 | 150 |
| 5 | | | |
| 6 | Gesamtergebnis | | |
| 7 | | | |
| 8 | | | |

**2** Um das zu bewerkstelligen, brauchen Sie nicht etwa jede Zelle einzeln zu addieren, was Sie mit der Formel =B2+B3 usw. bis hin zu +C4 erreichen würden. Das geht viel einfacher: Mit einem Gleichheitszeichen teilen Sie Excel mit, dass nun eine Rechenanweisung folgt. Dann tippen Sie die Funktionsbezeichnung „summe" ein. Excel weiß jetzt, dass die folgenden Zellen addiert werden sollen. Um welche Zellen es sich dabei handelt, schreiben Sie nach der Funktionsbezeichnung in Klammern. Die komplette Anweisung lautet also: ●.

| | |
|---|---|
| 6 | Gesamtergebnis |
| 7 | =summe(B2:C4) |

Der Ausdruck B2:C4 steht dabei für den Zellbereich, der von den Zellen B2 links oben und C4 rechts unten begrenzt wird.

Bestätigen Sie die Formeleingabe, erscheint das Ergebnis: ●.

| | |
|---|---|
| 6 | Gesamtergebnis |
| 7 | 1450 |

**3** Den Zellbereich, der von der Funktion berechnet werden soll, können Sie auch mithilfe der Maus kennzeichnen: Sobald Sie das Gleichheitszeichen, die Funktionsbezeichnung sowie die anführende Klammer eingetippt haben wie in Abbildung ●,

| | A | B | C |
|---|---|---|---|
| 1 | Kunde | Januar | Februar |
| 2 | Müller | 300 | 200 |
| 3 | Maier | 300 | 100 |
| 4 | Schmitt | 400 | 150 |
| 5 | | | |
| 6 | Gesamtergebnis | | |
| 7 | =summe( | | |

klicken Sie in die Zelle B2 und markieren dann mit der bereits mehrfach geschilderten Ziehtechnik den Zellbereich (siehe zum Beispiel Schritt 8 auf Seite 57). Die entsprechende Adressangabe wird dann automatisch in die Formel übernommen: ●.

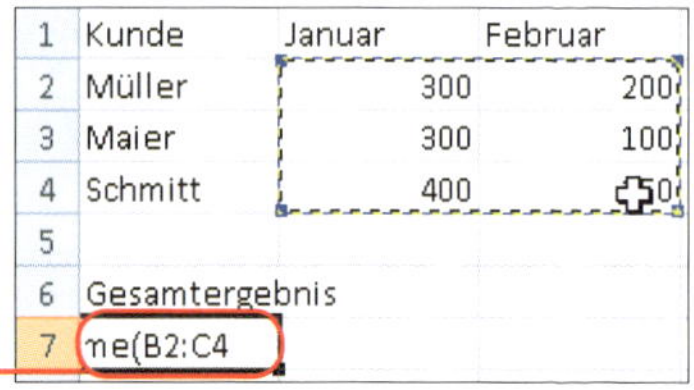


## Auto-Funktionen nutzen

Das Summieren von Werten in Spalten oder Zeilen benötigen Sie in der Praxis wahrscheinlich sehr häufig. Excel stellt Ihnen daher eine spezielle Funktion zur Verfügung, mit der dieses Summieren oft noch schneller geht. Diese Funktion wird als „Auto-Summe“ bezeichnet. Wenn Sie bei-spielsweise in der Tabelle unten die Umsätze summieren möchten, klicken Sie in die Zelle ●

und dann im Start-Register auf ●.

Dadurch tragen Sie zum einen die Summenfunktion in die Zelle ein. Zum anderen wird Ihnen aber auch gleich ein Zellbereich vorgeschlagen: ●.

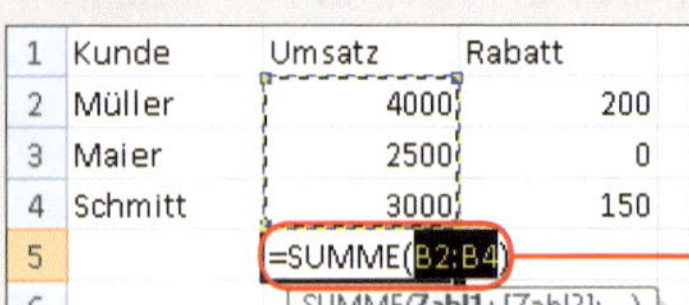


Im Beispielfall brauchen Sie also nichts weiter zu tun, als ↵ zu drücken, um die Rechenanweisung fertigzustellen.

Die Funktion Auto-Summe finden Sie auch im Formeln-Register der Multifunktionsleiste. Dort klicken Sie einfach auf ●.

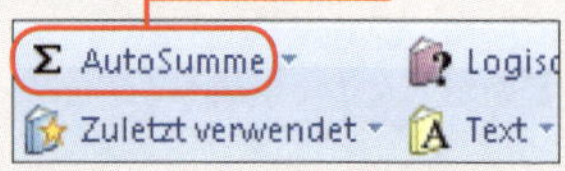


Und wenn Sie neben dem Symbol auf den Pfeil ●

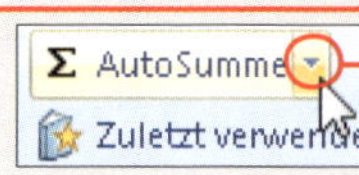


klicken, erhalten Sie Zugriff auf weitere Auto-Funktionen, die Sie häufig benötigen.

Damit können Sie nach demselben Prinzip den Mittelwert der Umsätze, die Anzahl der Umsatzeinträge oder den höchsten beziehungsweise niedrigsten vorkommenden Wert berechnen lassen.

# Rabatte automatisch berechnen

Im folgenden Beispiel knüpfen Sie eine Berechnung daran, ob eine Bedingung erfüllt ist oder nicht. Zu dieser Prüfung verwenden Sie die „Wenn-Funktion". Dabei definieren Sie eine Bedingung und legen dann fest, was passiert, wenn diese erfüllt ist, beziehungsweise was passiert, wenn sie nicht erfüllt ist.

**1** Als Beispiel dient eine Umsatzaufstellung. In der Spalte C soll ein Rabattbetrag von 5 Prozent ausgewiesen werden, falls der Umsatz eines Kunden über 2500 liegt. Bei einem geringeren Umsatz soll als Rabattbetrag eine Null erscheinen. Klicken Sie dazu zunächst in die Zelle C2, in der Sie die entsprechende Anweisung erteilen wollen.

| | A | B | C |
|---|---|---|---|
| 1 | Kunde | Umsatz | Rabatt |
| 2 | Müller | 4000 | |
| 3 | Maier | 2500 | |
| 4 | Schmitt | 3000 | |
| 5 | | | |

**2** Danach klicken Sie in der Multifunktionsleiste auf den Registerreiter

.

In dem Register, das daraufhin in den Vordergrund rückt, sind die Funktionen in Gruppen zusammengefasst. Bei der benötigten Wenn-Anweisung handelt es sich um eine „logische Funktion". Klicken Sie daher im Formeln-Register auf den gleichnamigen Eintrag ●.

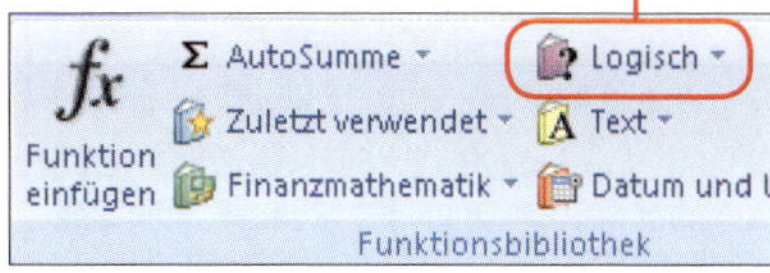


**3** In der Auswahl der logischen Funktionen, die anschließend aufklappt, klicken Sie auf den Eintrag ●.

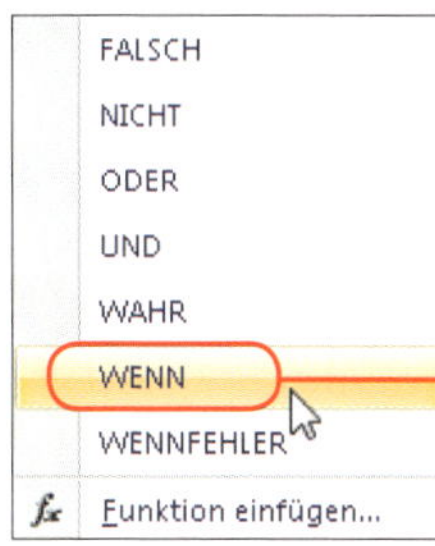


Schon erscheint die Funktionsbezeichnung in der Zelle: ●.

| B | C |
|---|---|
| Umsatz | Rabatt |
| 4000 | =WENN() |
| 2500 | |
| 3000 | |

**4** Viel wichtiger aber ist das Hilfsfenster, das sich nun öffnet. Damit können Sie Ihre Formel nämlich ganz einfach definieren, ohne sich um die korrekte Funktions-Schreibweise kümmern zu müssen. Im Einzelnen legen Sie

### Hilfe bei der Eingabe der Zelladressen

Im nebenstehenden Beispiel ist die Eingabe der Zelladresse natürlich sehr einfach. In anderen Fällen, wenn etwa Zellbereiche in einer Funktion auftauchen, kann es jedoch recht umständlich werden. Sie können sich aber helfen lassen: Wenn Sie im Beispielfall neben dem Feld

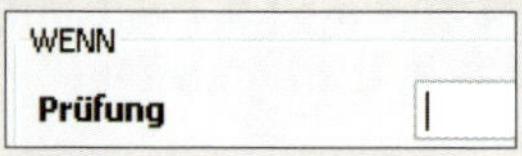


auf das Symbol

klicken, wird das Hilfsfenster ganz schmal. Klicken Sie nun in die Zelle, wird die Adresse in dieses schmale Fenster übernommen:.

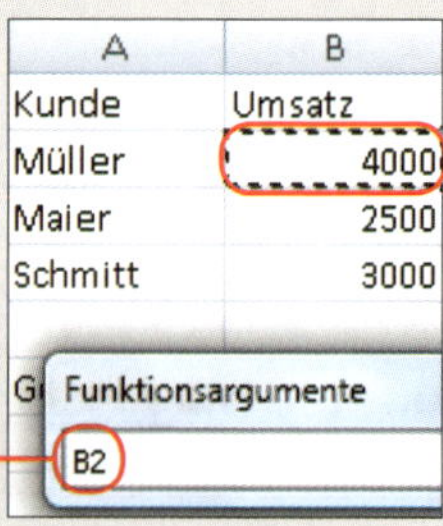


Mit einem Mausklick auf

übernehmen Sie die Adresse in das Prüfungs-Feld. Dann brauchen Sie nur noch den Rest der Anweisung, „>2500", einzutippen.

fest, welche Bedingung geprüft werden soll, was geschehen soll, wenn diese Bedingung erfüllt ist, und was in der Zelle erscheinen soll, wenn dies nicht der Fall ist:.

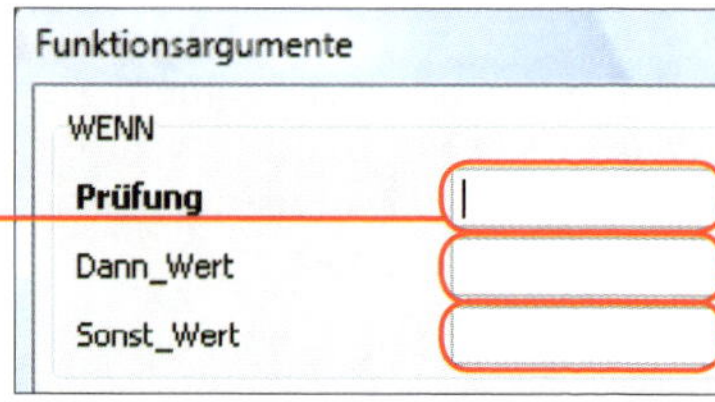


**5** Im Beispielfall füllen Sie die Eingabefelder im Hilfsfenster wie folgt aus: Der Rabattbetrag soll gewährt werden, sobald der ausgewiesene Umsatz in der Zelle B2 größer ist als 2500. Ins Feld „Prüfung" tippen Sie daher.

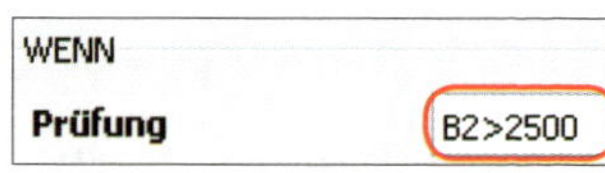


Ist diese Bedingung erfüllt, soll ein Rabattbetrag von 5 Prozent auf diesen Umsatz ausgewiesen werden. Die Anweisung im Feld darunter lautet also.

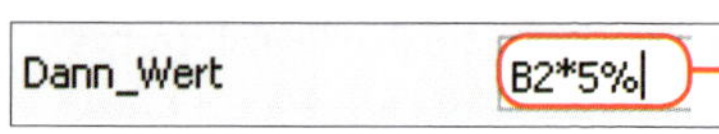


Ist der Umsatz hingegen kleiner oder gleich 2500, soll es keinen Rabatt geben. Tippen Sie daher einfach eine Null in das dritte Feld:.

**6** Die Funktion ist nun komplett definiert. Klicken Sie daher auf die Schaltfläche

.

Umgehend erscheint der korrekte Rabattbetrag in der Zelle ●.

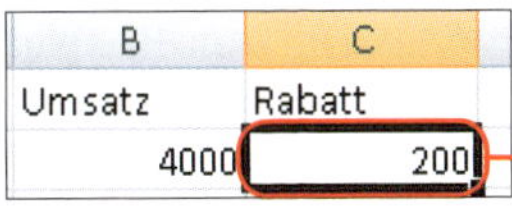


Klicken Sie diese an, sehen Sie in der Bearbeitungsleiste die entsprechende Rechenanweisung, die Sie in den vorigen Schritten zusammengestellt haben.

**7** Mithilfe der Ziehtechnik (siehe zum Beispiel Schritt 8 auf Seite 57) können Sie die Rechenanweisung auch auf die Zellen C3 und C4 übertragen. Im Beispiel sehen die Ergebnisse dann so aus: ●.

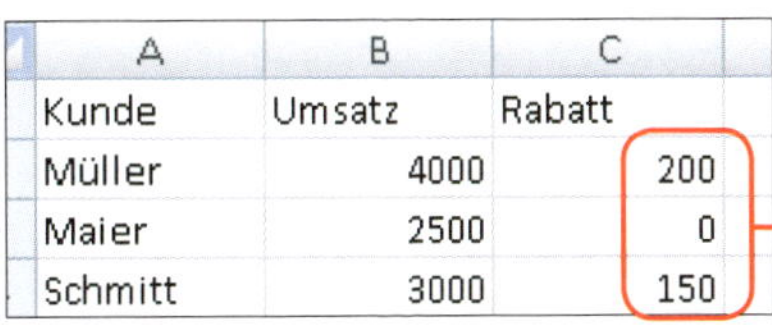


### Funktionen bearbeiten

Wenn Sie im nebenstehenden Beispiel in die Zelle ● klicken, wird die Rechenanweisung in der Bearbeitungsleiste angezeigt. Dort können Sie gegebenenfalls auch Änderungen vornehmen. Im Beispielfall wäre dies relativ leicht. Bei komplizierteren Anweisungen ist es aber sinnvoll, auf das Symbol ●

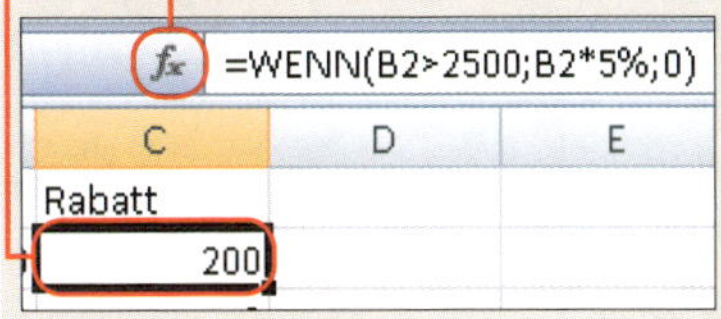


zu klicken. Dann bekommen Sie nämlich das komplette Hilfsfenster mit den separaten Eingabefeldern angezeigt. Und darin können Sie Bearbeitungen wesentlich einfacher durchführen.

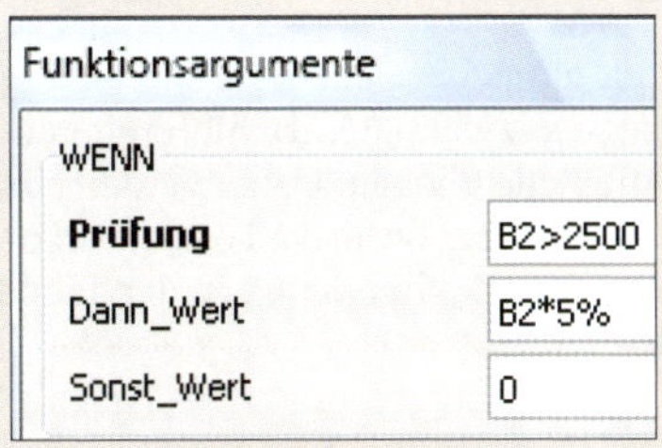


## Fehler vermeiden und aufspüren

Je umfangreicher eine Tabellenkonstruktion ist, desto höher ist natürlich das Fehlerrisiko. Bei der Formeleingabe bietet Ihnen Excel eine Fülle von Hilfestellungen. Sollte es dennoch einmal zu Fehlern kommen, stellt Ihnen Excel spezielle Helfer zur Verfügung, mit denen sich die Gründe für das Problem aufspüren lassen.

**1** Wenn Sie in eine Zelle klicken, die eine Formel enthält, sehen Sie in der Bearbeitungsleiste die Rechenanweisung. In einem solchen Fall ist es also ein Leichtes zu prüfen, ob die richtigen Zelladressen eingetragen sind: .

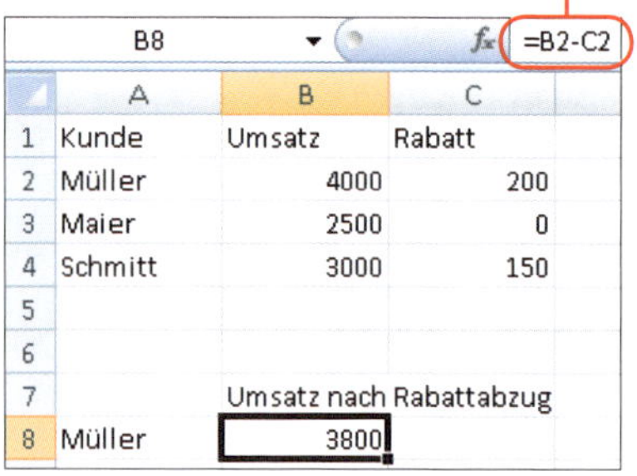


Noch einfacher geht es, wenn Sie doppelt, also zweimal kurz hintereinander in die Zelle klicken. Dann werden nämlich die Zellen, die in der Formel vorkommen (oder Zellbereiche), in der Tabelle eingefärbt: .

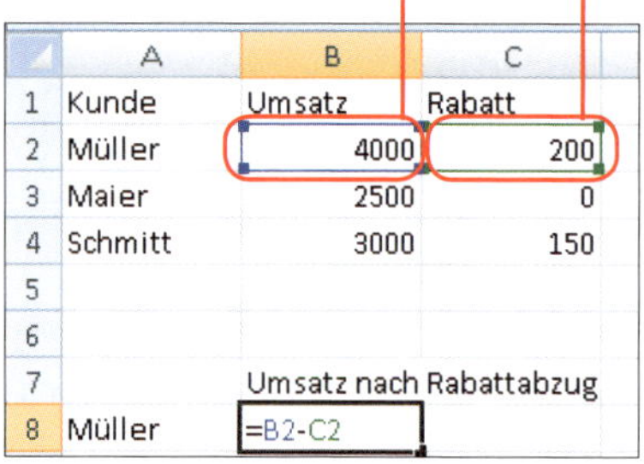


Mit dieser optischen Hilfe sehen Sie auf den ersten Blick, ob die richtigen Zelladressen eingetragen sind oder nicht, zumal die jeweilige Zelladresse dieselbe Farbe hat wie die dazugehörige Umrandung.

**2** Mitunter kann es sinnvoll sein, sich Abhängigkeiten zwischen Zellen anzeigen zu lassen, zum Beispiel dann, wenn Sie Ihre Tabelle umgestalten möchten. Klicken Sie etwa in die Zelle ,

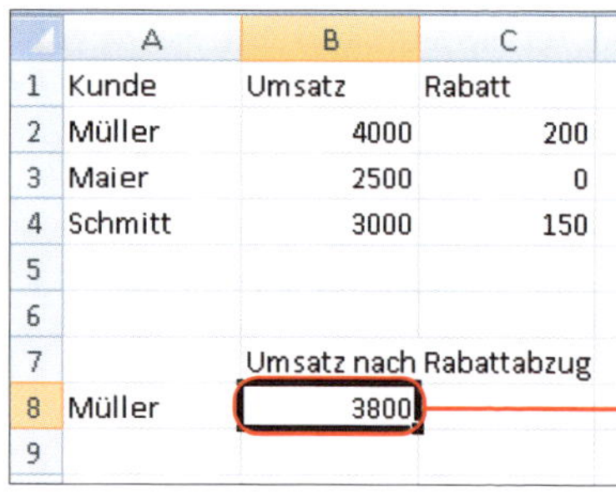


danach in der Multifunktionsleiste auf den Registerreiter

und schließlich auf .

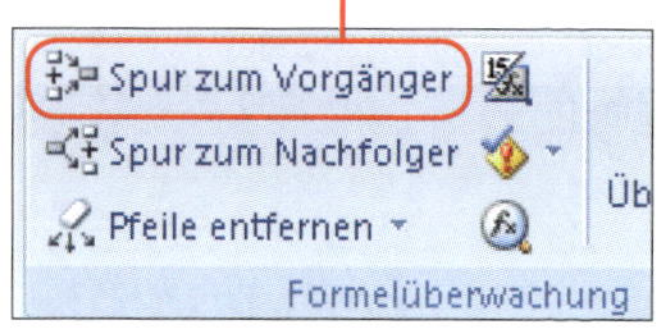


An den blauen Pfeilen können Sie nun erkennen, welche Zellen in einer Formel der Zelle B8 vorkommen.

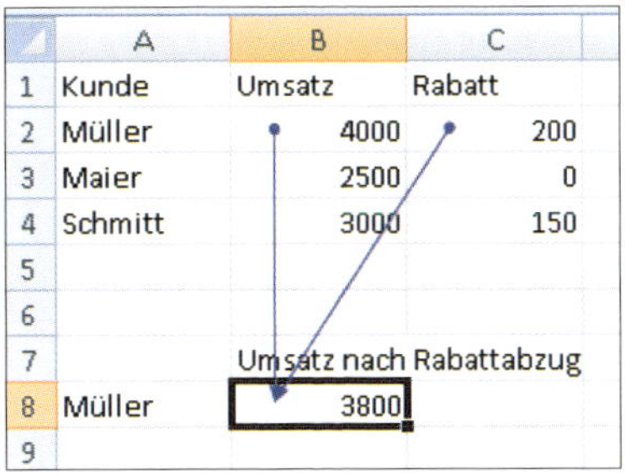


Um die Pfeile wieder auszublenden, genügt ein Klick auf

Pfeile entfernen.

**3** Auch eine Prüfung in die andere Richtung ist denkbar. Wollen Sie beispielsweise wissen, ob es auf Ihrem Arbeitsblatt irgendwo eine Zelle mit einer Formel gibt, die sich auf die Zelle B8 bezieht, klicken Sie hinein

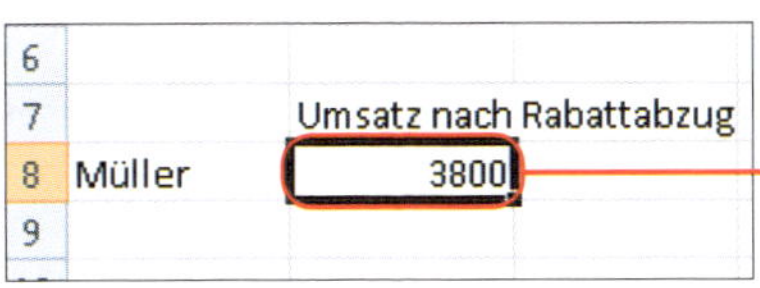


und dann auf

Spur zum Nachfolger.

Im Beispielfall verläuft diese Prüfung negativ. Die entsprechende Meldung nehmen Sie per Klick auf

OK

zur Kenntnis.

**4** Anders sieht es aus, wenn Sie in die Zelle C2

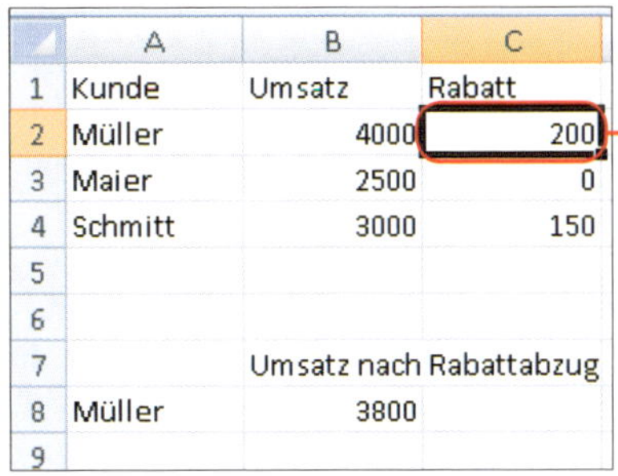


klicken und dann ebenfalls auf

Spur zum Nachfolger.

Wie zu erwarten, können Sie jetzt an dem Pfeil erkennen, dass sich in der Zelle B8

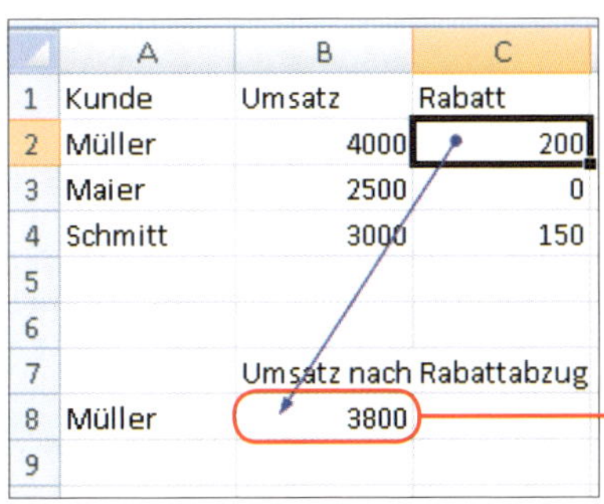


eine Formel befindet, die sich auf die Zelle C2 bezieht.

**5** Damit Sie schnell in Erfahrung bringen, welche Zellen Ihrer Tabelle überhaupt Formeln enthalten, klicken Sie im Formeln-Register auf ●.

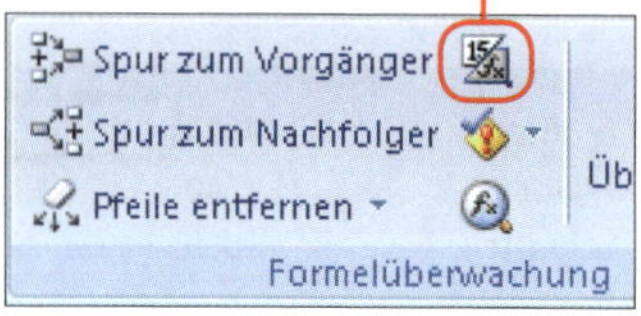


Statt der Ergebnisse werden dann die Formeln angezeigt.

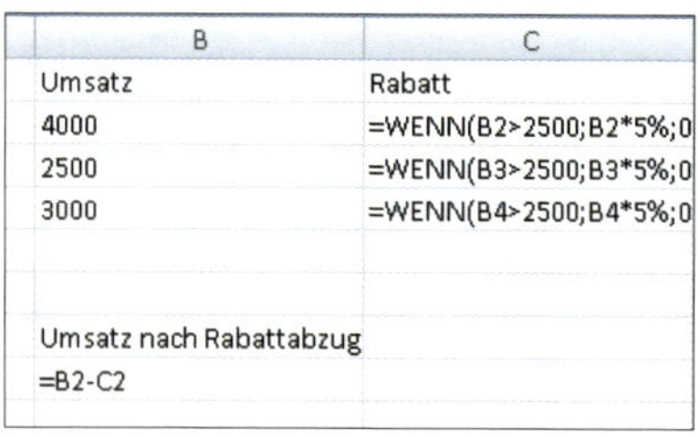


Mit einem erneuten Klick auf das Symbol

kehren Sie wieder zur normalen Darstellung zurück. Alternativ können Sie auch durch Drücken der Tastenkombination Strg und # zwischen den beiden Ansichtsformen wechseln.

**6** Excel versucht, Sie bei der Formeleingabe so oft wie möglich vor Fehlern zu bewahren. So werden Sie beispielsweise vor sogenannten Zirkelbezügen gewarnt. Ein Zirkelbezug liegt vor, wenn Sie in einer Rechenanweisung die Zelle selbst verwenden. Wollen Sie beispielsweise in der Zelle B5 ●

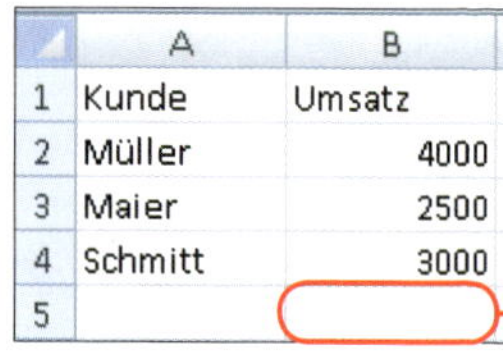


die Umsätze aufsummieren, lautet die korrekte Formel „=summe(B2:B4)". Geben Sie stattdessen versehentlich ●

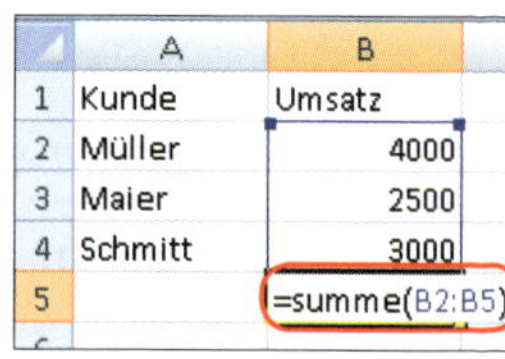


ein, bedeutet dies, dass fälschlicherweise die Zelle B5 selbst miteinbezogen wird. Eine sinnvolle Berechnung ist daher nicht möglich. Sobald Sie diese falsche Eingabe bestätigen, erscheint daher eine Fehlermeldung, in der Sie auf den Zirkelbezug hingewiesen werden. Diese Meldung nehmen Sie einfach per Klick auf ●

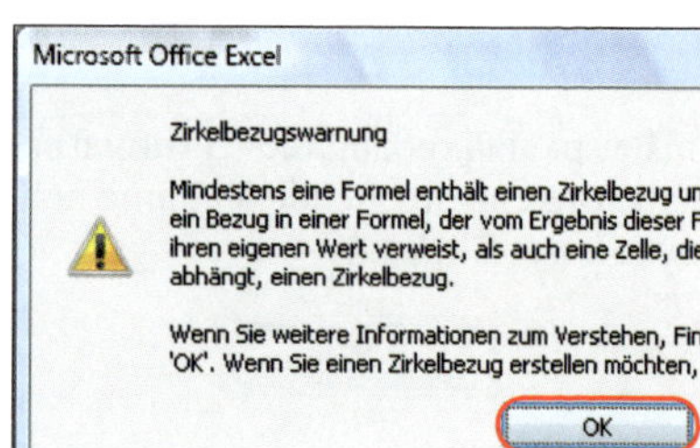

zur Kenntnis. Anschließend können Sie die Formel korrigieren.

**7** Manchmal erscheinen Fehlermeldungen nicht in einem separaten Fenster, sondern in der Zelle selbst. Nach Bestätigung der Rechenanweisung

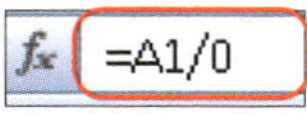


etwa erscheint die Fehlermeldung,

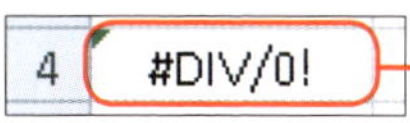


die Sie darauf aufmerksam macht, dass eine Division durch Null nicht zulässig ist.

**8** Ein weiteres Beispiel: Es kann leicht einmal passieren, dass Sie sich beim Eintippen der Funktionsbezeichnung vertun. Vergessen Sie beispielsweise ein „m" im Wort „summe",

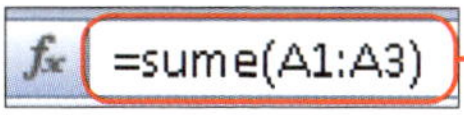


erscheint in der Zelle nach dem Bestätigen der falschen Anweisung promt der Hinweis. Wenn eine Zelle mit einer Fehlermeldung aktiviert ist, taucht rechts ein Warnsymbol

auf. Klicken Sie darauf, öffnet sich eine Befehlsauswahl. Mit einem Mausklick auf den dort enthaltenen Eintrag

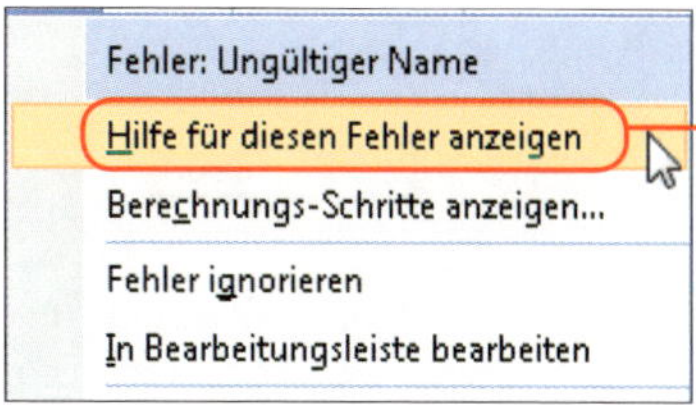


können Sie die Excel-Hilfe öffnen und sich notfalls weitere Informationen besorgen.

**9** Excel macht Sie nicht nur auf eindeutige Fehler aufmerksam. Sie erhalten auch eine Warnung, wenn *möglicherweise* ein Fehler vorliegt. In der Beispieltabelle sehen Sie links oben in der Zelle B5 ein kleines grünes Dreieck.

| | A | B |
|---|---|---|
| 1 | Kunde | Umsatz |
| 2 | Müller | 4000 |
| 3 | Maier | 2500 |
| 4 | Schmitt | 3000 |
| 5 | | 6500 |

Klicken Sie in diese Zelle, erscheint ein Warnsymbol.

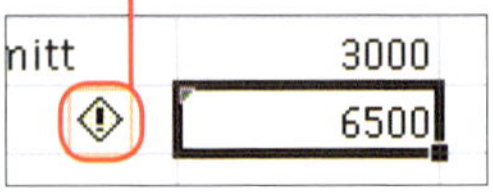


Nach einem Klick darauf werden Sie darüber informiert, wo Excel einen Fehler für möglich hält, im Beispiel.

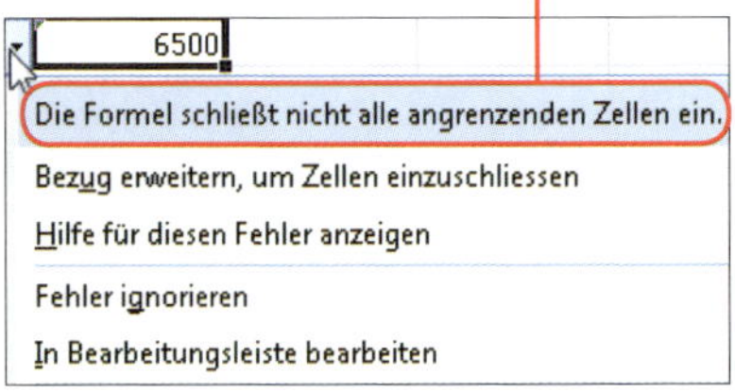


Ein Blick in die Bearbeitungsleiste zeigt, dass die Vermutung zutrifft. Die Zelle B4 ist nämlich nicht in den Rechenbereich eingebunden:.

**10** Damit im Beispielfall nun auch die Umsätze des Kunden Schmitt in der Zelle B4 in die Summe mit einfließen, brauchen Sie die Formel nicht etwa neu einzugeben. Klicken Sie in der Befehlsauswahl einfach auf den Eintrag.

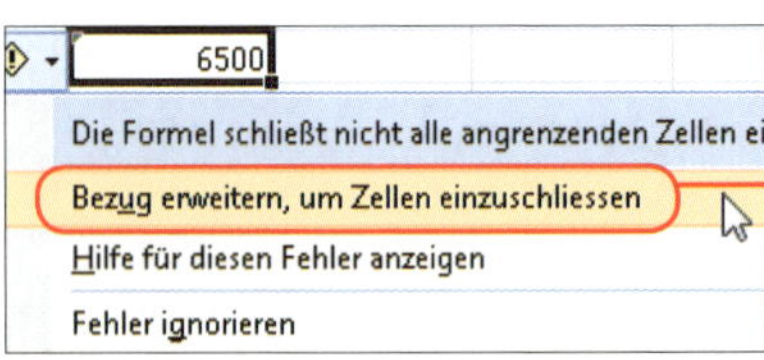


Schon werden alle drei Zellen wunschgemäß summiert:.

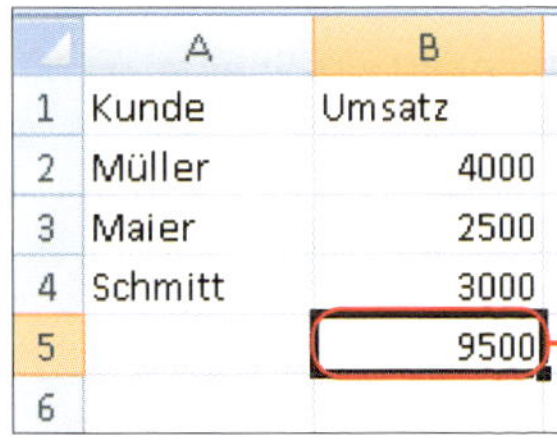


Excel ist Ihnen also sogar bei der Korrektur von Fehlern behilflich.

**11** Ein kleines grünes Dreieck in einer Zelle kann man in umfangreichen Tabellengerüsten leicht mal übersehen. Daher haben Sie die Möglichkeit - analog zu einer nachträglichen Rechtschreibprüfung in einem Word-Dokument - einen ausführlichen Korrekturlauf zu starten. Klicken Sie gegebenenfalls in der Multifunktionsleiste auf

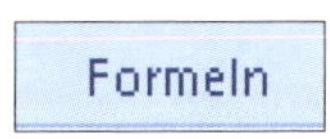


,

um das benötigte Register in den Vordergrund zu holen. Per Klick auf das Symbol

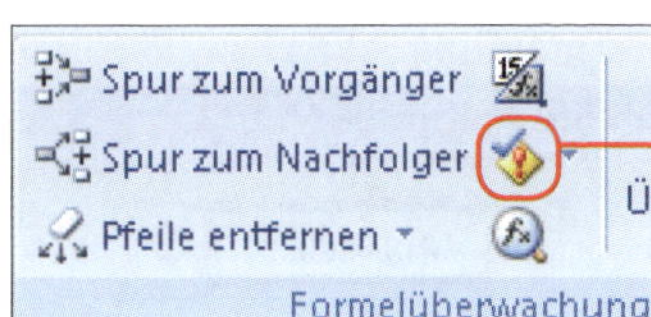


wird die erste Zelle mit einem vermuteten Fehler aktiviert, im Beispiel also wieder ●.

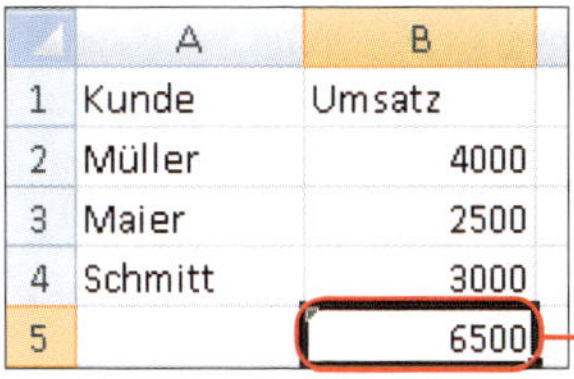


Zusätzlich erscheint ein Fenster mit einem Fehlertext.

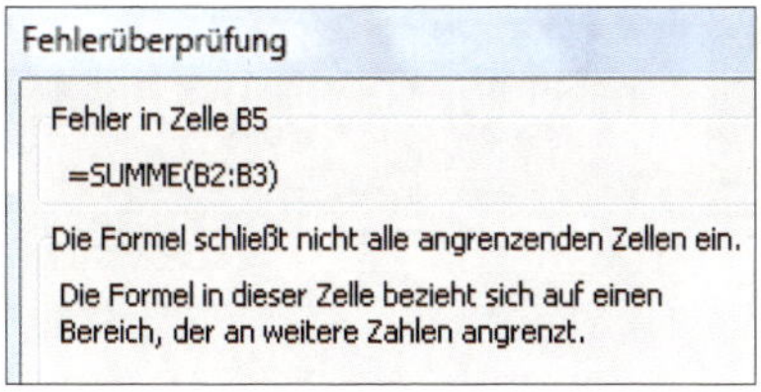


**12** Wie Sie mit diesem Hinweis verfahren möchten, legen Sie durch Anklicken der entsprechenden Schaltfläche fest. Wenn der Fehlerverdacht falsch ist, können Sie auf ● klicken. Im Beispielfall trifft die Vermutung aber zu. Sie können daher mit einem Mausklick auf ●

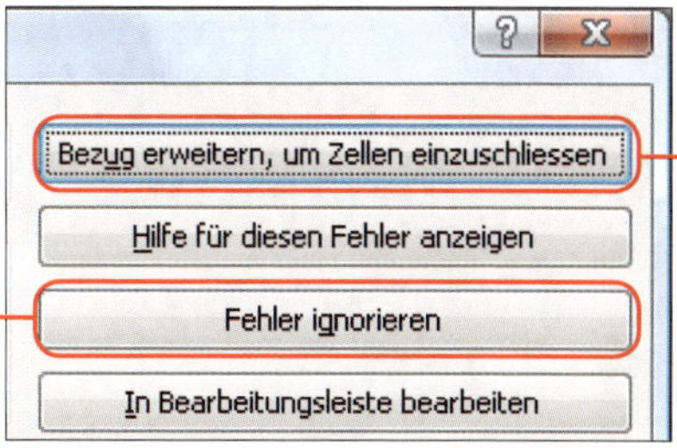


die entsprechende Korrektur ausführen. Anschließend wird Ihnen - falls vorhanden - der nächste mögliche Fehler angezeigt. Haben Sie alle abgearbeitet, brauchen Sie in der erscheinenden Erfolgsmeldung nur noch auf ● zu klicken.

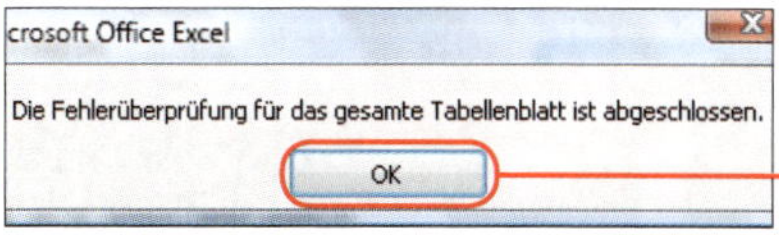

# 5 Tabellen als Planungsgrundlage nutzen

Damit Sie Ihre Tabellen als Basis für betriebliche oder auch private Planungen wirklich nutzen können, ist es sinnvoll, den Blick freizubekommen auf die wichtigsten Daten. Blenden Sie Einträge, die Sie gerade nicht benötigen, einfach aus und konzentrieren Sie sich auf das Wesentliche. Das erreichen Sie entweder durch das Setzen von geeigneten Filtern oder auch durch das Gruppieren von Daten. Ganz nach Wunsch lassen Sie sich dann nur Kunden mit einem bestimmten Mindestumsatz anzeigen oder nur aus einer vorgegebenen Region. Oder Sie sorgen dafür, dass in einer Jahresübersicht alle Monatsumsätze oder nur die Quartalsergebnisse präsentiert werden. Zu Planungsarbeiten gehört aber nicht nur ein Blick auf den Ist-Zustand, sondern auch in die Zukunft. Wie muss sich der Umsatz im Lauf des Jahres entwickeln, damit ich einen bestimmten Gewinn erzielen kann? Solche und ähnliche Fragen können Sie mithilfe der Zielwertsuche beantworten. Dabei geben Sie ein Rechenergebnis und einen variablen Wert vor. Excel rechnet Ihnen dann aus, welchen Wert diese Variable haben muss, damit das gewünschte Ergebnis erreicht wird.

Im fünften Kapitel dieses Buches erfahren Sie,

- wie Sie die Werte einer Tabelle blitzschnell sortieren,
- wie Sie Eintragungen, die Sie gerade nicht benötigen, ausblenden,
- wie Sie das Ergebnis einer Berechnung vorgeben,
- wie Sie Einträge in einer Tabelle gruppieren
- und wie Sie in einer Haushaltstabelle fix einen Überblick über Ihre Ausgaben bekommen.

**Kapitel-Wegweiser**

# Tabellen sortieren

Bei der Datenerfassung in Excel-Tabellen brauchen Sie sich normalerweise keine Gedanken über die Reihenfolge der Einträge zu machen. Denn mit wenigen Mausklicks lassen sich Tabellen jederzeit sortieren. Dabei ist es ganz einfach, nicht nur ein Kriterium, sondern sogar mehrere Kriterien festzulegen. Im folgenden Beispiel geht es darum, eine Kundenliste zunächst nach der Stadt und dann nach dem Umsatz zu sortieren. Die Auflistung der Städte soll dabei alphabetisch aufsteigend, also von A nach Z erfolgen. Die Kunden der einzelnen Städte sollen hingegen absteigend nach ihrem Umsatz erscheinen. Der mit dem höchsten Umsatz soll also oben stehen.

1 Markieren Sie als Erstes die Tabelle, die Sie sortieren möchten,

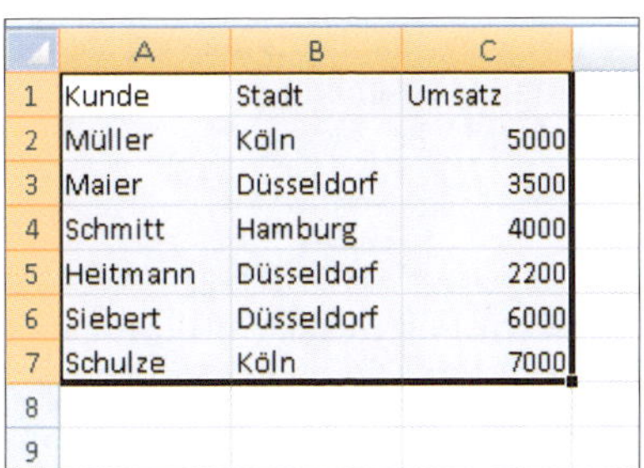

| | A | B | C |
|---|---|---|---|
| 1 | Kunde | Stadt | Umsatz |
| 2 | Müller | Köln | 5000 |
| 3 | Maier | Düsseldorf | 3500 |
| 4 | Schmitt | Hamburg | 4000 |
| 5 | Heitmann | Düsseldorf | 2200 |
| 6 | Siebert | Düsseldorf | 6000 |
| 7 | Schulze | Köln | 7000 |
| 8 | | | |
| 9 | | | |

und klicken Sie dann in der Multifunktionsleiste auf den Registerreiter

sowie anschließend auf ●.

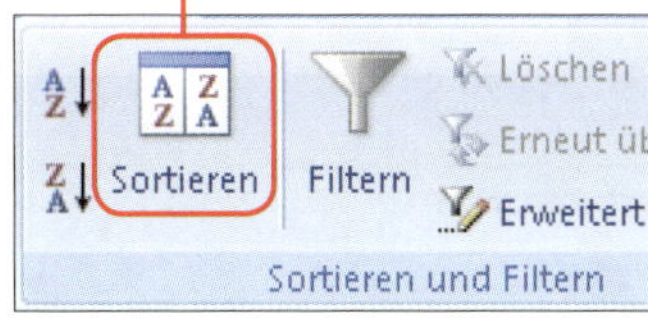


2 Daraufhin öffnet sich ein Fenster, in dem Sie die Sortierkriterien bestimmen können. Die Beispieltabelle aus Schritt 1 enthält in der Zeile 1 Spaltenbezeichnungen. Daher sollten Sie den Haken im Kästchen ●

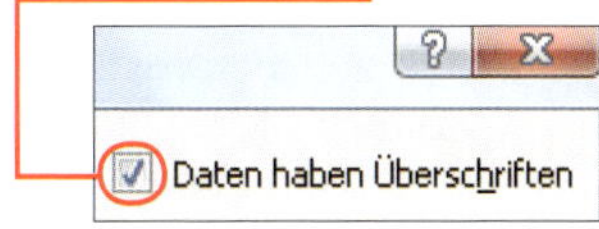


stehen lassen. Ansonsten würden diese nämlich unsinnigerweise in die Sortierung miteinbezogen.

3 Zunächst soll die Kundenliste nach Städtenamen sortiert werden. Klicken Sie also neben dem entsprechenden Auswahlfeld auf den Pfeil ●

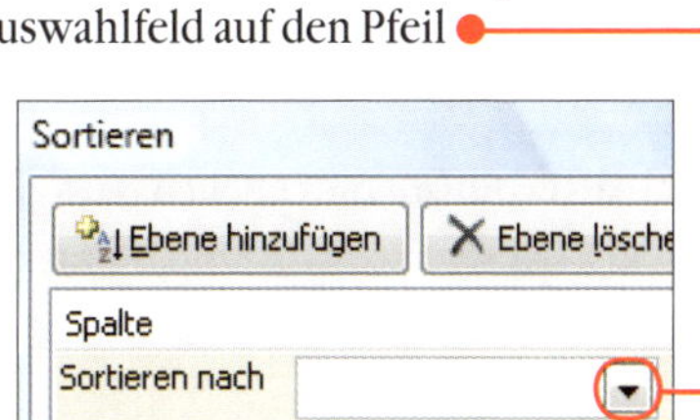


und in der dann aufklappenden Liste auf

den zweiten Eintrag, „Stadt“ .

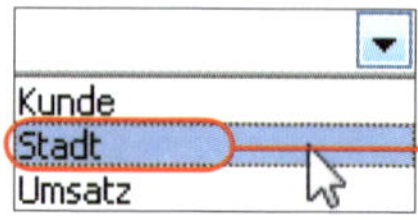


Die Auswahl im Feld

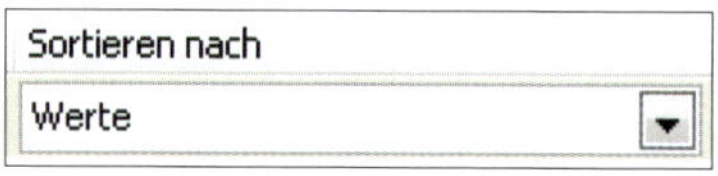


können Sie beibehalten. Dasselbe gilt für das Feld daneben.

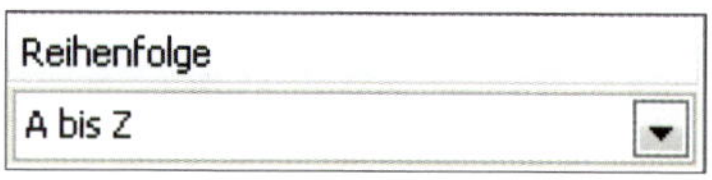


**4** Da Sie im Beispiel noch ein zweites Sortierkriterium festlegen möchten, klicken Sie als Nächstes auf die Schaltfläche

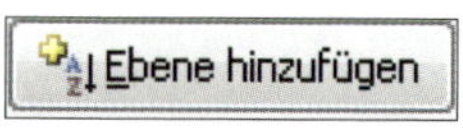

.

Anschließend öffnen Sie per Klick auf den unteren Pfeil

eine Auswahlliste und klicken darin auf den Eintrag .

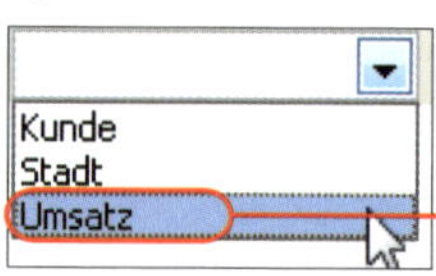


**5** Die Vorauswahl im Bereich „Sortieren nach Werten“ können Sie wieder beibehalten,

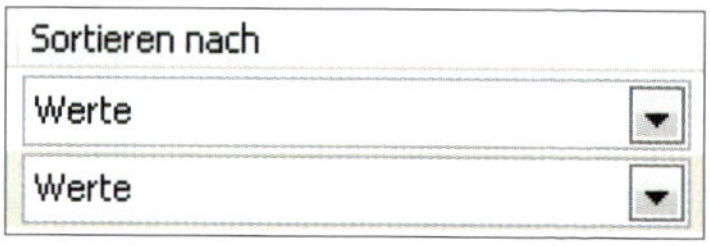


nicht aber die Sortierreihenfolge. Denn die höchsten Umsatzwerte sollen ja ganz oben stehen. Klicken Sie daher auf

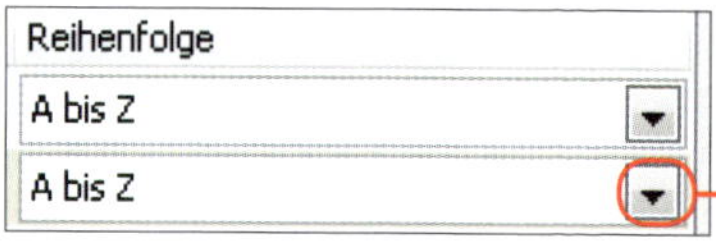


und danach auf .

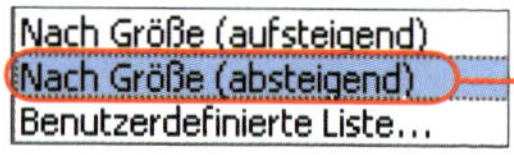


**6** Nachdem Sie beide Sortierkriterien festgelegt haben, brauchen Sie zur Bestätigung abschließend nur noch auf die Schaltfläche

zu klicken. Umgehend wird die Kundenliste nach Ihren Wünschen sortiert.

| | A | B | C | D |
|---|---|---|---|---|
| 1 | Kunde | Stadt | Umsatz | |
| 2 | Siebert | Düsseldorf | 6000 | |
| 3 | Maier | Düsseldorf | 3500 | |
| 4 | Heitmann | Düsseldorf | 2200 | |
| 5 | Schmitt | Hamburg | 4000 | |
| 6 | Schulze | Köln | 7000 | |
| 7 | Müller | Köln | 5000 | |

# Nur bestimmte Werte einer Tabelle anzeigen

Tabellen können Tausende Einträge enthalten. Häufig benötigen Sie aber nur eine Auswahl dieser Daten. Und zwar solche, die bestimmte Kriterien erfüllen. Das erreichen Sie mithilfe der Filterfunktion. Stellen Sie sich vor, Sie möchten sich in der folgenden Beispieltabelle

| | A | B | C |
|---|---|---|---|
| 1 | Kunde | Stadt | Umsatz |
| 2 | Moser | Wien | 4.200,00 € |
| 3 | Siebert | Düsseldorf | 6.000,00 € |
| 4 | Maier | Düsseldorf | 3.500,00 € |
| 5 | Heinze | Stuttgart | 2.000,00 € |
| 6 | Heitmann | Düsseldorf | 2.200,00 € |
| 7 | Schmitt | Hamburg | 4.000,00 € |
| 8 | Hansen | Wien | 1.200,00 € |
| 9 | Schulze | Köln | 7.000,00 € |
| 10 | Müller | Köln | 5.000,00 € |
| 11 | Krawinkel | Koblenz | 4.000,00 € |

nur Kunden aus Düsseldorf anzeigen lassen, die zudem einen Umsatz von mehr als 3000 Euro aufweisen.

**1** Um die Filterfunktion anwenden zu können, brauchen Sie nicht die ganze Tabelle zu markieren. Es genügt, in eine beliebige Zelle zu klicken, zum Beispiel A4 ●.

| | A | B |
|---|---|---|
| 1 | Kunde | Stadt |
| 2 | Moser | Wien |
| 3 | Siebert | Düsseld |
| 4 | Maier | Düsseld |
| 5 | Heinze | Stuttga |

Klicken Sie dann in der Multifunktionsleiste auf den Registerreiter

sowie anschließend auf das Symbol ●.

**2** Das Filtersymbol sieht daraufhin aus wie ein niedergedrückter Schalter.

Zudem erscheinen in der Zeile 1 mit den Spaltenbezeichnungen Auswahlpfeile. Ein Filterkriterium, das Sie anwenden wollen, betrifft den Firmensitz Ihrer Kunden. Klicken Sie also in der entsprechenden Spalte auf den Auswahlpfeil ●.

| | A | B | C |
|---|---|---|---|
| 1 | Kunde ▾ | Stadt ▾ | Umsatz ▾ |
| 2 | Moser | Wien | 4.200,00 € |

**3** Daraufhin werden alle in dieser Spalte vorkommenden Werte, also die Städtenamen angezeigt. Klicken Sie

zunächst in das Kästchen ●,

um alle Auswahlhaken auf einen Schlag zu entfernen, und anschließend in das Kästchen ●,

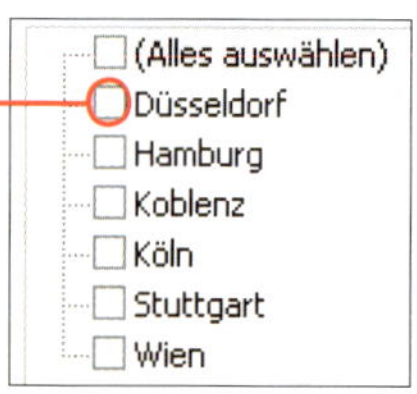


um nur dort wieder einen Haken zu setzen.

Nach einem Klick auf die Schaltfläche

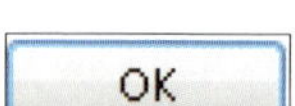


bekommen Sie nur noch die Düsseldorfer Kunden angezeigt.

| | A | B | C |
|---|---|---|---|
| 1 | Kunde | Stadt | Umsatz |
| 3 | Siebert | Düsseldorf | 6.000,00 € |
| 4 | Maier | Düsseldorf | 3.500,00 € |
| 6 | Heitmann | Düsseldorf | 2.200,00 € |
| 12 | | | |
| 13 | | | |

**4** Das genügt aber noch nicht. Denn im Beispielfall sollen schließlich nur die Kunden angezeigt werden, deren Umsatz größer ist als 3000 Euro. Klicken Sie daher auf den Pfeil ●.

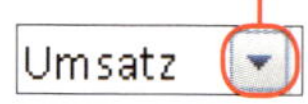


Wie im vorigen Schritt werden jetzt alle vorkommenden Werte, in diesem Fall statt der Städtenamen die Umsatzwerte, angezeigt. In sehr umfangreichen Tabellen mit vielen Werten wäre es jedoch sehr mühsam, Auswahlhaken zu setzen. Führen Sie daher den Mauszeiger über den Eintrag ●,

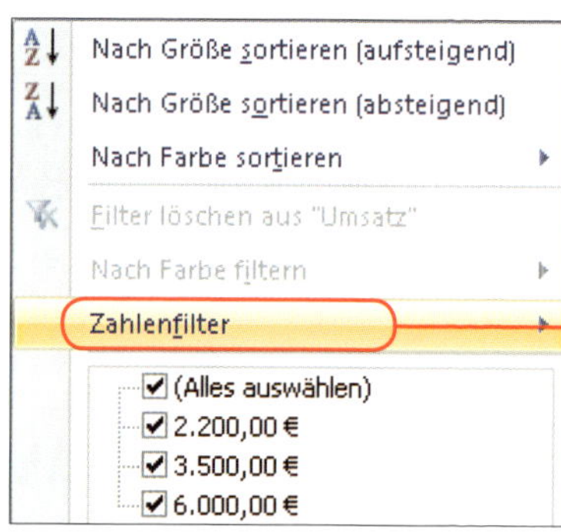

und klicken Sie dann auf ●.

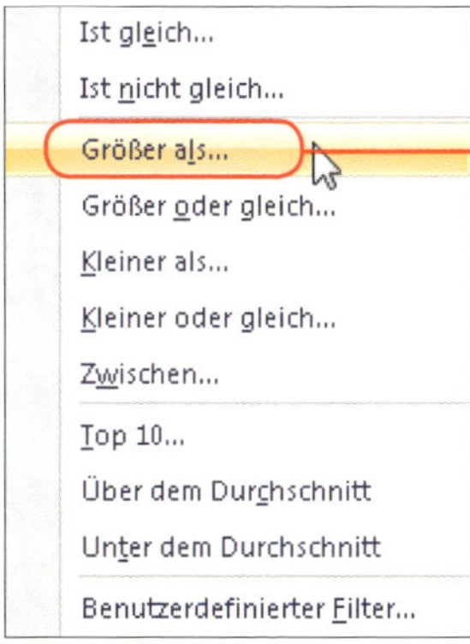


**5** Anschließend öffnet sich ein Dialogfenster, in dem das Filterkriterium bereits vorgegeben ist: ●. Sie brauchen also nur noch den Wert ●

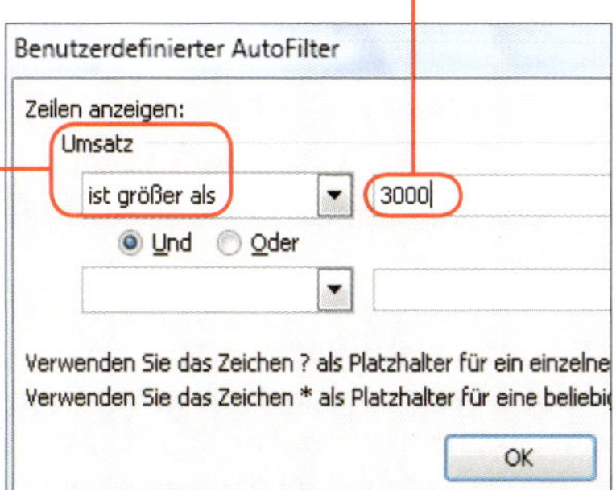


einzutragen und dann zur Bestätigung auf

zu klicken. Wie gewünscht, sehen Sie in Ihrer Tabelle jetzt nur noch Düsseldorfer Kunden mit einem Umsatz, der über 3000 Euro liegt.

| | A | B | C |
|---|---|---|---|
| 1 | Kunde | Stadt | Umsatz |
| 3 | Siebert | Düsseldorf | 6.000,00 € |
| 4 | Maier | Düsseldorf | 3.500,00 € |
| 12 | | | |

## Filter erneut übernehmen

**Wenn Sie einen Filter anwenden, werden nur die Werte ausgeblendet, die *zu diesem Zeitpunkt* die Kriterien nicht erfüllen. Sie können aber nach wie vor Eintragungen in Ihrer Tabelle vornehmen. Im folgenden Beispiel sehen Sie, dass der neu eingetragene Kunde das Ortskriterium nicht erfüllt: ●.**

| | A | B | C |
|---|---|---|---|
| 1 | Kunde | Stadt | Umsatz |
| 3 | Siebert | Düsseldorf | 6.000,00 € |
| 4 | Maier | Düsseldorf | 3.500,00 € |
| 12 | Krause | Mettmann | 5.000,00 € |
| 13 | | | |

**Klicken Sie in der Multifunktionsleiste aber auf**

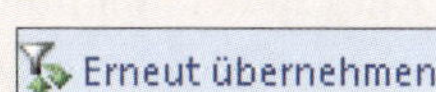


**, wird der Filter noch einmal angewendet. Die Folge: Der Kunde Krause wird nicht mehr angezeigt.**

| | A | B | C |
|---|---|---|---|
| 1 | Kunde | Stadt | Umsatz |
| 3 | Siebert | Düsseldorf | 6.000,00 € |
| 4 | Maier | Düsseldorf | 3.500,00 € |

**6** Bei der Verwendung eines Filters bleibt die eigentliche Tabelle unangetastet. Das bedeutet, dass Werte, die ein Kriterium nicht erfüllen, lediglich ausgeblendet werden. Um einzelne oder alle Einträge wieder zu sehen, können Sie Filter entfernen, entweder einzeln oder auch alle auf einen Schlag. Falls Sie beispielsweise wieder alle Düsseldorfer Kunden unabhängig vom Umsatz sehen möchten, löschen Sie den betreffenden Filter separat. Klicken Sie dazu auf

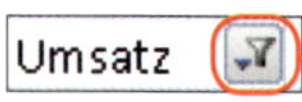


sowie anschließend auf .

Damit sämtliche Filter entfernt werden, also wieder alle Einträge zu sehen sind, reicht ein Klick in der Multifunktionsleiste auf

.

**7** Mithilfe der Zwischenablage können Sie gefilterte Daten kopieren. Wenn Sie beispielsweise an einen Mitarbeiter eine Liste Wiener Kunden weitergeben wollen, nicht jedoch die ganze Tabelle, gehen Sie so vor: Filtern Sie zunächst die Wiener Kunden heraus, wie in Schritt 3 gezeigt, und markieren Sie dann die gefilterten Werte wie gewohnt.

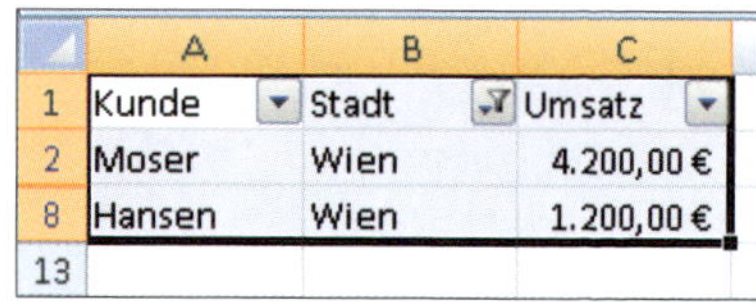

| | A | B | C |
|---|---|---|---|
| 1 | Kunde | Stadt | Umsatz |
| 2 | Moser | Wien | 4.200,00 € |
| 8 | Hansen | Wien | 1.200,00 € |
| 13 | | | |

**8** Klicken Sie nun mit der rechten (!) Maustaste in die Markierung und im Kontextmenü, das daraufhin geöffnet wird, wieder mit der linken Maustaste auf .

Alternativ können Sie nach dem Markieren auch die Tastenkombination Strg und C anwenden.

**9** Legen Sie danach eine neue leere Arbeitsmappe an, und klicken Sie anschließend mit der rechten (!) Maustaste in die Zelle A1 und im dann erscheinenden Kontextmenü - wieder mit links - auf .

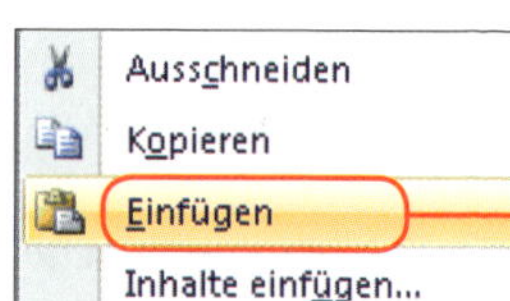

Alternativ können Sie zum Einfügen auch die Tastenkombination [Strg] und [V] drücken.

Die neue Arbeitsmappe enthält nun, wie Sie in der Abbildung rechts sehen, wunschgemäß nur die Wiener Kunden und deren Umsätze.

| | A | B | C |
|---|---|---|---|
| 1 | Kunde | Stadt | Umsatz |
| 2 | Moser | Wien | 4.200,00 € |
| 3 | Hansen | Wien | 1.200,00 € |

Diese Mappe können Sie jetzt ganz normal speichern und weitergeben.

### Blitzschnell nach Städtenamen filtern

Wenn Sie keine ausführlichen Filterbedingungen benötigen, sondern lediglich identische Werte zu einem Eintrag suchen, können Sie sich den Weg über die Multifunktionsleiste ersparen. Um beispielsweise nur Wiener Kunden anzuzeigen, klicken Sie mit der rechten (!) Maustaste in eine Zelle, in der Wien als Stadt eingetragen ist, also etwa die Zelle B2 ●.

| | A | B | C |
|---|---|---|---|
| 1 | Kunde | Stadt | Umsatz |
| 2 | Moser | Wien | 4.200,00 € |
| 3 | Siebert | Düsseldorf | 6.000,00 € |
| 4 | Maier | Düsseldorf | 3.500,00 € |
| 5 | Heinze | Stuttgart | 2.000,00 € |
| 6 | Heitmann | Düsseldorf | 2.200,00 € |
| 7 | Schmitt | Hamburg | 4.000,00 € |
| 8 | Hansen | Wien | 1.200,00 € |
| 9 | Schulze | Köln | 7.000,00 € |
| 10 | Müller | Köln | 5.000,00 € |
| 11 | Krawinkel | Koblenz | 4.000,00 € |
| 12 | Krause | Mettmann | 5.000,00 € |

Im geöffneten Kontextmenü führen Sie dann den Mauszeiger über ●

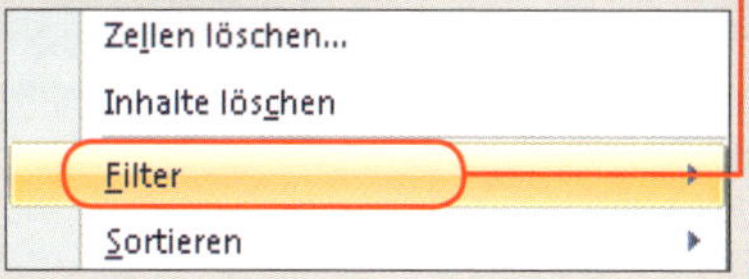


und klicken anschließend in der seitlich erscheinenden Auswahl auf ●.

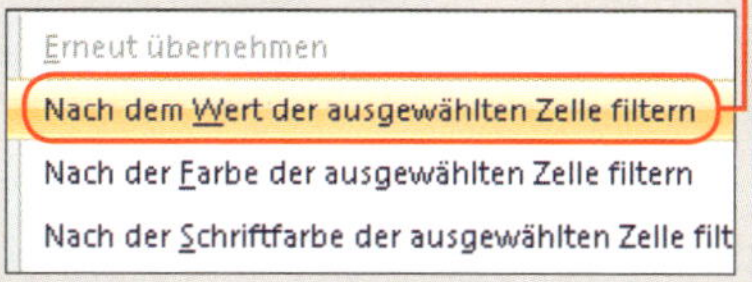


Umgehend werden daraufhin die Kunden der anderen Städte ausgeblendet.

| | A | B | C |
|---|---|---|---|
| 1 | Kunde | Stadt | Umsatz |
| 2 | Moser | Wien | 4.200,00 € |
| 8 | Hansen | Wien | 1.200,00 € |
| 13 | | | |

## Rückwärts rechnen

Eine Formel liefert ein Ergebnis abhängig von den Werten in den Zellen, die der Rechenanweisung zugrunde liegen. Verändern Sie einen dieser

Werte, ändert sich logischerweise auch das Ergebnis. Mithilfe der sogenannten Zielwertsuche gehen Sie umgekehrt vor. Sie legen das Rechenergebnis fest und lassen dann berechnen, welchen Wert eine Zelle annehmen muss, damit dieses Ergebnis erzielt wird. Was sich jetzt vielleicht kompliziert anhören mag, wird anhand der folgenden Beispiele schnell klar.

**1** Zunächst ein ganz einfaches Beispiel. In der kleinen Planungstabelle prognostizieren Sie Umsätze (Zelle B1) sowie Kosten (Zelle B2). In der Zelle B3 soll die Differenz daraus berechnet werden.

| | A | B | C |
|---|---|---|---|
| 1 | Umsatz | 850 | |
| 2 | Kosten | 400 | |
| 3 | Ergebnis | 450 | |
| 4 | | | |

Die Zelle B3 enthält also in der Bearbeitungsleiste die Formel ●.

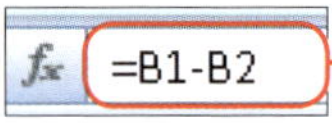


**2** Mithilfe der Zielwertsuche können Sie nun ermitteln, wie hoch die Kosten sein dürfen, um beispielsweise einen Gewinn von 600 Euro zu realisieren. Klicken Sie dazu als Erstes in der Multifunktionsleiste auf den Registerreiter

danach im Bereich „Datentools“ auf das Symbol ●

und anschließend auf ●.

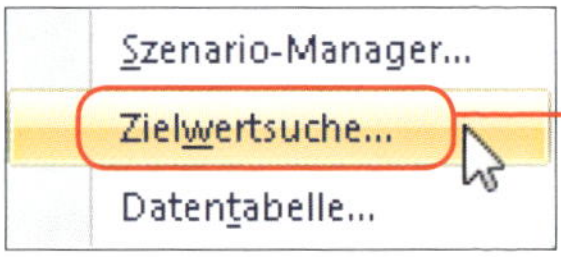


**3** Mit der ersten Eingabe ● legen Sie fest, in welcher Zelle der Zielwert stehen soll. Darunter tragen Sie diesen Wert ein, im Beispiel also den gewünschten Gewinn von 600. Im dritten Feld ●

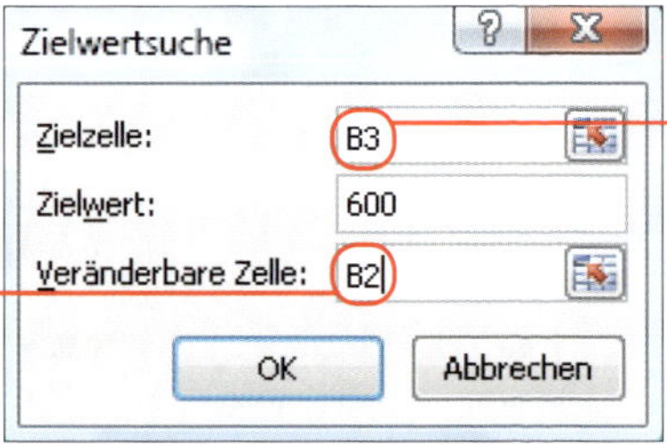


schließlich legen Sie fest, welcher Zellwert variabel sein soll, im Beispielfall die Kosten, daher die Zelle B2. Nach einem Klick auf

bekommen Sie in Ihrer Tabelle den Kostenwert zu sehen ●, der bei gleichbleibendem Umsatz zum gewünschten Ergebnis führt, hier: ●.

| | A | B | C |
|---|---|---|---|
| 1 | Umsatz | 850 | |
| 2 | Kosten | 250 | |
| 3 | Ergebnis | 600 | |
| 4 | | | |

**4** Achtung: Wenn Sie möchten, dass diese neuen Werte in der Tabelle verbleiben, klicken Sie auf ●.

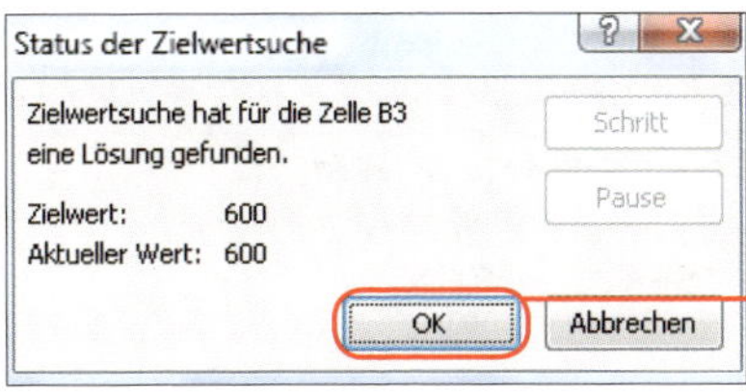


Wenn Sie das nicht wollen, sondern lieber die ursprünglichen Werte stehen lassen, klicken Sie auf die Schaltfläche

.

**5** In dem soeben geschilderten einfachen Beispiel könnten Sie die Kosten auch ohne die Zielwertsuche rasch im Kopf ausrechnen. Anders sieht dies bei der folgenden Tabelle aus, die bereits im vorigen Kapitel als Beispiel diente. Vom Umsatz in der Zelle B2 wird in der Zelle C2 ein Rabatt in Höhe von 5 Prozent berechnet, sofern der Umsatz über 2500 liegt. In der Zelle B7 wird der Umsatz nach Rabattabzug berechnet.

| | A | B | C |
|---|---|---|---|
| 1 | Kunde | Umsatz | Rabatt |
| 2 | Müller | 4000 | 200 |
| 3 | Maier | 2500 | 0 |
| 4 | Schmitt | 3000 | 150 |
| 5 | | | |
| 6 | | Umsatz nach Rabattabzug | |
| 7 | Müller | 3800 | |

Die Zelle C2 ● enthält also die Formel ●.

fx =WENN(B2>2500;B2*5%;0)

| C | D | E |
|---|---|---|
| Rabatt | | |
| 200 | | |

Lesen Sie gegebenenfalls ab Seite 63 nach, wie diese Formel zustande gekommen ist. In der Zelle ● wird dann ganz einfach die Differenz gebildet. Die Zelle B7 enthält also die Formel ●.

fx =B2-C2

| B | C | D |
|---|---|---|
| Umsatz | Rabatt | |
| 4000 | 200 | |
| 2500 | 0 | |
| 3000 | 150 | |
| | | |
| Umsatz nach Rabattabzug | | |
| 3800 | | |

**6** Sie sind nun daran interessiert, einen Umsatz nach Rabattabzug festzulegen und zu berechnen, wie hoch der Umsatz dann *vor* Rabattabzug sein muss.

Klicken Sie dazu im Daten-Register der Multifunktionsleiste auf ●

und anschließend auf den Eintrag ●.

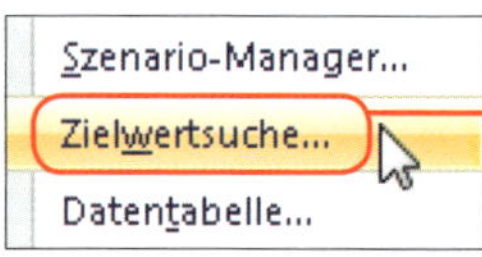


**7** Im Beispiel möchten Sie in der Zelle B7 einen Wert vorgeben. Tippen Sie diese Zelladresse daher in das erste Feld ● ein. Tragen Sie dann ein, wie hoch der Umsatz nach dem Rabattabzug noch sein soll, beispielsweise 3500 Euro, sowie im untersten Eingabefeld die Zelladresse mit der Variablen, im Beispielfall ●.

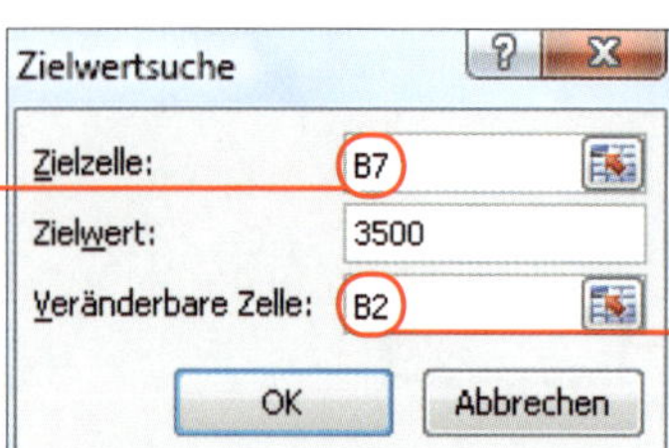


Nach einem Klick auf die OK-Schaltfläche sehen Sie in der Zelle B2, wie hoch der Rohumsatz dann sein müsste, im Beispiel exakt: ●.

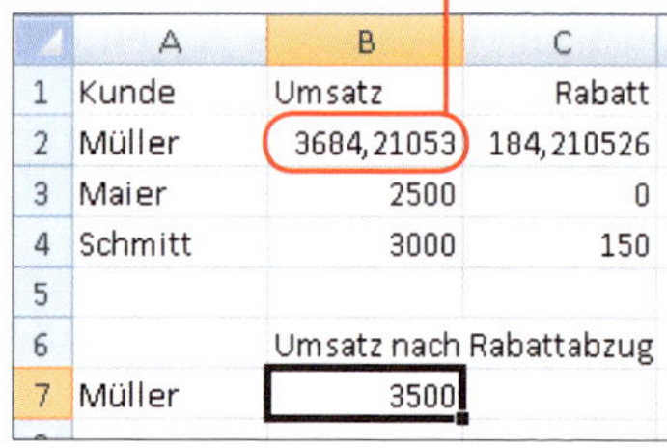

| | A | B | C |
|---|---|---|---|
| 1 | Kunde | Umsatz | Rabatt |
| 2 | Müller | 3684,21053 | 184,210526 |
| 3 | Maier | 2500 | 0 |
| 4 | Schmitt | 3000 | 150 |
| 5 | | | |
| 6 | | Umsatz nach Rabattabzug | |
| 7 | Müller | 3500 | |

**8** Mit einem Mausklick können Sie anschließend wieder darüber entscheiden, ob die neuen Werte übernommen werden ● oder nicht ●.

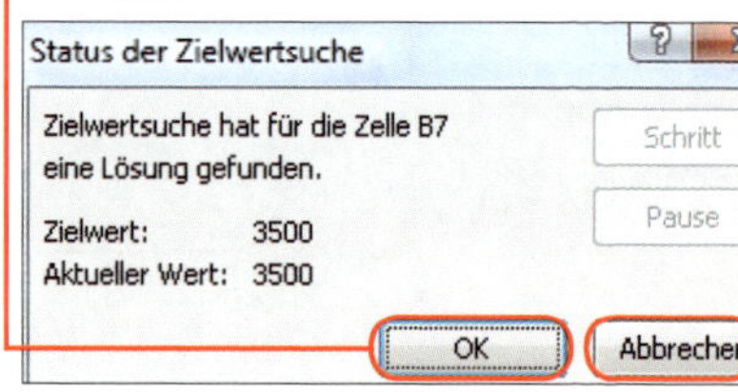


**9** Und gleich noch ein Berechnungsbeispiel, um zu prüfen, ob Excel bei dieser Zielwertsuche auch tatsächlich die Wenn-Bedingung berücksichtigt. Geben Sie also beispielsweise einen Betrag ein, der kleiner ist als 2500, die Rabatt-Voraussetzung also nicht erfüllt, beispielsweise ●.

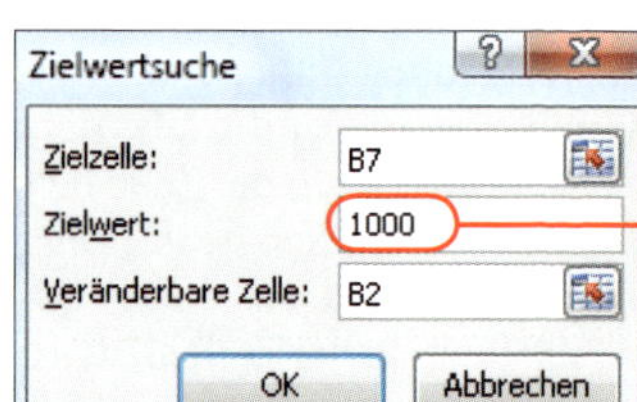

Nach dem Mausklick auf

sehen Sie, dass Excel Ihren Vorgaben entsprechend keinen Rabatt abgezogen hat, weil der Umsatz des Kunden Müller nicht groß genug war: ●.

| | | | |
|---|---|---|---|
| 1 | Kunde | Umsatz | Rabatt |
| 2 | Müller | 1000 | 0 |
| 3 | Maier | 2500 | 0 |
| 4 | Schmitt | 3000 | 150 |
| 5 | | | |

## Tabellen gliedern

Tabellen, die nach einer einheitlichen Struktur aufgebaut sind, können Sie sich in einer Gliederungsansicht präsentieren lassen. Auf diese Weise können Sie sich ganz nach Wunsch alle Werte oder nur Zusammenfassungen anzeigen lassen.

**1** In der Beispieltabelle sind die Umsätze eines Jahres quartalsweise unterteilt. Nach jeweils drei Monaten werden Zwischensummen gebildet: ●.

| | A | B | C |
|---|---|---|---|
| 1 | **Umsatz** | | |
| 2 | Januar | 150 | |
| 3 | Februar | 500 | |
| 4 | März | 480 | |
| 5 | 1. Quartal | 1130 | |
| 6 | April | 450 | |
| 7 | Mai | 490 | |
| 8 | Juni | 480 | |
| 9 | 2. Quartal | 1420 | |
| 10 | Juli | 540 | |
| 11 | August | 540 | |
| 12 | September | 500 | |
| 13 | 3. Quartal | 1580 | |

Die Zelle B5 ● enthält also beispielsweise die Formel ●.

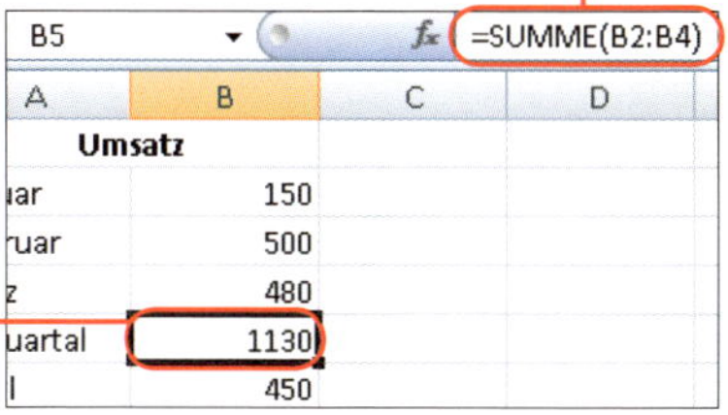


Eine solche Struktur kann Excel erkennen.

**2** Richtig übersichtlich wird es allerdings erst, wenn Sie die Tabelle fachmännisch untergliedern. Klicken Sie dazu als Erstes in der Multifunktionsleiste auf den Registerreiter

,

führen Sie dann den Mauszeiger über ●,

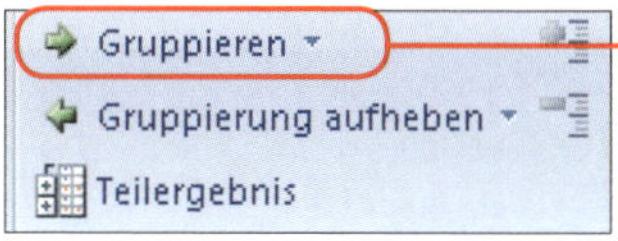

und klicken Sie anschließend auf den dann sichtbar werdenden Pfeil ● sowie auf ●.

**3** Am linken Rand des Arbeitsblattes taucht nun eine Gliederungsstrukur auf. Mithilfe der Minussymbole können Sie die jeweils darüber liegenden Monate ausblenden. Klicken Sie beispielsweise auf ●,

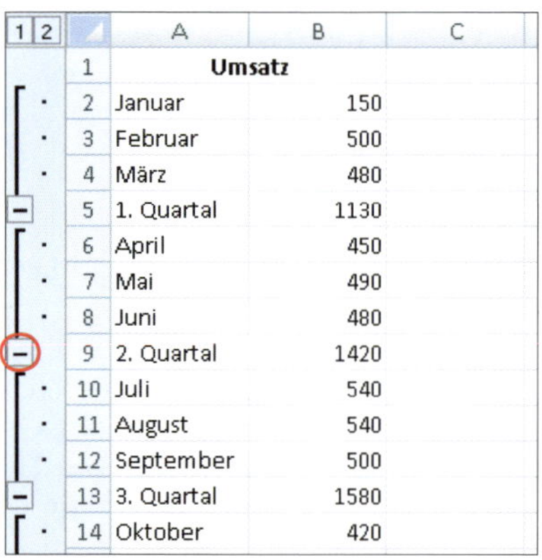


sind die Monate April bis Juni nicht mehr zu sehen.

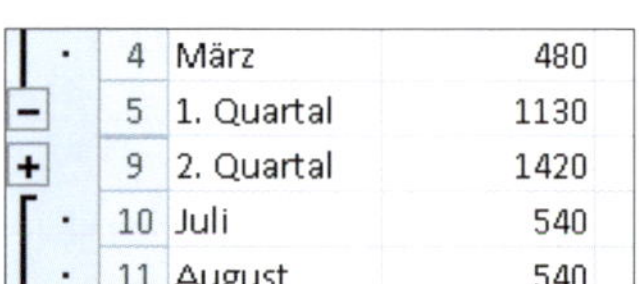


**4** Sie können auch alle Monate auf einen Schlag ausblenden, sodass nur noch die Quartalssummen erscheinen. Klicken Sie dazu auf ●,

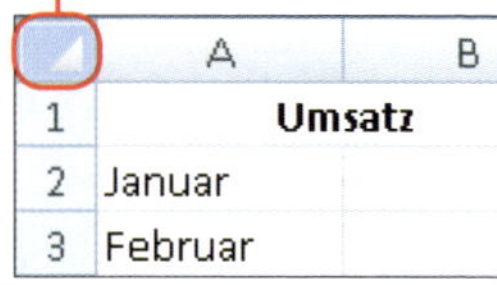


um die Tabelle zu markieren, sowie anschließend auf den Eintrag ●.

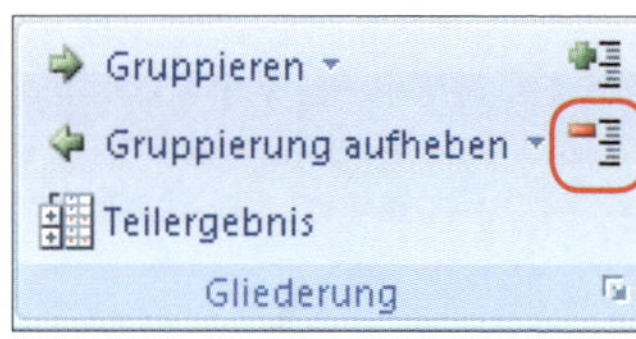


**5** Statt der Minussymbole sind nun Pluszeichen zu sehen. Per Klick darauf können Sie die Monate wieder einblenden. Wenn Sie also zum Beispiel auf ●

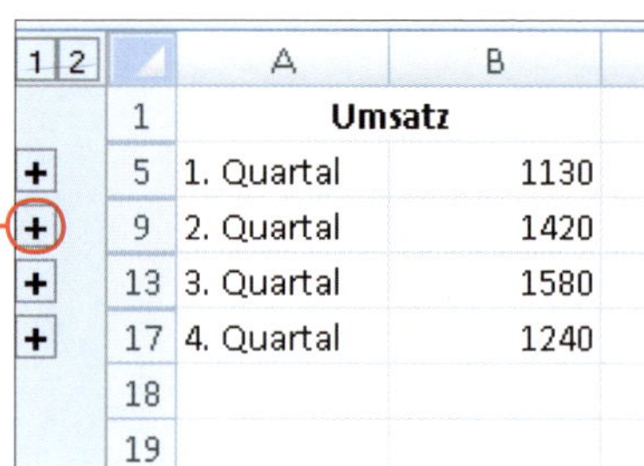


klicken, werden die Monate April bis Juni wieder sichtbar.

| | A | B | C |
|---|---|---|---|
| 1 | **Umsatz** | | |
| 5 | 1. Quartal | 1130 | |
| 6 | April | 450 | |
| 7 | Mai | 490 | |
| 8 | Juni | 480 | |
| 9 | 2. Quartal | 1420 | |

**6** Um wieder alle Monate einzublenden, markieren Sie die Tabelle und klicken danach einfach auf den Eintrag ●.

**7** Wenn Sie die Gliederung wieder entfernen möchten, führen Sie den Mauszeiger über

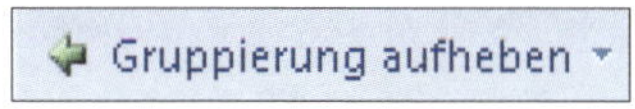


und klicken dann auf ● sowie in der aufklappenden Auswahl auf ●.

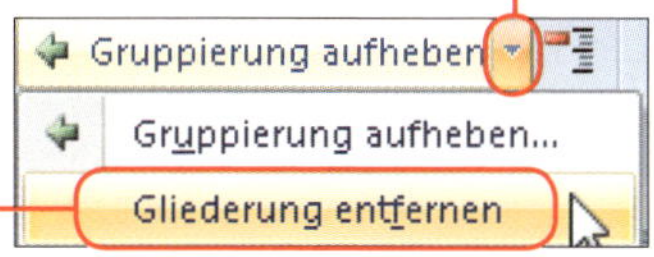


## Eine Ausgabentabelle auswerten

Es gibt Tabellen, die in verschiedenen Zeilen identische Einträge aufweisen. So werden in der Beispieltabelle etwa Ausgaben im Laufe des Jahres aufgelistet.

| | A | B | C |
|---|---|---|---|
| 1 | Datum | Ausgaben | Betrag |
| 2 | 01.01.2008 | Miete | 500,00 € |
| 3 | 02.01.2008 | Versicherung | 100,00 € |
| 4 | 03.01.2008 | Lebensmittel | 50,00 € |
| 5 | 04.01.2008 | Versicherung | 200,00 € |
| 6 | 05.01.2008 | Lebensmittel | 100,00 € |
| 7 | 06.01.2008 | Lebensmittel | 50,00 € |
| 8 | 01.02.2008 | Miete | 500,00 € |
| 9 | 02.02.2008 | Ausgehen | 50,00 € |
| 10 | 03.02.2008 | Lebensmittel | 50,00 € |
| 11 | 01.03.2008 | Miete | 500,00 € |
| 12 | | | |

Es versteht sich von selbst, dass sich dabei verschiedene Ausgabearten wiederholen. Natürlich sind Sie irgendwann daran interessiert, wie viel Sie bisher etwa für Miete oder für Versicherungen insgesamt ausgegeben haben. Eine solche Auswertung können Sie mit wenigen Mausklicks vornehmen, und zwar mithilfe einer sogenannten Pivot-Tabelle.

**1** Klicken Sie zunächst in der Multifunktionsleiste auf den Registerreiter

und anschließend auf

.

**2** Im Dialogfenster „PivotTable erstellen“, das sich daraufhin öffnet, klicken Sie neben dem Feld ●

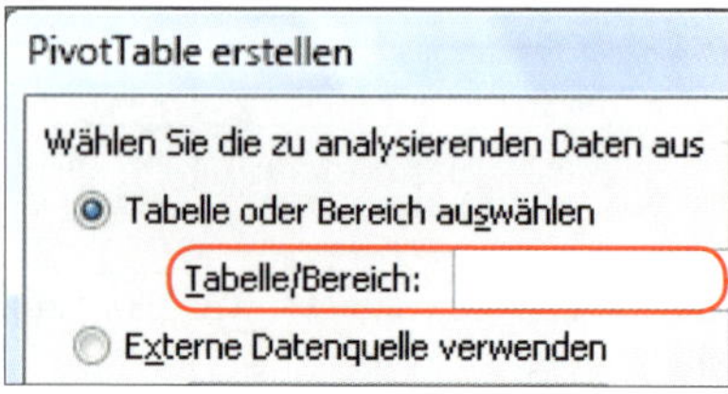


auf das Symbol

.

Das Dialogfenster reduziert sich nun auf das schmale Eingabefeld.

**3** Das Ausgabedatum in der Spalte A ist für die folgende Auswertung ohne Interesse. Markieren Sie also nur die Spalten ●,

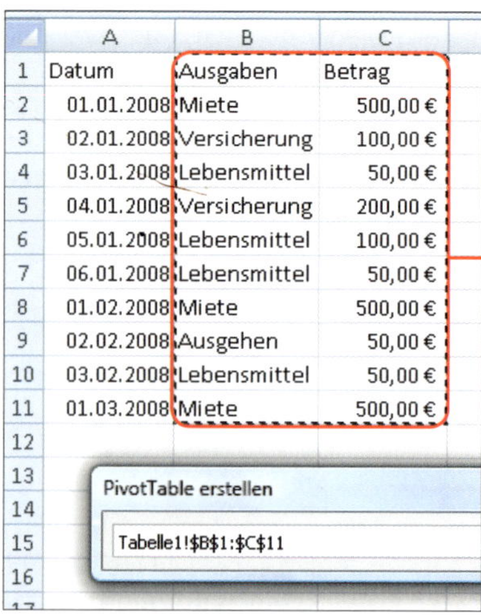


und klicken Sie dann rechts im Dialogfenster auf

.

Die Zelladressen werden daraufhin automatisch übernommen.

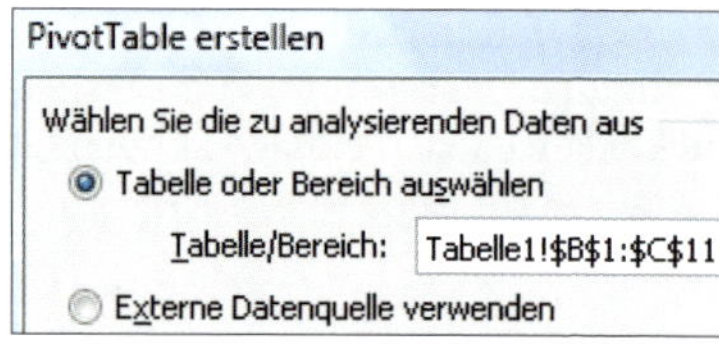


**4** Aus Gründen der Übersichtlichkeit bietet es sich an, die Auswertung in einem separaten Arbeitsblatt vorzunehmen. Klicken Sie daher in den Kreis ●,

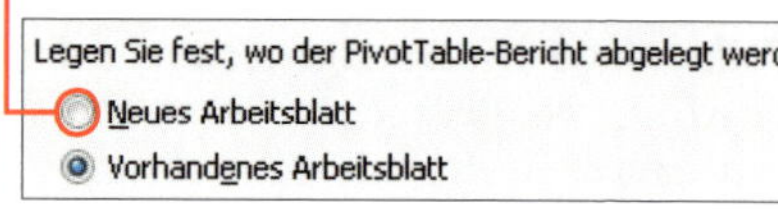


sodass dort ein Auswahlpunkt ● erscheint, und danach zur Bestätigung auf ●.

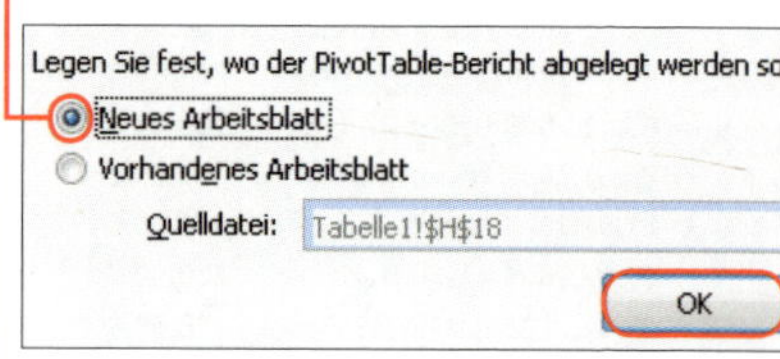


In Ihrer Arbeitsmappe wird daraufhin ein neues Arbeitsblatt angelegt, das sich auch gleich im Vordergrund befindet. Zunächst ist dort nur eine Platzhaltergrafik zu sehen.

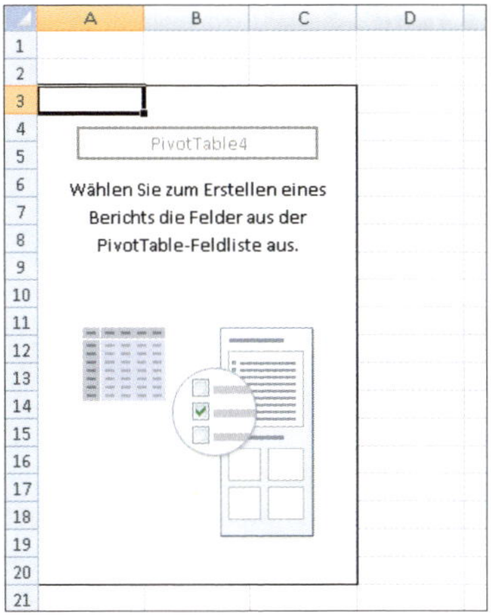


**5** Am rechten Rand der Arbeitsfläche taucht nun jedoch eine zusätzliche Spalte auf. Klicken Sie dort in die Kästchen ●,

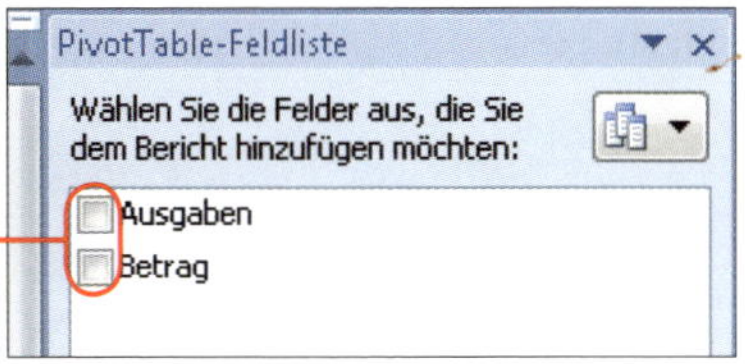


um sie mit Auswahlhaken zu versehen: ●.

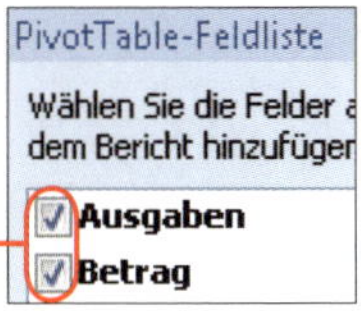


Schon erscheint an Stelle der Platzhaltergrafik eine Auswertungstabelle. Darin sind alphabetisch sortiert alle vorkommenden Ausgabearten mit der jeweiligen Gesamtsumme zu sehen.

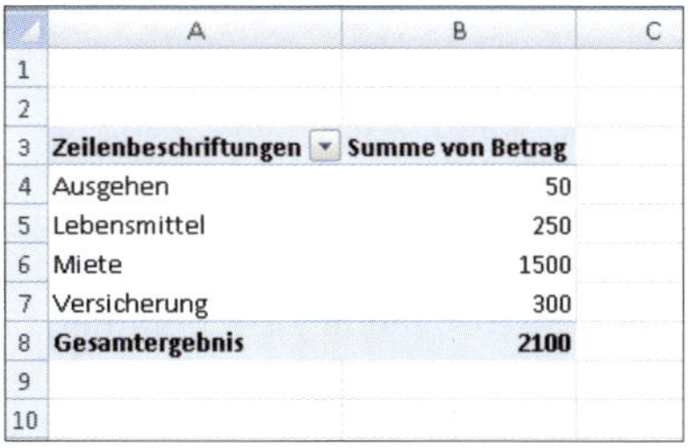

| | A | B | C |
|---|---|---|---|
| 1 | | | |
| 2 | | | |
| 3 | **Zeilenbeschriftungen** | **Summe von Betrag** | |
| 4 | Ausgehen | 50 | |
| 5 | Lebensmittel | 250 | |
| 6 | Miete | 1500 | |
| 7 | Versicherung | 300 | |
| 8 | **Gesamtergebnis** | **2100** | |
| 9 | | | |
| 10 | | | |

**6** Standardmäßig sind alle Ausgabearten sichtbar. Falls Sie einzelne ausblenden möchten, brauchen Sie nur auf ●

und dann in eines der Kästchen ● zu klicken, um den jeweiligen Auswahlhaken zu entfernen.

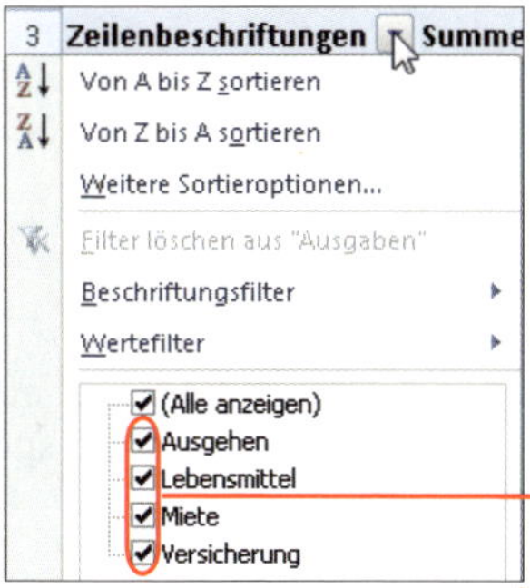


Zur Bestätigung genügt ein Klick auf

.

# 6 Daten präsentieren

Wer hat schon Lust, endlose Zahlenkolonnen durchzuackern? Ein Diagramm spart dem Betrachter viel Zeit, denn eine solche Grafik lässt in vielen Fällen auf den ersten Blick erkennen, welche Trends, Schwankungen oder prozentuale Verteilungen bei Wertereihen vorliegen. „Diagramme sagen mehr als tausend Zahlenkolonnen" könnte es also in Abwandlung des bekannten Sprichworts „Bilder sagen mehr als tausend Worte" heißen.

Excel verfügt über eine große Auswahl verschiedener Diagrammtypen. Welche Wahl Sie treffen, ob Sie also zum Beispiel eine Tortengrafik einem Säulendiagramm vorziehen, hängt natürlich davon ab, wie die Tabelle aufgebaut ist. Zudem ist entscheidend, welchen Sachverhalt Sie durch die optische Gestaltung betonen möchten.

Im sechsten Kapitel dieses Buches erfahren Sie,
- wie Sie mit Linien und Flächendiagrammen eine Erfolgskurve abbilden,
- wie Sie Verteilungen besonders gut mit Kreisdiagrammen veranschaulichen,
- wie Sie entweder ganz fix ein Diagramm mithilfe von Vorlagen gestalten
- oder wie Sie jedes Detail im Diagramm selbst festlegen.

## Kapitel-Wegweiser

# Mit wenigen Klicks ein Diagramm erstellen

Mit Excel ein Diagramm zu erstellen, geht ruck, zuck! Sie wählen die Daten aus, die das Diagramm enthalten soll, und bestimmen anschließend den Diagrammtyp. Im folgenden Beispiel geht es darum, die Gewinnentwicklung des ersten Halbjahres zu veranschaulichen.

**1** Markieren Sie zunächst die Tabelle, deren Werte Sie in einem Diagramm abbilden wollen,

| | A | B | C |
|---|---|---|---|
| 1 | Monat | Gewinn | |
| 2 | Januar | 2.000,00 € | |
| 3 | Februar | 3.500,00 € | |
| 4 | März | 3.700,00 € | |
| 5 | April | 1.200,00 € | |
| 6 | Mai | 3.600,00 € | |
| 7 | Juni | 3.400,00 € | |
| 8 | | | |
| 9 | | | |

und klicken Sie dann in der Multifunktionsleiste auf den Registerreiter

.

Daraufhin erhalten Sie Zugriff auf die verschiedenen Diagrammtypen.

**2** Für die Darstellung der Gewinnentwicklung, die hier als Beispiel dienen soll, ist ein Liniendiagramm gut geeignet. Klicken Sie daher auf

,

damit eine Auswahl mit verschiedenen Liniendiagrammen aufklappt.

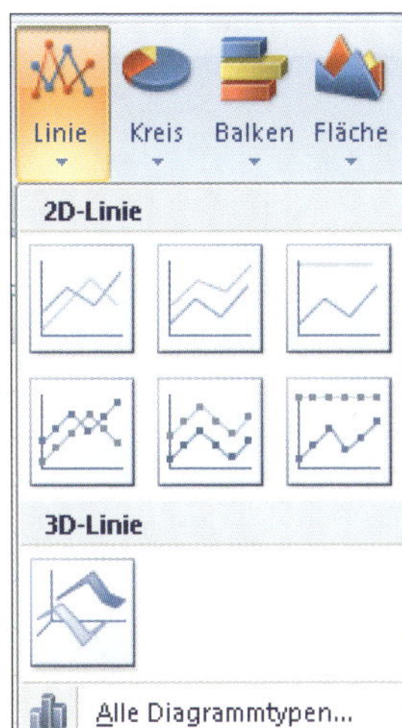


**3** Um Ihnen die Auswahl zu erleichtern, wird ein Hilfstext mit einer Erläuterung eingeblendet, sobald Sie den Mauszeiger einige Augenblicke über ein Symbol halten.

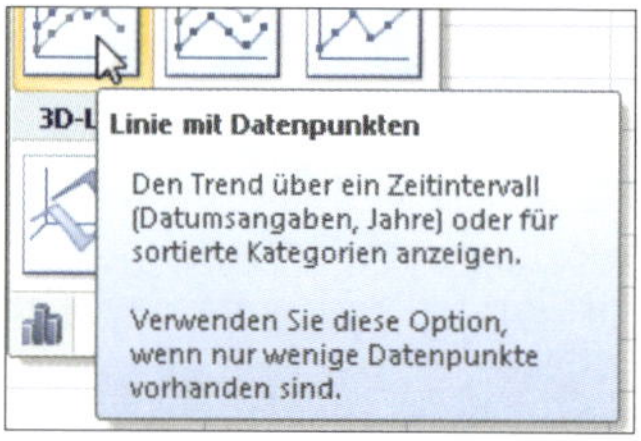


**4** Wenn Sie Ihre Entscheidung getroffen haben, brauchen Sie das Symbol nur anzuklicken. Schon wird das Diagramm erstellt. Im Beispielfall sehen Sie dann auf den ersten Blick, dass es im April zu einem dramatischen Gewinneinbruch gekommen ist.

**5** Standardmäßig wird das Diagramm auf dem Arbeitsblatt mit der zugrunde liegenden Tabelle eingefügt. Dabei kann es passieren, dass der Blick auf die Daten selbst verdeckt wird. Um das Diagramm dann zu verschieben, führen Sie den Mauszeiger über das Diagramm, bis er seine Form verändert: .

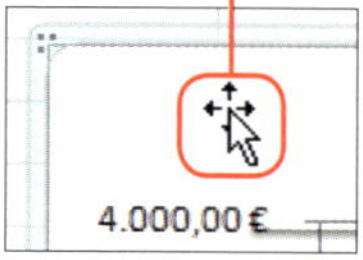


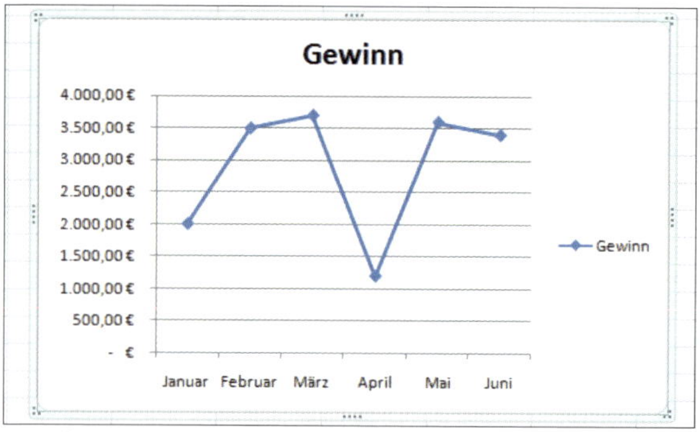


Mit gedrückt gehaltener Maustaste können Sie das Diagramm nun verschieben und an einer beliebigen anderen Stelle positionieren. Meist ist es jedoch sinnvoller, das Diagramm auf einem separaten Arbeitsblatt zu speichern. Wie das geht, erfahren Sie im folgenden Abschnitt.

## Diagramm in Extra-Arbeitsblatt speichern

Aus Gründen der Übersichtlichkeit empfiehlt es sich, Diagramme in einem separaten Arbeitsblatt zu speichern. Besonders gilt dies natürlich, wenn Sie zu einer Tabelle mehrere Diagramme anlegen.

**1** Um ein Diagramm zu markieren, brauchen Sie es nur anzuklicken (direkt nach dem Einfügen ist es automatisch markiert). Unmittelbar nach der Markierung taucht in der Multifunktionsleiste eine Gruppe zusätzlicher Registerreiter auf. Damit können Sie Ihr Diagramm bearbeiten. Klicken Sie hier gegebenenfalls auf

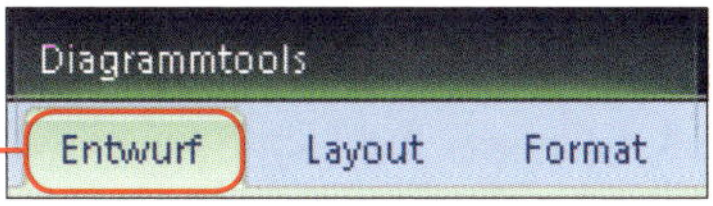


und anschließend auf

.

**2** Im Dialogfenster, das daraufhin angezeigt wird, setzen Sie per Klick in den Auswahlkreis

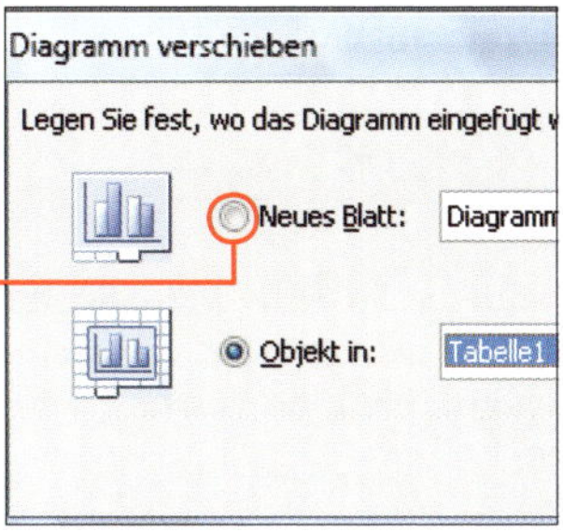


einen Punkt wie in der Abbildung unten. Im Feld daneben können Sie dem Diagramm einen Namen geben, im Beispiel .

Diese Bezeichnung erscheint gleich als Beschriftung für das neue Arbeitsblatt. Um das Fenster zu schließen, reicht ein Klick auf

.

**3** Das Diagramm befindet sich jetzt auf einem eigenen Arbeitsblatt und wird auch gleich bildschirmfüllend angezeigt.

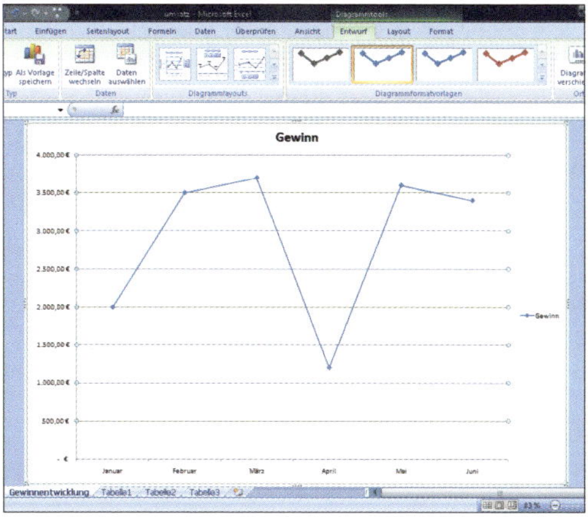


Links unten sehen Sie den zusätzlichen Registerreiter .

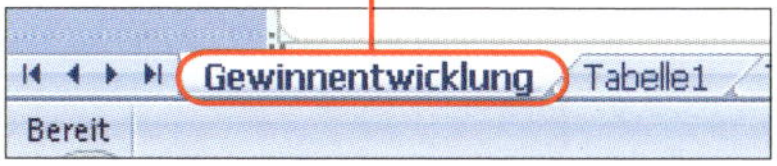


Die Bezeichnung haben Sie im vorigen Schritt selbst festgelegt. Nun können Sie ganz einfach zwischen den verschiedenen Arbeitsblättern hin- und herwechseln.

# Diagrammtyp ändern

Falls Sie nachträglich feststellen sollten, dass ein anderer Diagrammtyp eigentlich besser gepasst hätte, brauchen Sie das Diagramm nicht etwa komplett neu anzulegen. Eine Änderung können Sie jederzeit durchführen.

**1** Wollen Sie beispielsweise Ihre Gewinnentwicklung nicht mit einer Linie, sondern mit einer Fläche darstellen, gehen Sie so vor: Klicken Sie mit der rechten (!) Maustaste auf das Diagramm, und wählen Sie im dann geöffneten Kontextmenü den Eintrag ●.

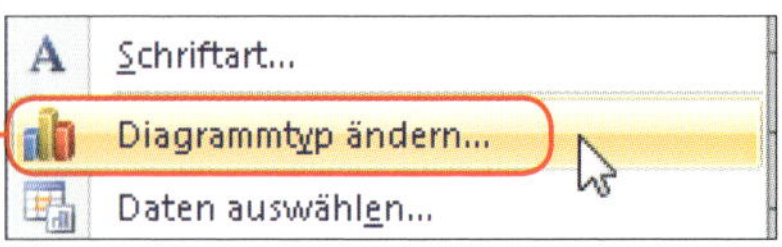


**2** Im nachfolgenden Dialogfenster bekommen Sie Zugriff auf alle Diagrammtypen ●. Über die Einträge in der linken Spalte ● können Sie durch das Angebot navigieren.

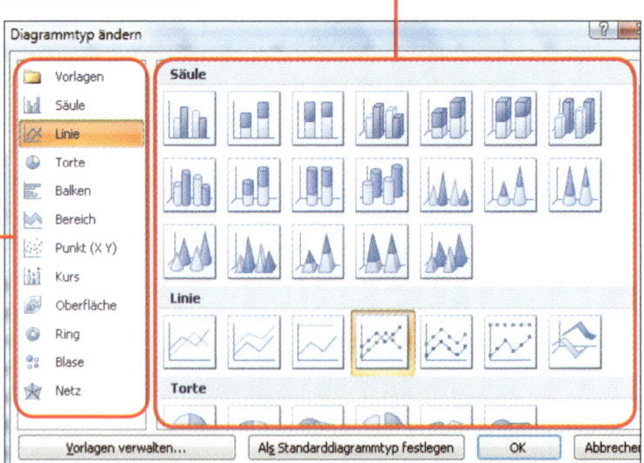


**3** Um den gewünschten Typ auszuwählen, klicken Sie dort als Erstes auf ●

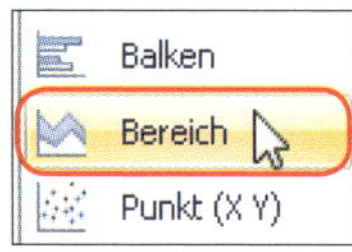


und anschließend beispielsweise auf ●.

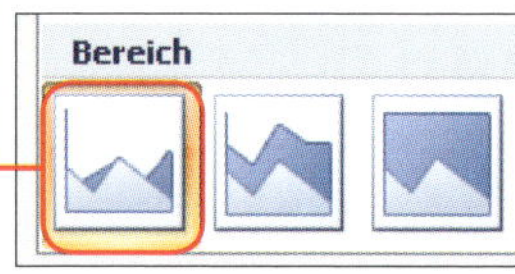


Mit einem Klick auf die Schaltfläche

bestätigen Sie Ihre Wahl. Schon ist im Diagramm statt einer einfachen Linie eine Fläche zu sehen.

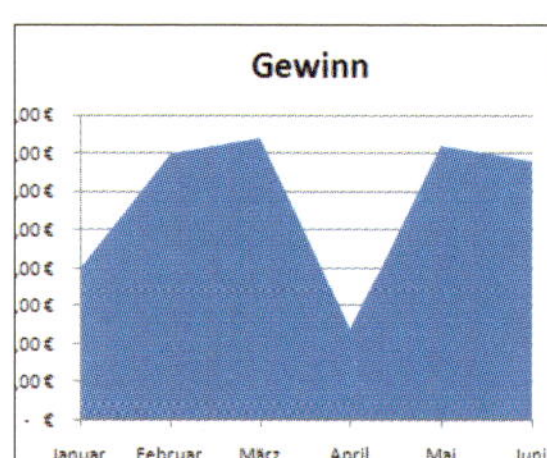

# Diagramm aus einer Pivot-Tabelle erstellen

Im vorigen Kapitel haben Sie eine Ausgabenliste mithilfe einer Pivot-Tabelle analysiert (siehe Seite 87). Auch auf der Grundlage einer solchen Auswertungstabelle lässt sich ein Diagramm erstellen.

**1** Markieren Sie die Werte, wie in der Abbildung zu sehen, ●,

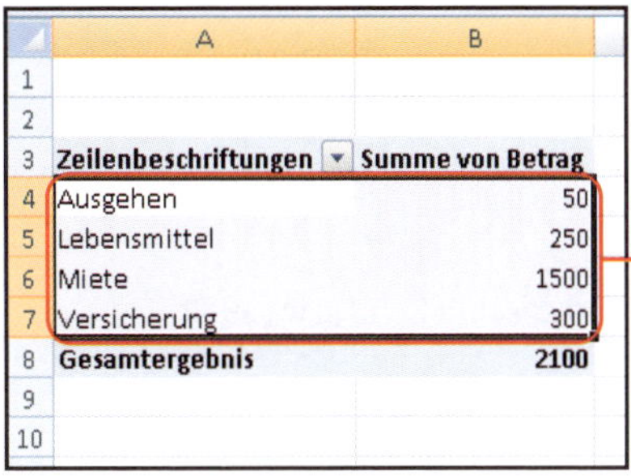

| | A | B |
|---|---|---|
| 1 | | |
| 2 | | |
| 3 | Zeilenbeschriftungen | Summe von Betrag |
| 4 | Ausgehen | 50 |
| 5 | Lebensmittel | 250 |
| 6 | Miete | 1500 |
| 7 | Versicherung | 300 |
| 8 | Gesamtergebnis | 2100 |
| 9 | | |
| 10 | | |

und klicken Sie danach in der Multifunktionsleiste auf den Registerreiter

.

**2** Um die Ausgabenverhältnisse zu veranschaulichen, ist ein Kreisdiagramm am besten geeignet. Klicken Sie daher auf

und anschließend auf den gewünschten Typ, beispielsweise ●.

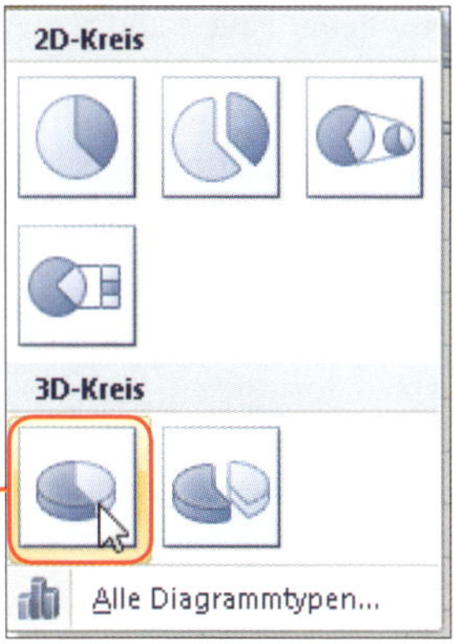


**3** Anhand der unterschiedlich großen „Tortenstücke" können Sie im Beispiel auf einen Blick erkennen, dass der überwiegende Teil der Ausgaben für die Miete aufgewendet werden musste.

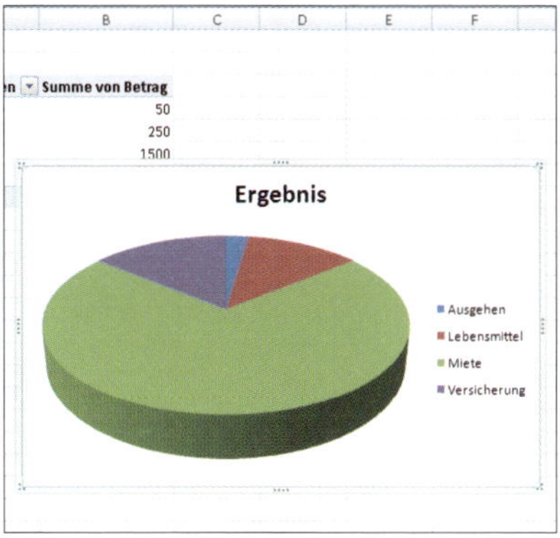

# Diagramme mit Vorlagen fix gestalten

Wie Sie ab Seite 99 in diesem Kapitel noch sehen werden, lässt sich das Aussehen eines Diagramms bis ins Detail festlegen. In vielen Fällen können Sie sich das Leben aber auch erleichtern, indem Sie Vorlagen verwenden. Denn damit haben Sie Zugriff auf verschiedene Gestaltungsstile. So können Sie beispielsweise zwischen verschiedenen Farbkompositionen wählen oder auch bestimmen, ob die Wertetabelle im Diagramm eingeblendet wird oder nicht.

In der Beispieltabelle sind die verkauften Stückzahlen dreier Produkte erfasst.

| | A | B | C | D |
|---|---|---|---|---|
| 1 | Monat | Produkt A | Produkt B | Produkt C |
| 2 | Januar | 500 | 450 | 500 |
| 3 | Februar | 400 | 650 | 550 |
| 4 | März | 300 | 800 | 700 |
| 5 | | | | |

Die Absatzentwicklung von Produkt B und C verläuft sehr zufriedenstellend. Beim Produkt A ist dies jedoch nicht der Fall. Dieser Sachverhalt soll mithilfe eines Diagramms verdeutlicht werden.

**1** Markieren Sie zunächst die Tabelle, wie in der Abbildung zu sehen,

| | A | B | C | D |
|---|---|---|---|---|
| 1 | Monat | Produkt A | Produkt B | Produkt C |
| 2 | Januar | 500 | 450 | 500 |
| 3 | Februar | 400 | 650 | 550 |
| 4 | März | 300 | 800 | 700 |
| 5 | | | | |

und klicken Sie danach in der Multifunktionsleiste wieder auf den Registerreiter

.

**2** Für Ihre Zwecke wäre auch ein Säulendiagramm gut geeignet. Im Beispielfall entscheiden Sie sich jedoch für ein Balkendiagramm. Klicken Sie daher auf das Symbol

und anschließend etwa auf ●.

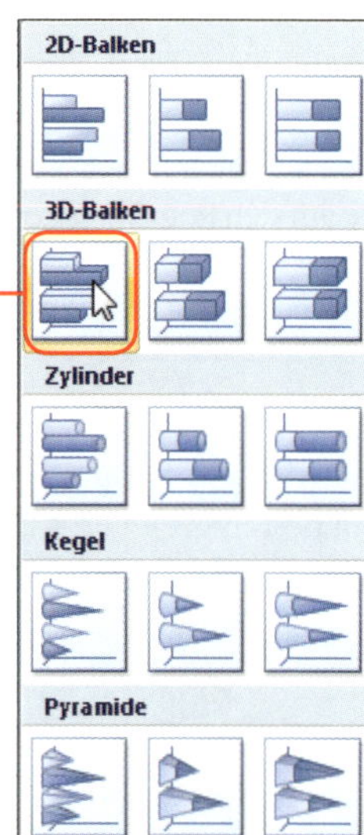

**3** Umgehend wird das gewünschte Diagramm angezeigt. Auf der X-Achse des Diagramms (horizontal) sind die abgesetzten Stückzahlen zu sehen. Nach Produkten aufgeteilt ● können Sie die jeweiligen Werte für die einzelnen Monate abzulesen. Jeder der Monatsbalken hat dabei eine andere Farbe.

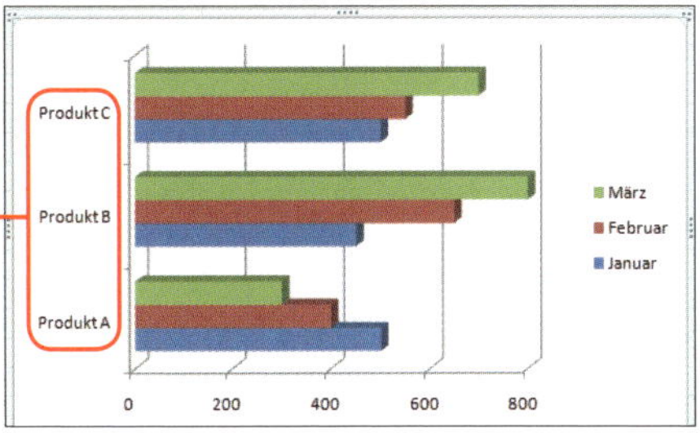


**4** Falls Ihnen die Farben der Balken im Diagramm nicht gefallen sollten, können Sie auch eine andere Farbzusammenstellung wählen. Holen Sie gegebenenfalls mit einem Mausklick auf ●

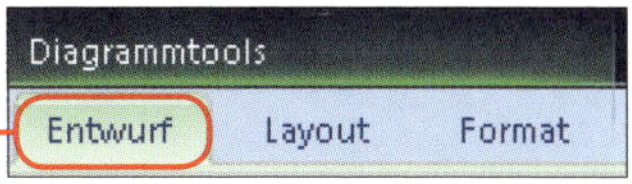


das Entwurfsregister in den Bildschirmvordergrund, und klicken Sie darin auf ●,

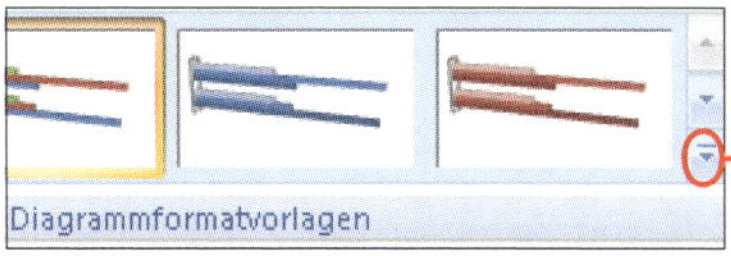


## Werte anders gruppieren

Sofern Sie das Diagramm, das Sie in den Schritten 1 und 2 der nebenstehenden Anleitung erstellt haben, markieren und dann im Entwurfsregister auf

klicken, werden Ihre Daten anders dargestellt. Auf der X-Achse sind nach wie vor die Stückzahlen abzulesen. Nun sind jedoch links die Monate gruppiert. Die einzelnen Balken repräsentieren dann jeweils die Produkte. Welche das sind, sehen Sie rechts vom Diagramm in der Legende: ●.

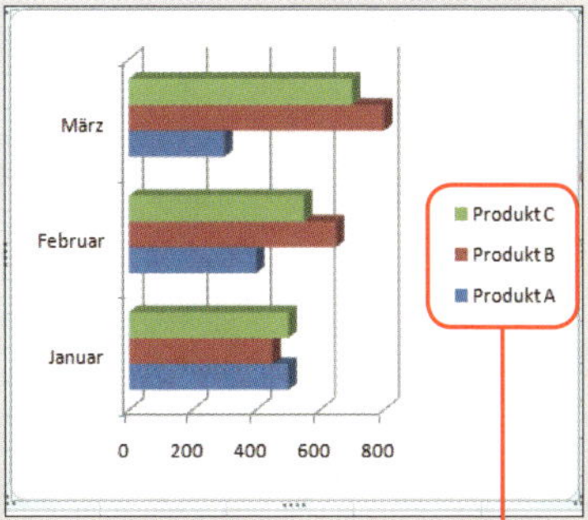


Im Beispielfall lässt sich mit dieser Ansichtsform vorzüglich zeigen, dass die Absatzzahlen der Produkte im Januar noch recht dicht beieinander lagen, sich im März aber deutlich unterscheiden.

damit die komplette Vorlagenauswahl angezeigt wird.

**5** Wenn Sie in dieser Auswahl beispielsweise auf

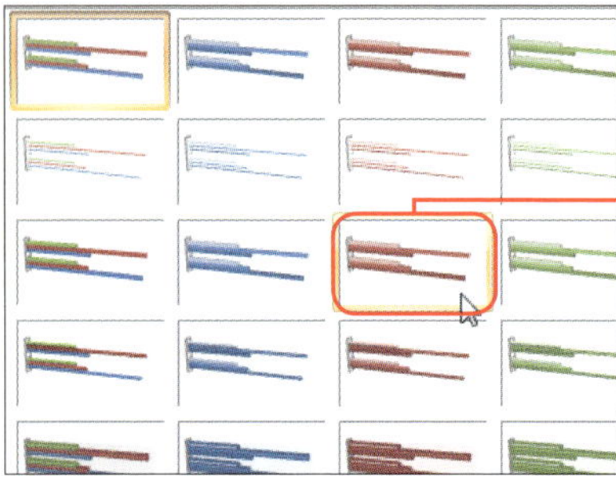

klicken, werden die Balken in unterschiedlichen Rottönen dargestellt.

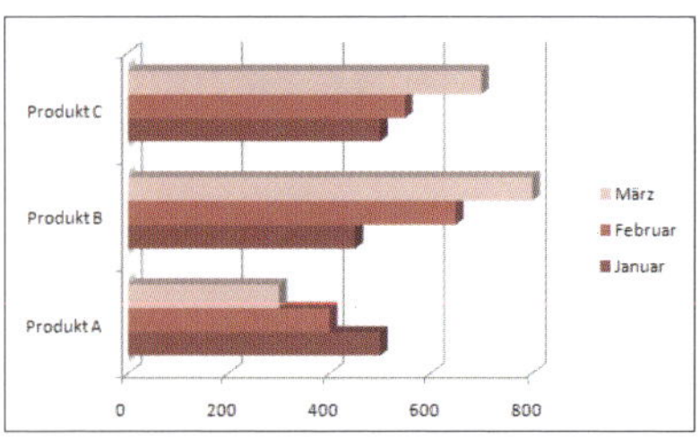


**6** Das ist aber noch längst nicht alles: Mithilfe von Layoutvorlagen können Sie auch festlegen, welche Elemente in Ihrem Diagramm erscheinen sollen. Wenn Sie etwa auf

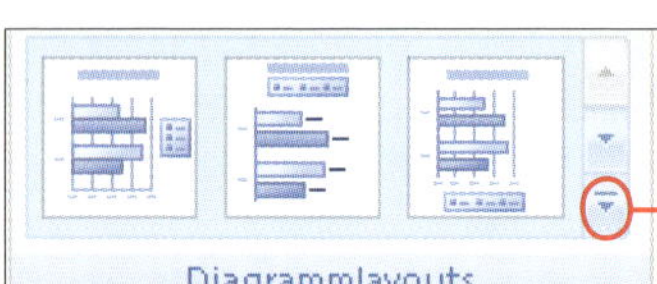


und in der dann geöffneten Auswahl auf das Symbol

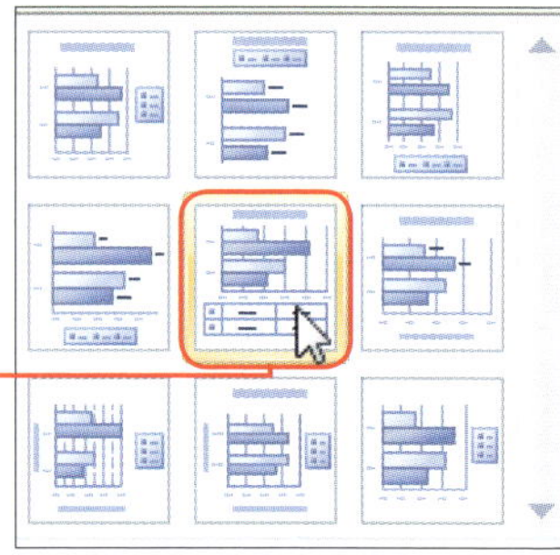

klicken, wird eine Kopie der Tabelle in das Diagramm eingebunden: . Zudem erscheint ein Platzhaltertext für eine Überschrift: .

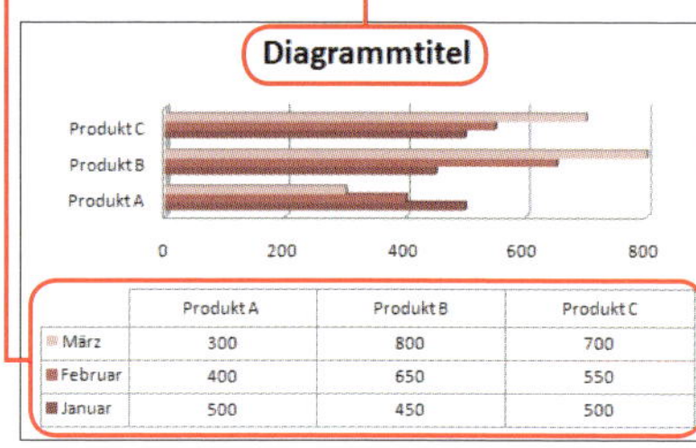


**7** Damit Sie den Platzhaltertext ersetzen können, markieren Sie ihn

per Mausklick. Daraufhin erscheint ein Auswahlrechteck rund um den Text.

Jetzt brauchen Sie nur noch in dieses Rechteck zu klicken, um die Einfügemarke hineinzusetzen. Dann können Sie den Text einfach mit Ihrem Diagrammtitel überschreiben.

Zur Bestätigung reicht ein Klick in einen Bereich außerhalb des Rechtecks.

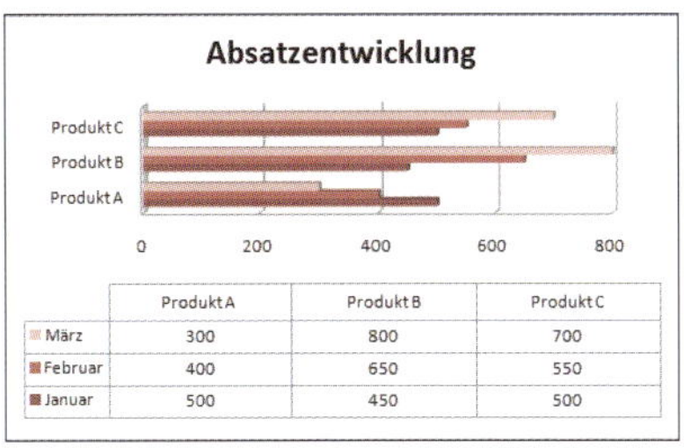


**8** Durch das Einfügen der Wertetabelle wird das eigentliche Diagramm etwas „gestaucht“. Sie können aber problemlos Abhilfe schaffen. Markieren Sie das Diagramm, und führen Sie dann den Mauszeiger über die obere Begrenzungslinie, bis er seine Form verändert: ●.

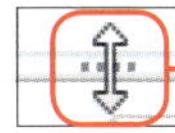

Mit gedrückt gehaltener Maustaste können Sie nun eine Ziehbewegung nach oben ausführen und dann die Maustaste loslassen.

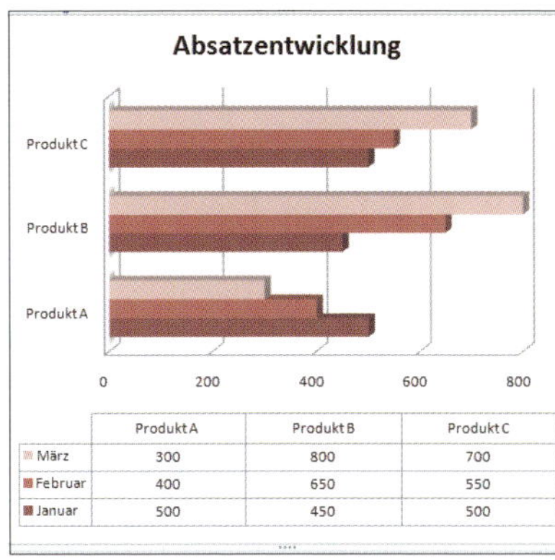


Das Diagramm wird dadurch höher, und die Balken sind besser zu erkennen.

## Diagrammelemente beschriften

Dank der Vorlagen können Sie ohne großen Aufwand blitzschnell aussagekräftige Diagramme erstellen. Es besteht aber auch die Möglichkeit, das Aussehen eines Diagramms ganz nach Wunsch bis ins Detail festzulegen. Im Folgenden erfahren Sie, wie Sie Ihr Diagramm beispielsweise gezielt beschriften.

**1** Als Basis dient dieselbe Tabelle wie im vorigen Abschnitt. Dieses Mal sollen die Werte aber mithilfe eines Säulendiagramms abgebildet werden. Markieren Sie zunächst die Tabelle,

| | A | B | C | D |
|---|---|---|---|---|
| 1 | Monat | Produkt A | Produkt B | Produkt C |
| 2 | Januar | 500 | 450 | 500 |
| 3 | Februar | 400 | 650 | 550 |
| 4 | März | 300 | 800 | 700 |
| 5 | | | | |

und klicken Sie dann im Einfügen-Register der Multifunktionsleiste auf

und in der geöffneten Auswahl zum Beispiel auf ●.

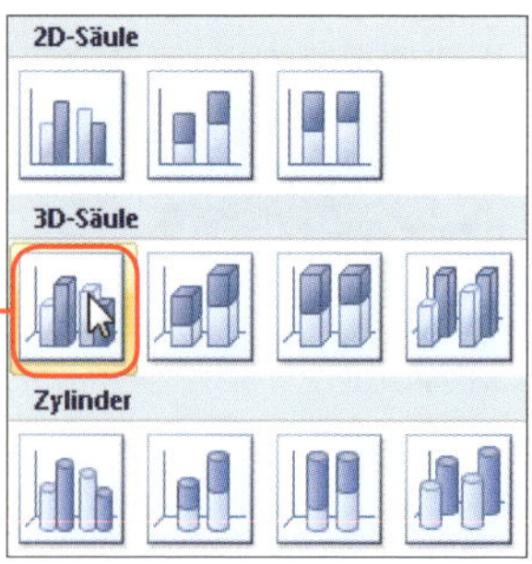


**2** Die Absatzzahlen der einzelnen Produkte erscheinen daraufhin gruppiert. Die Säulen entsprechen dabei den Werten der einzelnen Monate.

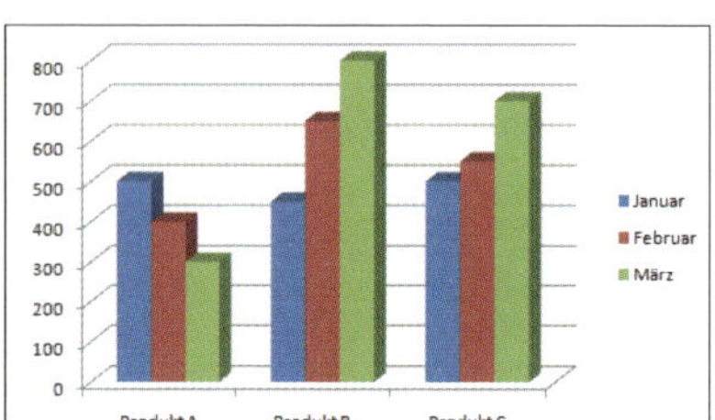


Als Erstes versehen Sie das Diagramm mit einer Überschrift. Klicken Sie dazu als Erstes auf den Registerreiter ●,

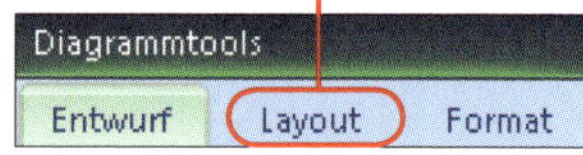


um dadurch das benötigte Register in den Vordergrund zu holen, und anschließend auf ●.

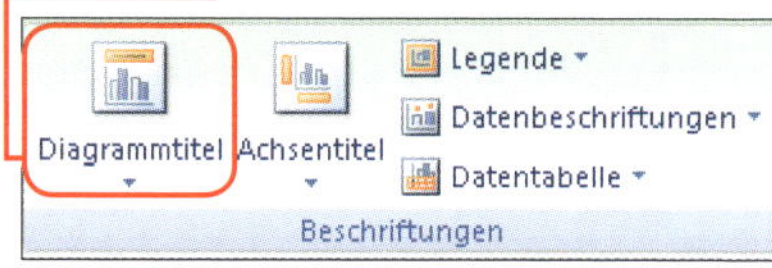


**3** Nun haben Sie die Wahl, ob der Titel innerhalb des Diagramms stehen soll oder klar abgesetzt darüber. Im Beispiel entscheiden Sie sich für die zweite Variante und klicken daher auf ●.

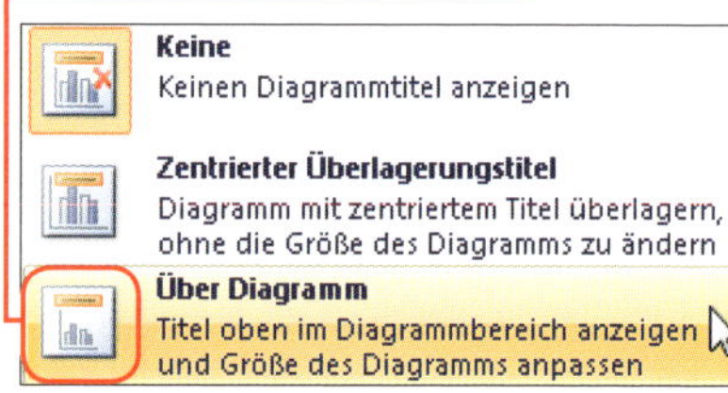


Danach überschreiben Sie einfach den Platzhaltertext mit einer Überschrift Ihrer Wahl, wie im vorigen Abschnitt bereits geschildert.

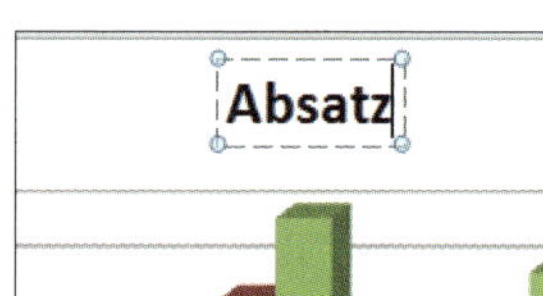

**4** Die Beschriftungen der X-Achse sind unmissverständlich. Anders sieht es bei den Werten der Y-Achse aus.

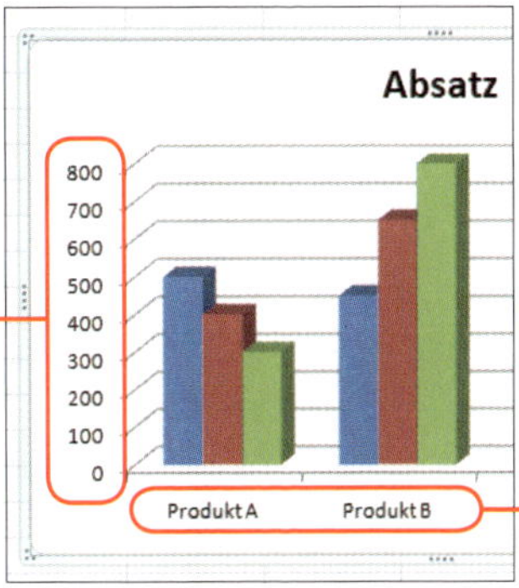


Denn hier ist nicht ohne Weiteres zu erkennen, dass es sich bei den Werten um Stückzahlen handelt. Fügen Sie also eine entsprechende Beschriftung ein. Klicken Sie dazu auf

und danach beispielsweise auf .

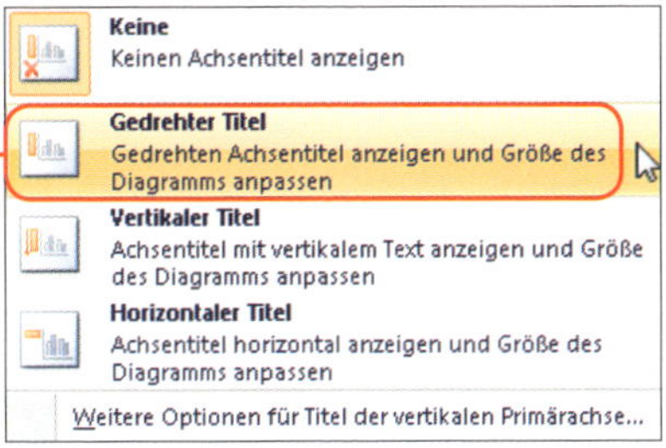


**5** Links neben der Achse erscheint daraufhin ein Platzhaltertext – und zwar um 90 Grad nach links gedreht: .

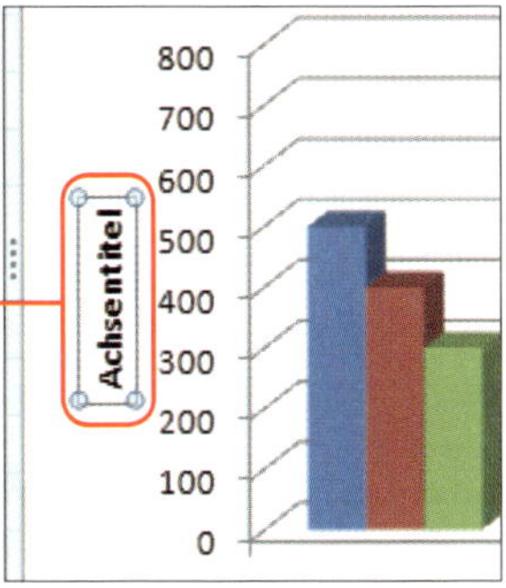


Wie die Diagramm-Überschrift können Sie auch diesen Text einfach überschreiben: .

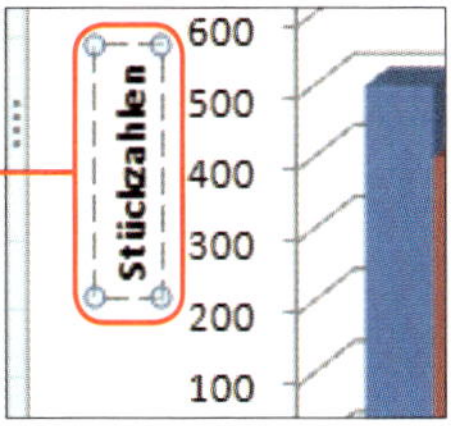


**6** Das Diagramm enthält von vornherein eine Legende am rechten Rand: .

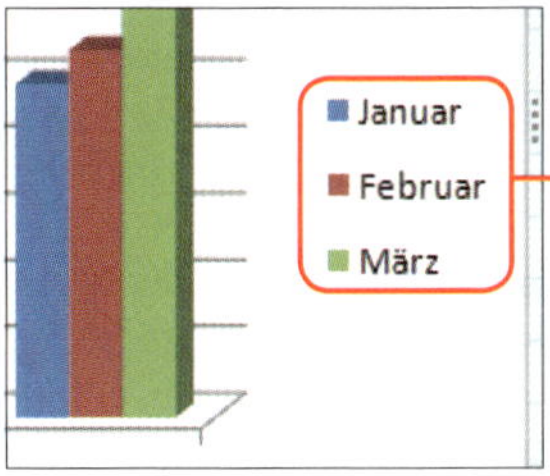

Wenn Sie diese entfernen oder an eine andere Stelle verschieben möchten, öffnen Sie per Klick auf ● eine entsprechende Befehlsauswahl. Mit einem Mausklick auf ●

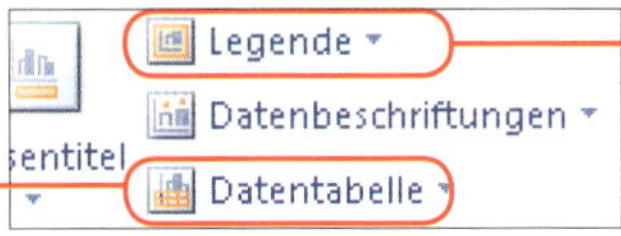


könnten Sie bei Bedarf auch die Originaltabelle in das Diagramm einbinden.

**7** Da die Tabelle aber viel Platz beansprucht, wählen Sie eine Alternative. Klicken Sie auf

und anschließend auf den Eintrag ●.

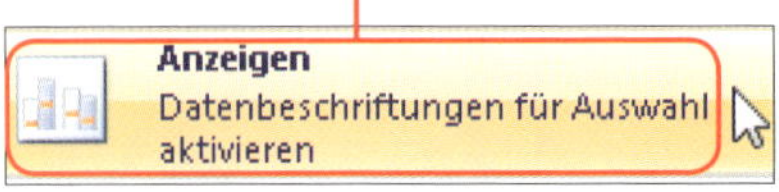


Dadurch erreichen Sie, dass jede Säule mit dem dazugehörigen Zahlenwert beschriftet wird: ●.

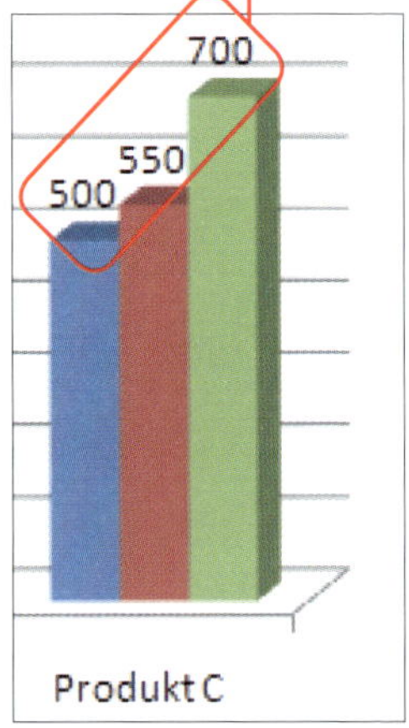


Der Betrachter braucht also nicht die Originaltabelle zu sehen, um den exakten Wert eines Monats in Erfahrung zu bringen.

## Farben und Rahmen anwenden

Im vorigen Abschnitt haben Sie verschiedene Elemente Ihres Diagramms individuell beschriftet. Doch damit nicht genug: Wie wäre es, wenn Sie den Hintergrund des Diagramms einfärbten und einen schicken Rahmen hinzufügten?

**1** Markieren Sie wie üblich als Erstes das Diagramm, das im vorigen Abschnitt als Beispiel diente, und klicken Sie dann in der Multifunktionsleiste auf den Registerreiter ●

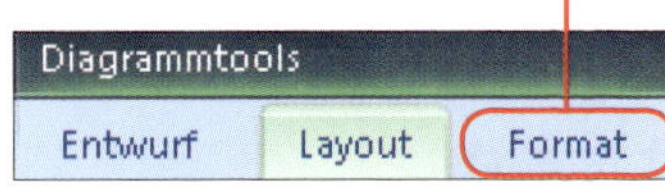


und anschließend auf ●,

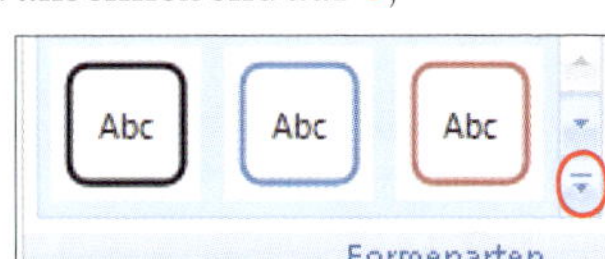

um Zugriff auf die verschiedenen Farbvariationen zu bekommen.

**2** Wenn Sie den Mauszeiger über ein Symbol führen, taucht das Diagramm mit der entsprechenden Farbe in einer Vorschau auf. Erst mit einem Klick auf ein Symbol, beispielsweise ●,

weisen Sie diese Farbe zu.

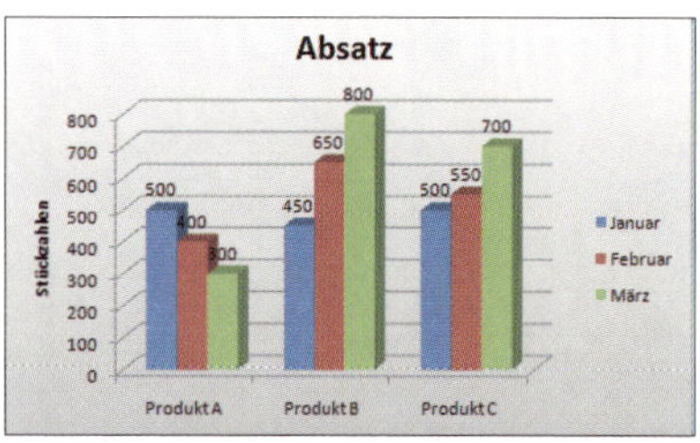


**3** Als Nächstes klicken Sie in derselben Befehlsgruppe auf ●,

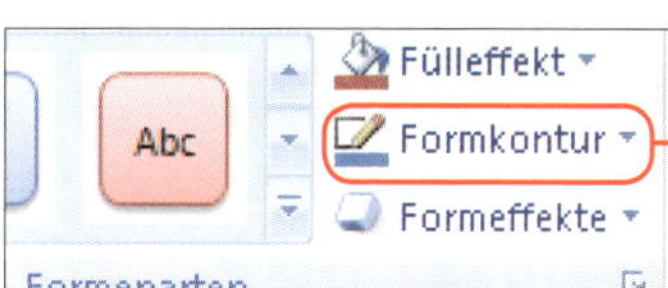


führen den Mauszeiger über ●

und klicken schließlich auf die gewünschte Linienstärke der Umrandungslinie, etwa ●.

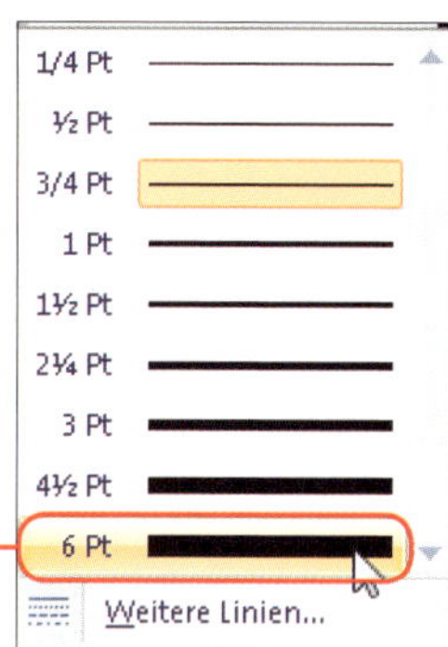


Umgehend wird das Diagramm mit

einem entsprechenden Rahmen versehen.

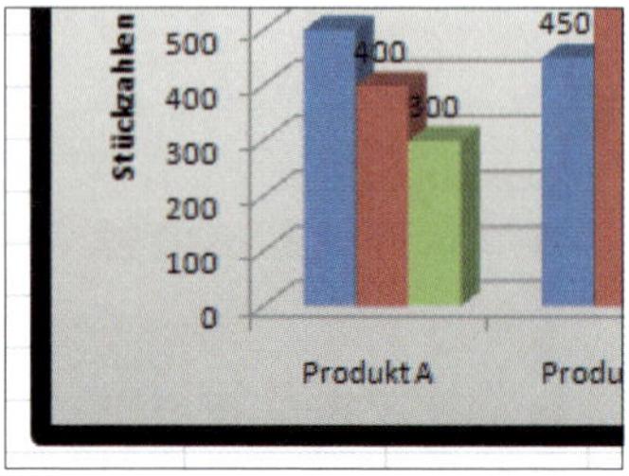


**4** Es geht aber noch raffinierter. Bei Bedarf können Sie den Rahmen sogar zum Leuchten bringen. Klicken Sie dazu auf

,

führen Sie den Mauszeiger über ●,

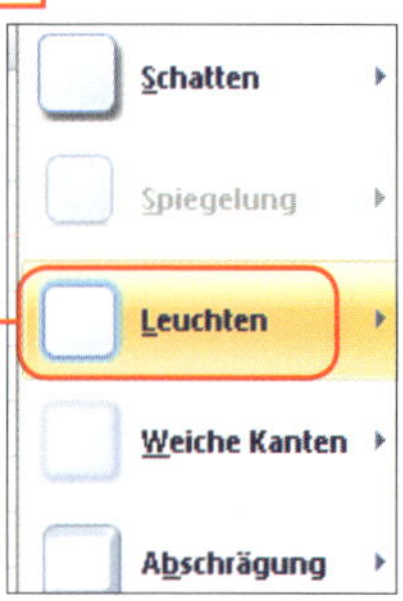


und klicken Sie dann beispielsweise auf das Symbol ●.

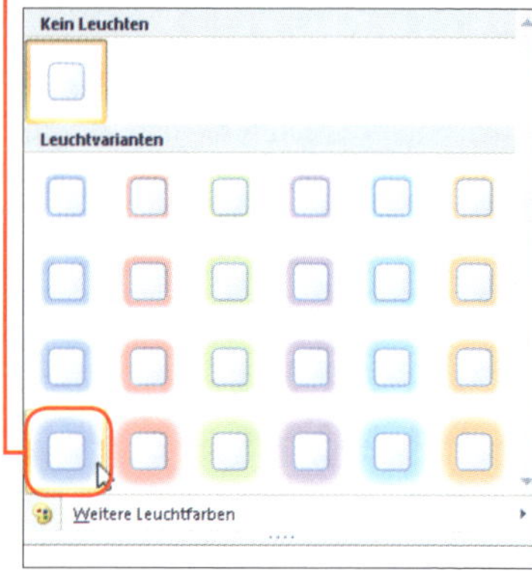


Schon scheint Ihr Diagramm eine gewisse Leuchtkraft zu besitzen.

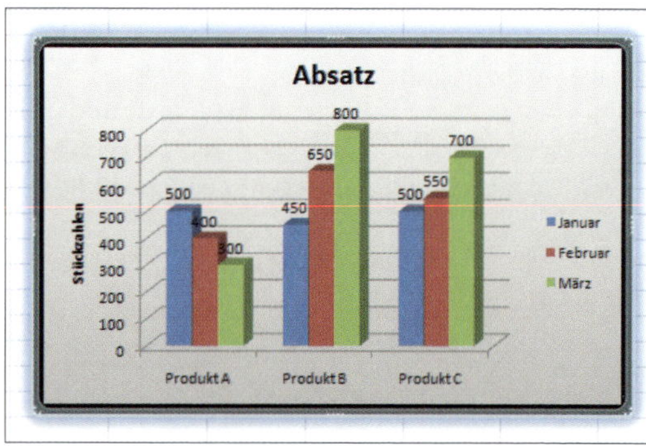


## Hintergrundbild einfügen

Diagramme können zum einen bei der Interpretation von Daten behilflich sein. Mitunter werden Sachverhalte nämlich überhaupt erst deutlich, wenn sie optisch aufbereitet sind. Zum anderen gibt es aber auch Fälle, in denen Diagramme nur schmückendes Beiwerk sind. Im ersten Fall sollten Sie mit visuellen Effekten etwas vorsichtiger sein. Denn diese könnten schnell vom eigentlichen Zweck des Diagramms ablenken. Im zweiten Fall aber spricht nichts dagegen, etwa ein nüchternes Säulendiagramm mit einem Hintergrundbild aufzupeppen.

**1** Das Beispieldiagramm unten, das Reiseausgaben veranschaulicht, lässt sich etwa durch ein Hintergrundbild mit einem See aufwerten. Klicken Sie dazu mit der rechten (!) Maustaste auf das Diagramm,

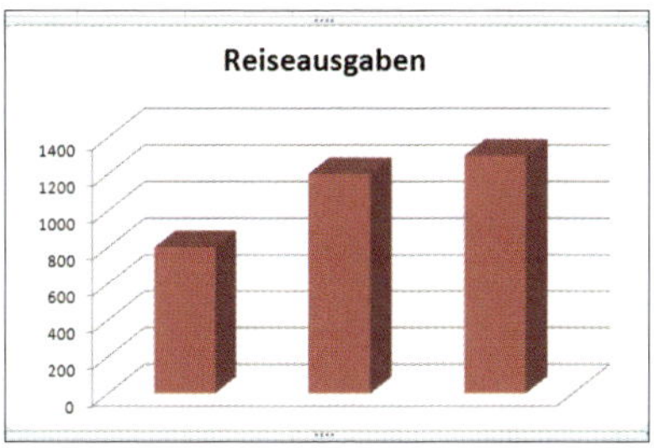


und wählen Sie im geöffneten Kontextmenü den Eintrag ●.

**2** Im nachfolgenden Dialogfenster klicken Sie gegebenenfalls auf den Eintrag ●, falls er nicht sowieso markiert sein sollte. Dann klicken Sie in den Kreis ●

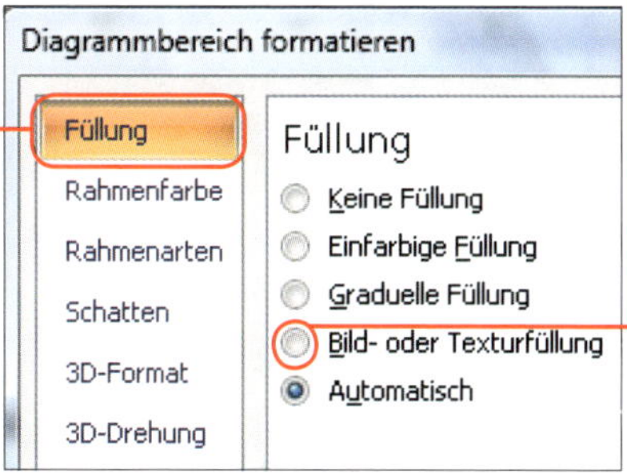


um einen Auswahlpunkt hineinzusetzen ●, und anschließend auf die jetzt sichtbare Schaltfläche ●.

**3** Über ein Explorer-Fenster können Sie nun auf die Dateien auf Ihrem Rechner zugreifen. Begeben Sie sich also zu Ihrem Bilderordner,

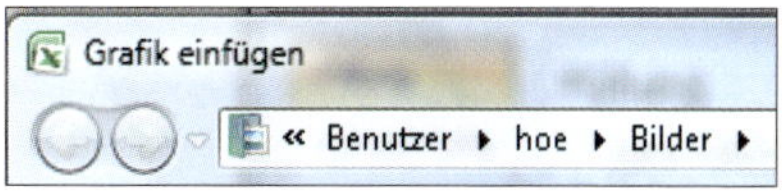


markieren Sie das Bild, das Sie als Hintergrund verwenden möchten, wie üblich

mit einem Mausklick,

und klicken Sie danach auf die Schaltfläche

.

Umgehend taucht das Bild hinter Ihrem Diagramm auf.

**4** Durch das Einfügen des Bildes sind die Beschriftungen allerdings schlecht oder gar nicht mehr zu erkennen. Das können Sie ändern: Ziehen Sie einfach mit gedrückt gehaltener Maustaste den kleinen Schieberegler

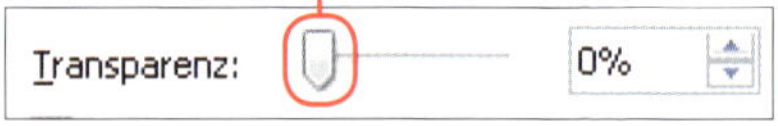


nach rechts. Das eingefügte Bild wird dadurch immer durchsichtiger, wie Sie noch während des Ziehvorgangs sehen können. Ist ein geeigneter Wert erreicht,

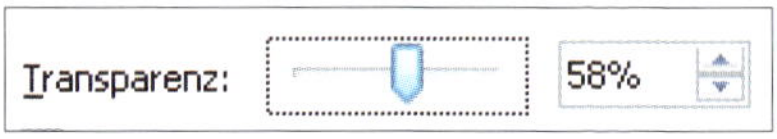


klicken Sie auf

.

Das Bild erscheint nun blass im Hintergrund, und die Balken und Beschriftungen des Diagramms sind wieder gut zu erkennen.

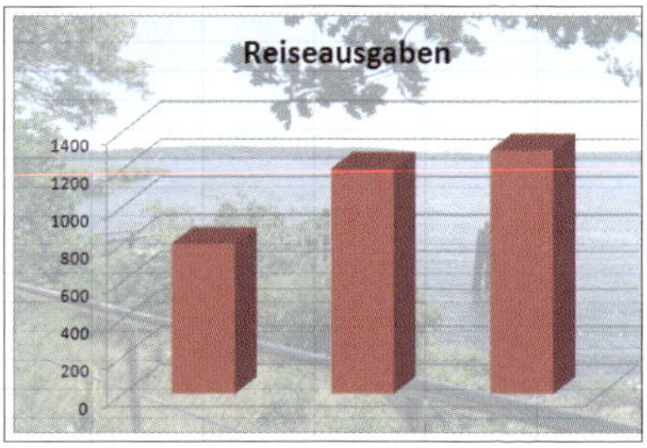

# 7 Tabellen schützen

Excel-Arbeitsmappen enthalten häufig hochsensible Daten. So können die Tabellen etwa Gehaltslisten, Kostenanalysen oder Gewinnrechnungen beinhalten. Im Extremfall kann gar Wohl und Wehe einer Firma an der Korrektheit einzelner Zahlen hängen. Da zudem sehr oft mehrere Personen auf Arbeitsmappen zugreifen können, sollten Sie sich mit dem Thema Sicherheit unbedingt auseinandersetzen.

Es gibt Fälle, in denen nicht jeder x-Beliebige erfasste Daten sehen soll. Bei Gehaltsaufstellungen etwa könnte der Betriebsfrieden auf dem Spiel stehen, wenn der eine oder andere meint, zu kurz zu kommen. Aber es geht nicht nur darum, den unerwünschten Zugriff auf Arbeitsmappen komplett zu unterbinden. Schließlich kann auch ganz banal ein unbedachter Mausklick verheerende Folgen haben, wenn etwa Daten versehentlich unwiderruflich gelöscht werden. Für alle diese Fälle stellt Ihnen Excel ein geeignetes Instrumentarium zur Verfügung.

Im siebten Kapitel dieses Buches erfahren Sie,

- wie Sie eine Arbeitsmappe virtuell unterschreiben,
- wie Sie verhindern, dass Arbeitsmappen versehentlich geändert werden,
- und wie Sie sicherstellen, dass nur bestimmte Personen die Arbeitsmappe öffnen können.

### Kapitel-Wegweiser

# Arbeitsmappen digital unterschreiben

Office-Dokumente wie Briefe oder Tabellen können Sie nach dem Ausdrucken einfach unterschreiben. Damit stellen Sie sicher, dass jeder Betrachter weiß, wer das Dokument in welcher Version verfasst hat. Microsoft bietet Ihnen sozusagen ein digitales Gegenstück zur manuellen Unterschrift. Wenn Sie mit dieser digitalen Unterschrift ein Dokument signieren, ist gewährleistet, dass niemand die Datei ändern kann, ohne zuvor die digitale Unterschrift zu entfernen. Auch Sie selbst müssen die Signatur wieder löschen, falls Sie Änderungen vornehmen wollen.

Wenn Sie das erste Mal ein Office-Dokument digital unterschreiben möchten, legen Sie automatisch eine eigene Signatur an. Diese können Sie künftig immer nutzen.

**1** Öffnen Sie zunächst die Arbeitsmappe, die Sie digital unterschreiben wollen. Klicken Sie dann als Erstes auf das Office-Symbol

,

danach auf

und anschließend auf den Eintrag ●.

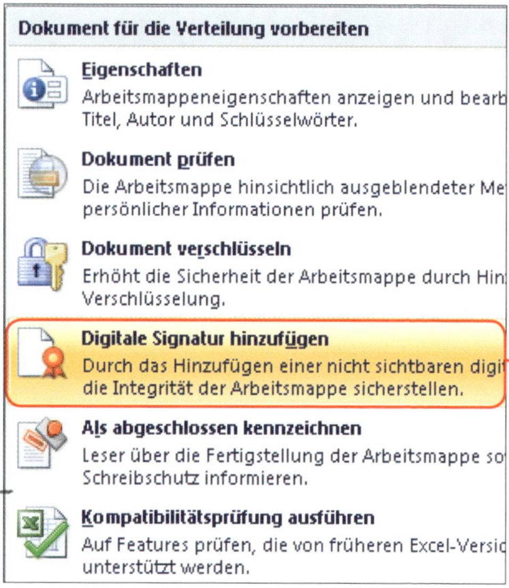


Im Hinweisfenster, das daraufhin erscheint, genügt ein Mausklick auf ●.

Wenn Sie zu jenem Zeitpunkt noch keine digitale Signatur angelegt haben, geht es mit Schritt 2 weiter, ansonsten direkt mit Schritt 4.

**2** Im Dialogfenster, das nun angezeigt wird, klicken Sie in den unteren Kreis,

sodass darin ein Punkt erscheint. Zur Bestätigung reicht wieder ein Mausklick auf.

**3** Füllen Sie anschließend alle Eingabefelder aus, die im Fenster „Digitale ID erstellen" erscheinen, und klicken Sie danach zur Bestätigung auf die Schaltfläche.

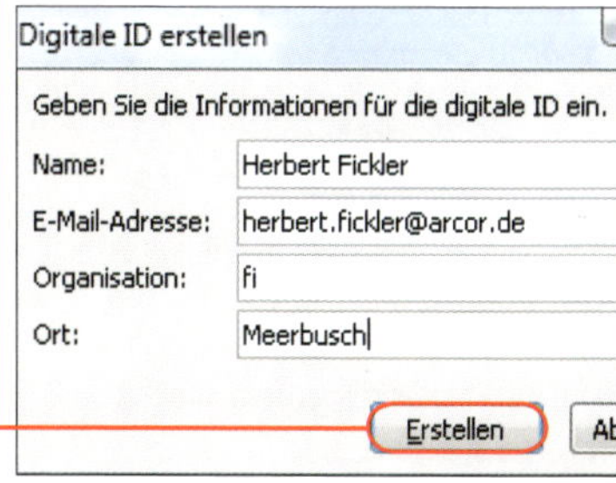


Das war es schon. Auf diese Weise haben Sie eine digitale Signatur erstellt, mit der Sie Ihre Arbeitsmappen künftig unterschreiben können.

**4** Um die automatische Unterschrift anzuwenden, brauchen Sie nur auf die Schaltfläche

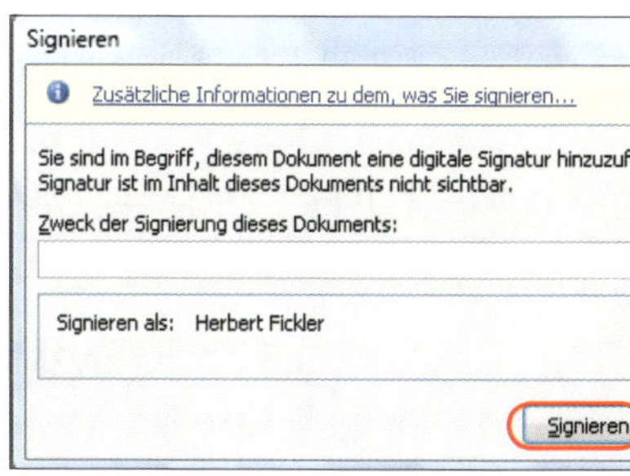


zu klicken. Die entsprechende Erfolgsmeldung nehmen Sie einfach mit einem Klick auf zur Kenntnis.

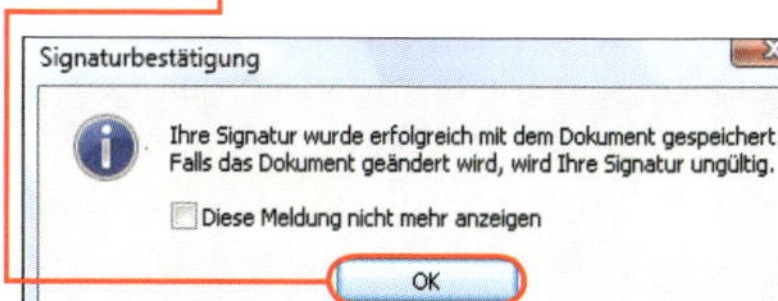

**5** Wenn eine Arbeitsmappe signiert ist, erkennen Sie dies in der Statusleiste am Symbol ●.

Klicken Sie darauf, wird in einer Spalte am rechten Rand eingeblendet, von wem die Arbeitsmappe signiert wurde.

**6** Eine signierte Arbeitsmappe ist automatisch mit einem Schreibschutz versehen. Das bedeutet, Sie können keine Eingaben machen, keine Werte überschreiben, ja noch nicht einmal Formatierungen durchführen. Wundern Sie sich daher nicht, dass praktisch alle Befehle in der Multifunktionsleiste hell dargestellt sind und nicht ausgewählt werden können.

Selbst als Autor können Sie das Dokument nicht ohne Weiteres ändern. Das geht erst, wenn Sie die Signatur löschen. Führen Sie dazu den Mauszeiger über den Signatureintrag in der Spalte am rechten Rand, bis ein Pfeil sichtbar wird. Klicken Sie darauf ●

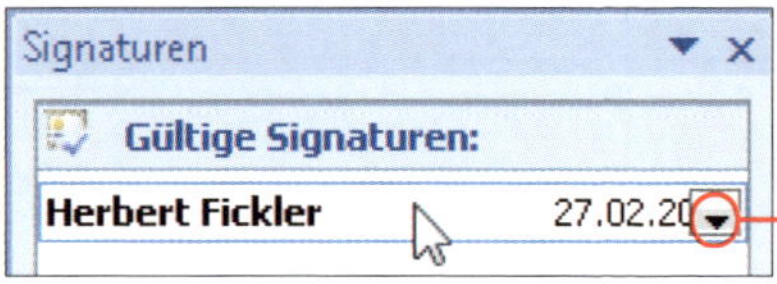


und dann auf den Eintrag ●.

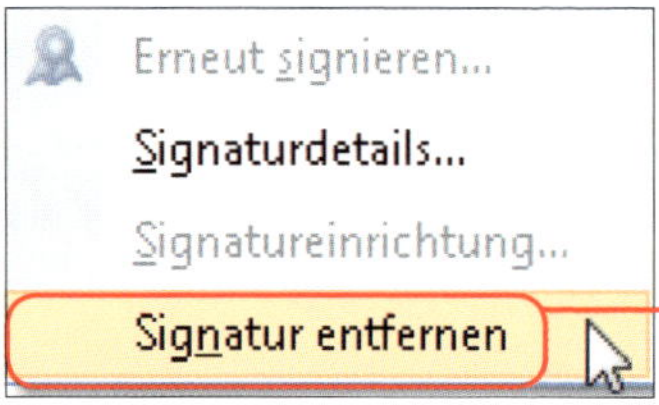


**7** Nun müssen Sie nur noch die Sicherheitsfrage per Klick auf die Schaltfläche ●

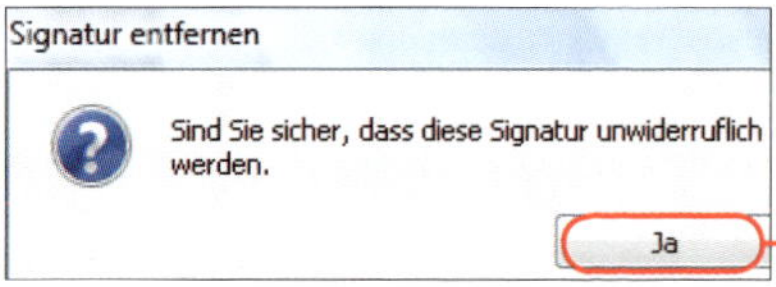


bestätigen und die nachfolgende Erfolgsmeldung mit einem Klick auf ●

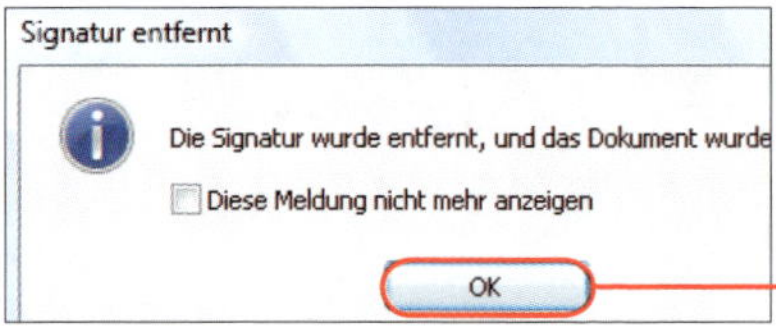


zur Kenntnis nehmen. Dann sind wieder Änderungen möglich. Bei Bedarf können Sie das Dokument natürlich jederzeit erneut signieren.

# Arbeitsmappen vor Änderungen schützen

Wie Sie soeben gesehen haben, wird eine Arbeitsmappe, die Sie signieren, automatisch mit einem Schreibschutz versehen. Um die Tabellen weiterzubearbeiten, müssen Sie die Signatur entfernen. Wenn Sie eine Arbeitsmappe vor unbeabsichtigten Änderungen schützen wollen, gibt es eine Alternative zur Signatur: Sie können die Mappe als abgeschlossen kennzeichnen. Die meisten Bearbeitungsmöglichkeiten sind dann deaktiviert. Dadurch werden die Tabellen und Diagramme vor versehentlichen Änderungen geschützt. Diesen Schutz kann allerdings jeder problemlos aufheben, was in der Regel aber auch sinnvoll ist. Denn schließlich geht es nur darum, die Mappe vor versehentlichen Änderungen zu schützen.

**1** Um eine Arbeitsmappe als abgeschlossen zu kennzeichnen, klicken Sie zunächst auf das Office-Symbol

,

dann auf den Eintrag

und schließlich auf

.

**2** Danach brauchen Sie nur noch das Meldungsfenster

sowie die Erläuterung, die daraufhin angezeigt wird,

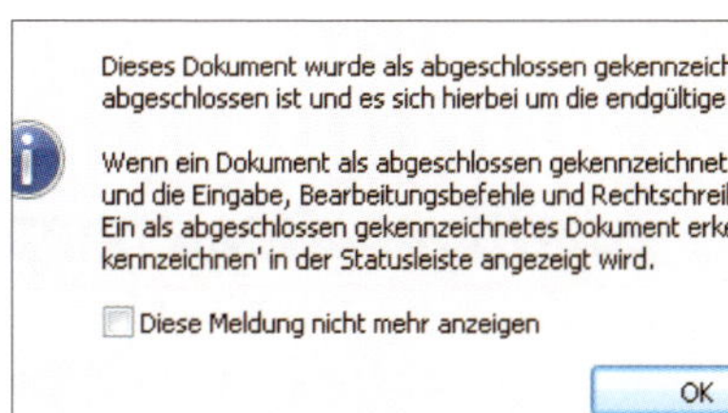


mit je einem Mausklick auf die OK-Schaltfläche zu beantworten.

**3** In der Statusleiste des Dokuments ist nun das folgende Symbol zu sehen: .

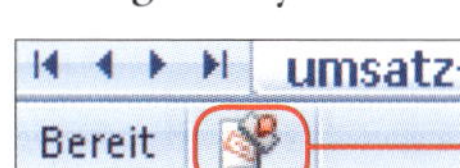


Das bedeutet, dass die allermeisten Befehle und Funktionen jetzt deaktiviert sind. Sie können dies daran erkennen, dass die Befehle heller als sonst dargestellt sind und nicht ausgeführt werden können.

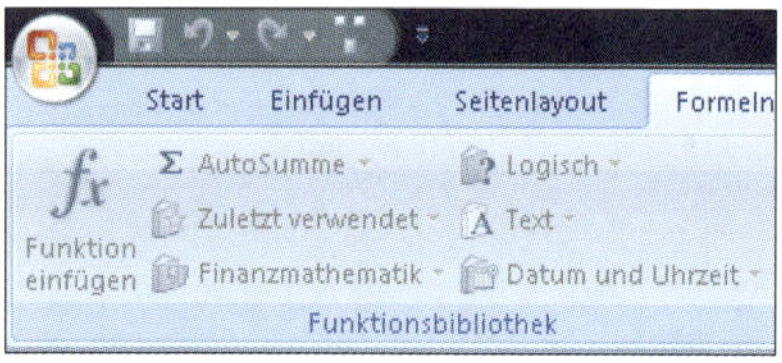


**4** Ein versehentliches Ändern des Dokuments ist also ausgeschlossen. Wenn Sie nun trotzdem etwas ändern wollen, müssen Sie ausdrücklich den Befehl erteilen, dass die Kennzeichnung aufgehoben wird. Klicken Sie dazu auf

,

dann im geöffneten Menü auf

und schließlich auf das nun niedergedrückte Symbol.

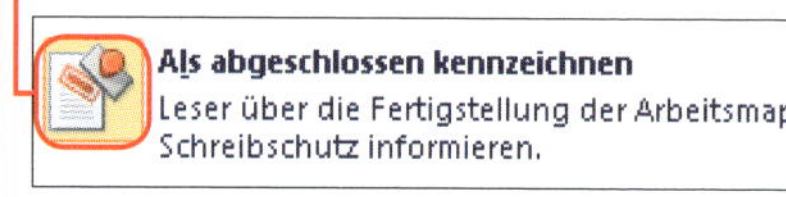


Umgehend sind alle Befehle wieder erreichbar.

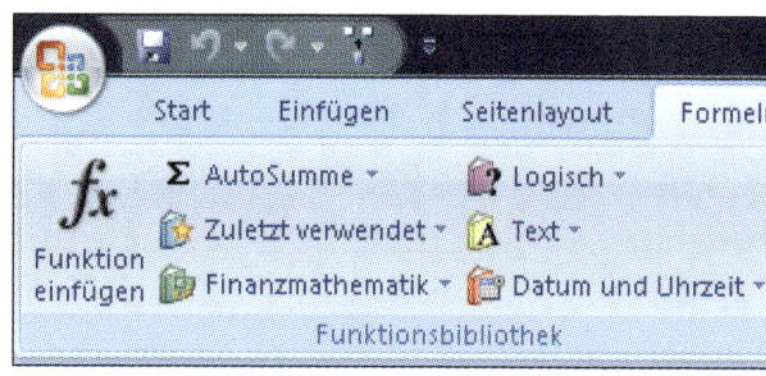


## Zugriff auf Arbeitsmappe komplett unterbinden

Mithilfe eines Passwortschutzes können Sie den Zugriff auf eine Arbeitsmappe komplett verhindern beziehungsweise nur den Personen gewähren, denen Sie das Passwort mitgeteilt haben.

**1** Klicken Sie als Erstes auf das Office-Symbol

,

anschließend auf den Eintrag

und schließlich in der Befehlsauswahl, die daraufhin angezeigt wird, auf.

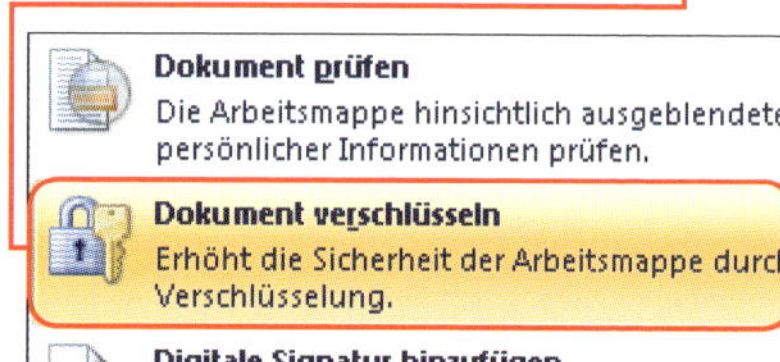

**2** Jetzt tippen Sie das Passwort beziehungsweise Kennwort ein, mit dem der Zugriff auf Ihre Arbeitsmappe eingeschränkt werden soll, und klicken anschließend zur Bestätigung auf die Schaltfläche ●.

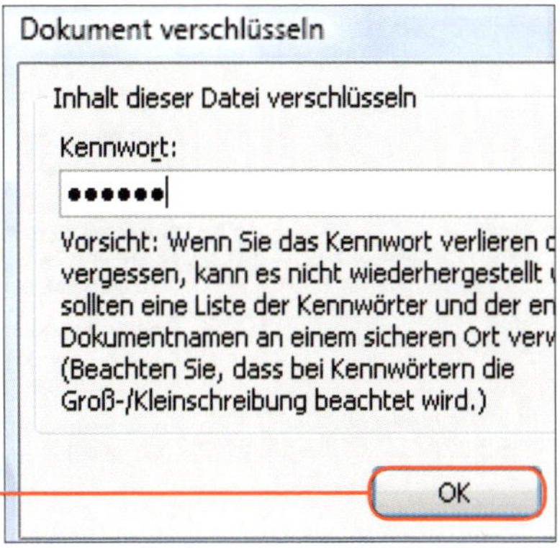


**3** Zur Sicherheit müssen Sie das Passwort noch ein weiteres Mal eingeben, bevor Sie auch diese Eingabe per Klick auf ● bestätigen.

Danach können Sie die Arbeitsmappe normal speichern.

**4** Wenn künftig jemand versucht, diese Arbeitsmappe zu öffnen, muss er zunächst das Passwort eintippen und anschließend mit einem Mausklick auf die Schaltfläche ● bestätigen.

**5** Natürlich können Sie den Passwortschutz auch wieder aufheben. Öffnen Sie dazu die Arbeitsmappe, und wiederholen Sie Schritt 1 dieser Anleitung. Der einzige Unterschied besteht darin, dass das Symbol ●

nun gedrückt erscheint. Daraufhin wird ein Dialogfenster mit dem verschlüsselten Passwort angezeigt. Die schwarzen Punkte, die für das Passwort stehen,

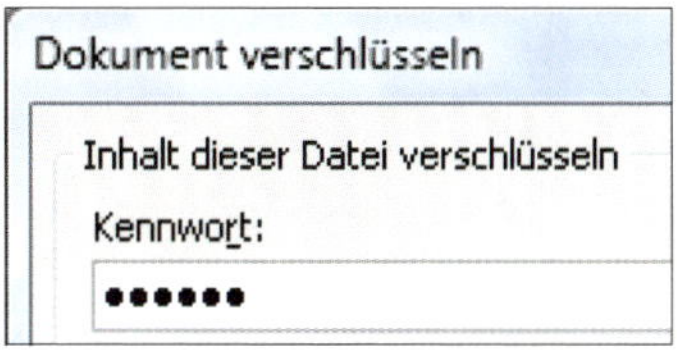

entfernen Sie einfach mithilfe der Entf-Taste. Ist das geschehen, genügt zur Bestätigung wieder ein Klick auf ●.

**6** Von nun an kann wieder jeder problemlos auf das Dokument zugreifen.

Wenn Sie zur Kontrolle auf ● und ● klicken, werden Sie sehen, dass das Symbol ●

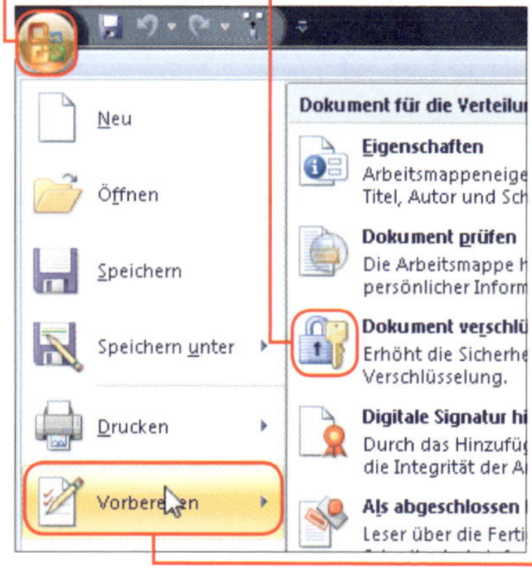


jetzt auch wieder normal beziehungsweise nicht mehr gedrückt erscheint.

# 8 Tabellen ausdrucken

Textdokumente, die Sie zum Beispiel mit dem Office-Programm Word erstellt haben, können Sie ganz einfach mit den Standardeinstellungen ausdrucken. Weitergehende Einstellungen sind meist nicht nötig, es sei denn, Sie benötigen etwa mehrere Exemplare oder möchten nur ganz bestimmte Bereiche des Dokuments drucken.

Anders verhält es sich beim Druck von Tabellen. Vor allem bei sehr umfangreichen Tabellen gibt es nämlich einige Besonderheiten zu beachten. Natürlich ist es sinnvoll, Tabellen mit sehr vielen Spalten, aber wenigen Zeilen im Querformat auszudrucken. Oder es stellt sich das Problem, dass bei einem mehrseitigen Ausdruck Spalten- oder Zeilenüberschriften nicht auf allen Blättern zu sehen sind. Mit etwas Handarbeit sind solche Probleme aber leicht zu lösen, wie Sie auf den folgenden Seiten sehen werden.

Im achten Kapitel dieses Buches erfahren Sie,
- wie Sie grundlegende Druckeinstellungen vornehmen,
- wie Sie die Vorschaufunktion nutzen,
- wie Sie die Druckseiten sinnvoll einrichten,
- wie Sie auch große Tabellen professionell ausdrucken
- und wie Sie Diagramme allein oder zusammen mit der Wertetabelle drucken können.

**Kapitel-Wegweiser**

# Eine einfache Tabelle ausdrucken

Im ersten Beispiel geht es darum, eine einfache Tabelle in drei Exemplaren auszudrucken.

**1** Holen Sie zunächst das Arbeitsblatt, auf dem die Tabelle angelegt ist, in den Bildschirmvordergrund.

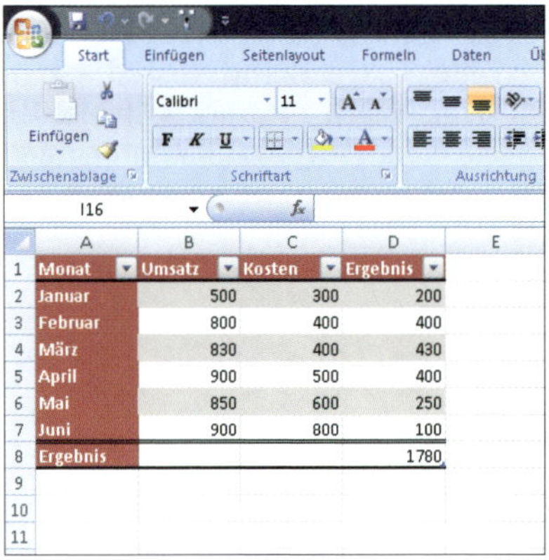


**2** Markieren müssen Sie die Tabelle nicht. Es ist auch egal, welche Zelle gerade aktiv ist. Klicken Sie einfach auf das Office-Symbol

und anschließend auf

.

## Druckbefehle direkt

Die Befehlsauswahl, die sichtbar wird, sobald Sie den Mauszeiger über den Eintrag „Drucken“ führen, braucht Sie im Moment nicht weiter zu interessieren. Mit einem Klick auf die erste Option landen Sie ebenfalls beim nächsten Schritt dieser Anleitung. Ein Klick auf ● würde die Tabelle einfach mit den Standardeinstellungen drucken, aber nur mit einem Exemplar. Ein Klick auf ●

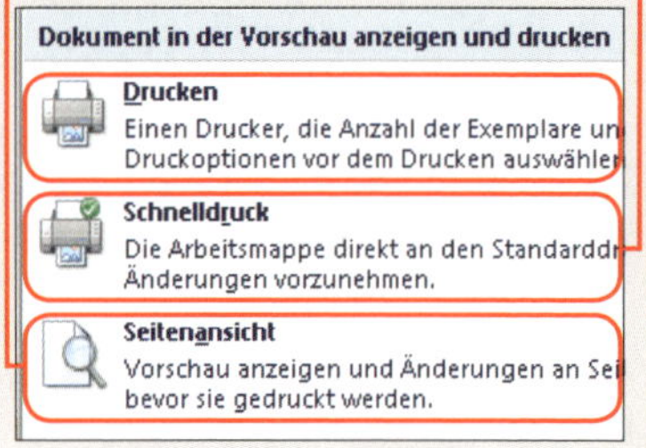


schließlich würde die Druckvorschau öffnen, die Sie später noch kennenlernen werden.

**3** Als Erstes wählen Sie den Drucker aus, den Sie verwenden möchten. Falls er nicht sowieso im Feld ● erscheint, klicken Sie auf den Pfeil ●

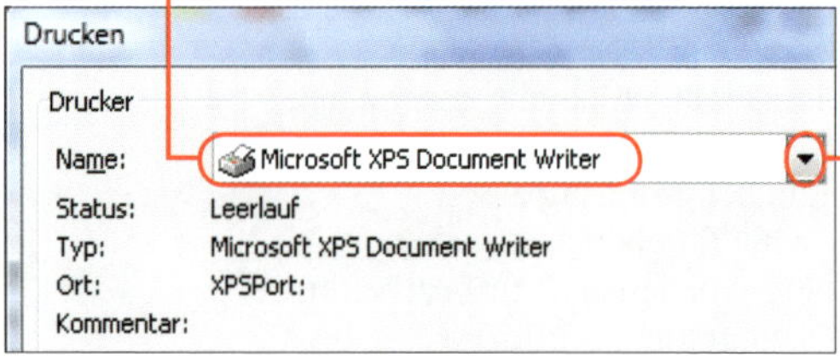

und dann auf das von Ihnen bevorzugte Modell, hier ●.

**4** Als Nächstes tippen Sie im Feld „Anzahl der Exemplare“ ein, wie oft die Tabelle ausgedruckt werden soll, zum Beispiel ●.

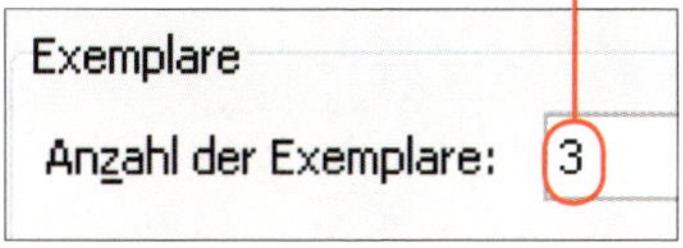


Falls Sie einmal eine Tabelle ausdrucken, die nicht auf ein einziges Blatt Papier passt, können Sie die Sortierreihenfolge festlegen. Befindet sich im Kästchen ●

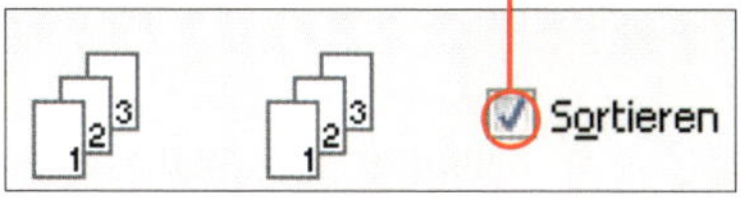


ein Haken, werden die einzelnen Exemplare direkt hintereinander ausgedruckt. Meist ist dies Verfahren am sinnvollsten. Auf Wunsch können Sie aber auch dafür sorgen, dass zuerst alle ersten Seiten, dann die zweiten und so weiter ausgedruckt werden. Dazu brauchen Sie nur

## Druckerspezifische Einstellungen vornehmen

Wenn Sie, wie in Schritt 3 gezeigt, den gewünschten Drucker ausgewählt haben, können Sie einige spezifische Einstellungen vornehmen. Nach einem Klick neben dem Auswahlfenster auf die Schaltfläche

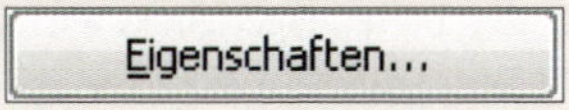


öffnet sich ein entsprechendes Fenster. So können Sie beispielsweise im Register ●

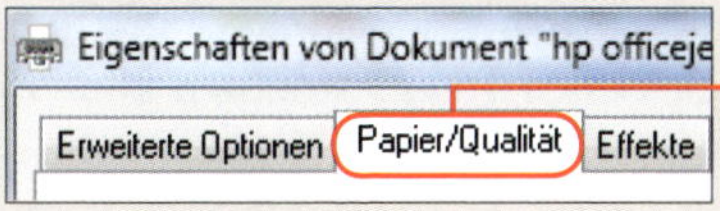


die Druckqualität festlegen.

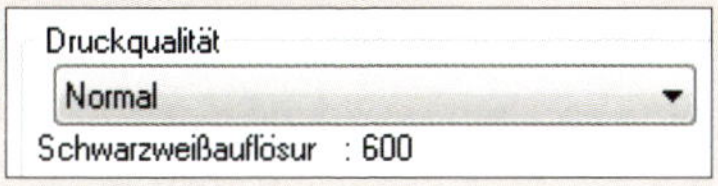


Oder Sie holen das Register ●

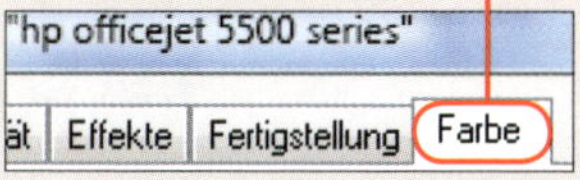


in den Vordergrund, klicken in das Kästchen ●

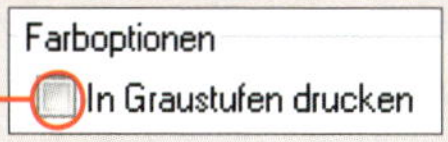


und wählen dann per Mausklick die Option ●,

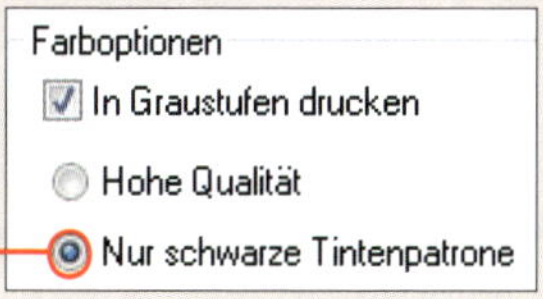


falls Sie einen teuren Farbausdruck verhindern möchten. Die Tabelle wird dann nämlich nur in Schwarz-Weiß gedruckt.

in das Kästchen zu klicken, damit der Haken verschwindet: .

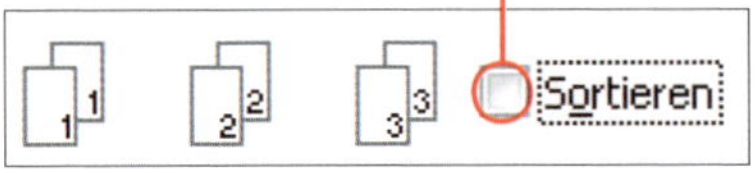


5 Zudem haben Sie bei mehrseitigen Tabellenausdrucken die Möglichkeit, von der Vorgabe abzuweichen und nur bestimmte Seiten auszudrucken. Setzen Sie dazu per Mausklick einen Punkt in den unteren Kreis ,

und geben Sie in den Feldern rechts davon die genauen Seitenzahlen an.

6 Im Beispielfall enthält Ihre Arbeitsmappe keine weiteren Arbeitsblätter, die Sie ausdrucken möchten. Sie können daher die Einstellung

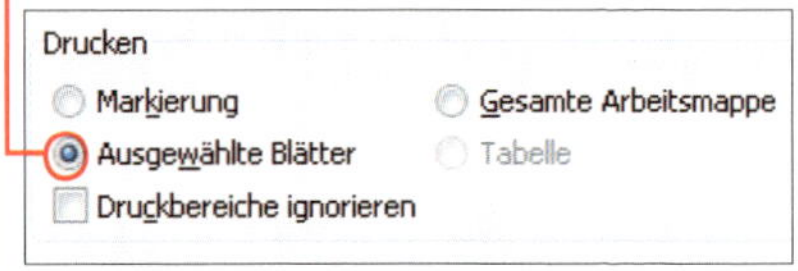


beibehalten. Im Prinzip könnten Sie nun den Druck in Auftrag geben, indem Sie auf

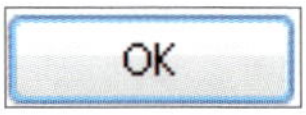


klicken. Beim Tabellendruck könnte dies aber leicht zu bösen Überraschungen führen, wie Sie im folgenden Abschnitt sehen werden.

## Die Seite einrichten

Wenn Sie die Beispieltabelle des vorigen Abschnitts tatsächlich ohne weitere manuelle Einstellungen ausdruckten, würde die Tabelle klein und unscheinbar in der linken oberen Ecke eines ansonsten fast komplett weißen Blatt Papiers erscheinen (siehe Abbildung in Schritt 2). Auch in anderen Fällen kann es böse Überraschungen geben, wenn Sie Tabellen einfach mit den Standardeinstellungen ausdrucken. Sollte eine Tabelle beispielsweise etwas zu breit für ein Blatt Papier sein, könnte es passieren, dass nur eine einzige Spalte, die nicht mehr auf die Seite passt, auf einem separaten Blatt ausgedruckt wird – nicht gerade eine Augenweide! Doch Sie können solche Schnitzer verhindern:

1 Statt im Druckdialog-Fenster (siehe Schritt 6 des vorigen Abschnitts) gleich den Druck auszulösen, klicken Sie erst mal auf die Schaltfläche

.

Dann erhalten Sie einen Eindruck davon, wie die Tabelle ausgedruckt aussehen würde.

**2** Selbst in diesem einfachen Beispiel ist die Vorschaufunktion recht hilfreich. Denn wenn Sie jetzt die Zoomfunktion ausschalten, indem Sie auf das Symbol ●

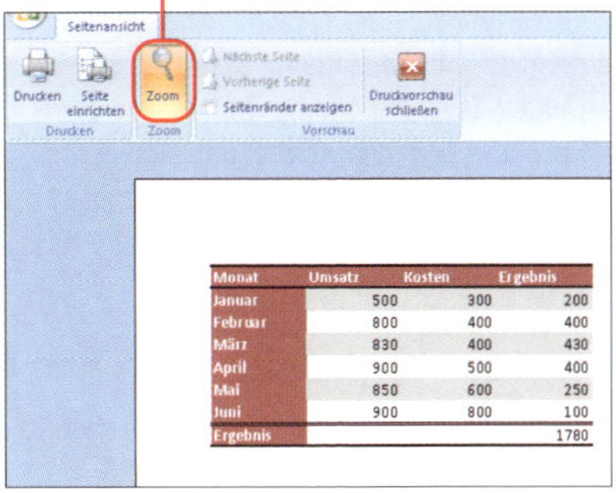


klicken, wird die komplette Seite angezeigt. Auf den ersten Blick sehen Sie, dass Sie beim Ausdruck jede Menge Platz verschwenden würden.

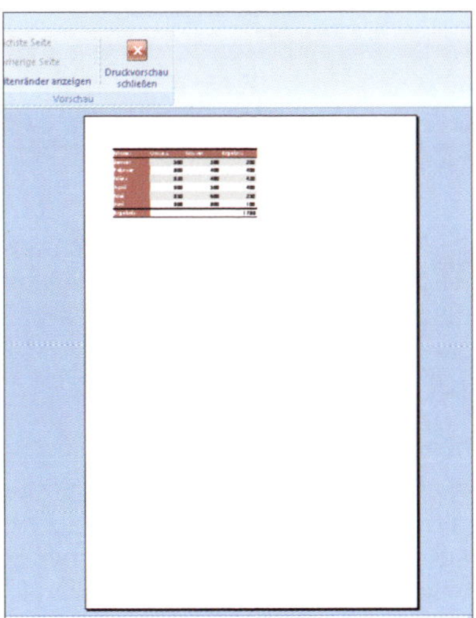


**3** Abhilfe können Sie direkt aus dem Vorschaufenster heraus schaffen. Klicken Sie dazu auf

.

Daraufhin öffnet sich ein Registerfenster, in dem Sie das Layout der Seite beeinflussen können. Klicken Sie zunächst auf den Registerreiter ●.

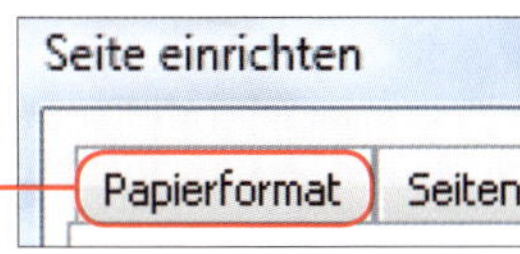


Da die Tabelle breiter ist als hoch, empfiehlt es sich, quer auszudrucken. Klicken Sie also in den Kreis ●,

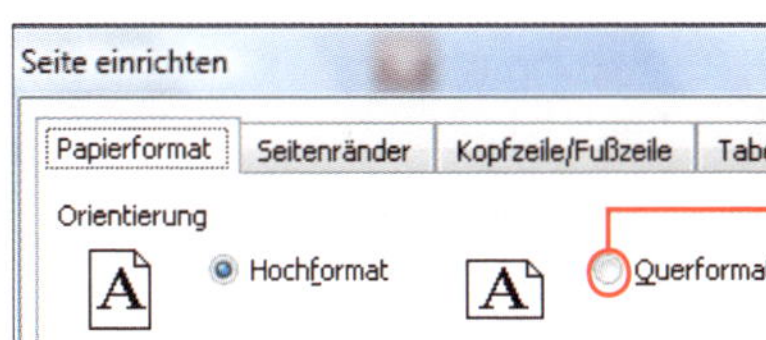


der daraufhin mit einem Punkt versehen wird: ●.

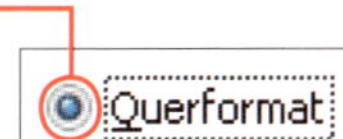


**4** Besonders praktisch ist, dass Sie die Tabelle mit gleich bleibenden Seitenverhältnissen vergrößern können. Welchen Prozentwert Sie dazu ins Feld

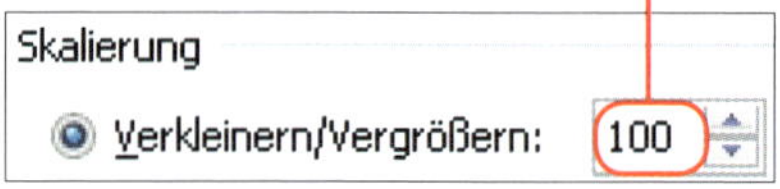


eintippen, müssen Sie einfach ausprobieren. Es erfordert etwas Erfahrung und Experimentieren. Im Beispielfall ist der Wert

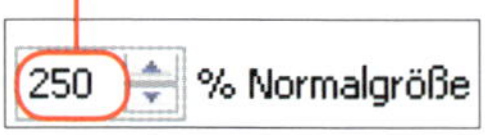


gut geeignet.

**5** Als Nächstes möchten Sie, dass die Tabelle genau in der Mitte des Blattes gedruckt wird. Um die entsprechende Einstellung vorzunehmen, holen Sie per Klick auf den Registerreiter

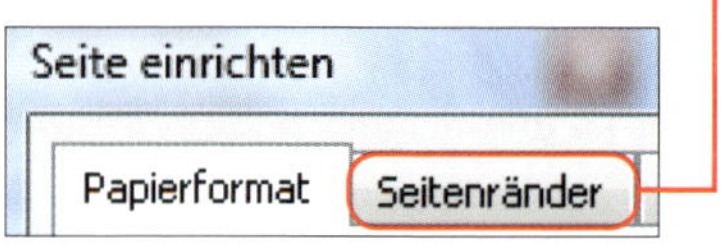


das entsprechende Registerfenster in den Vordergrund und klicken dort in die beiden Kästchen,

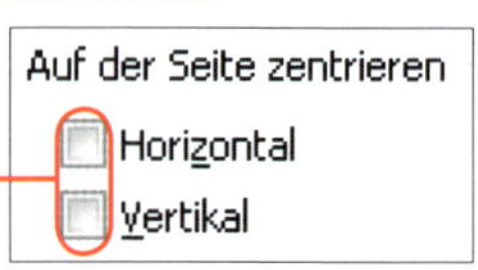


um Auswahlhaken zu setzen: .

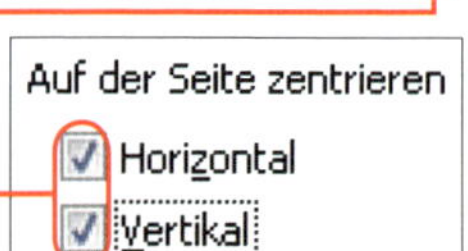


### Ränder zum Heften

Wenn Sie die ausgedruckte Tabelle abheften möchten, bietet es sich an, einen Rand des Blattes, also den nicht bedruckten Bereich, zu vergrößern. Die entsprechende Einstellmöglichkeit finden Sie im Register „Seitenränder" (siehe Schritt 5). Soll sich der Heftrand links befinden, vergrößern Sie den Wert . Wollen Sie die Tabelle im Querformat abheften, kann es dagegen sinnvoll sein, den Wert zu vergrößern.

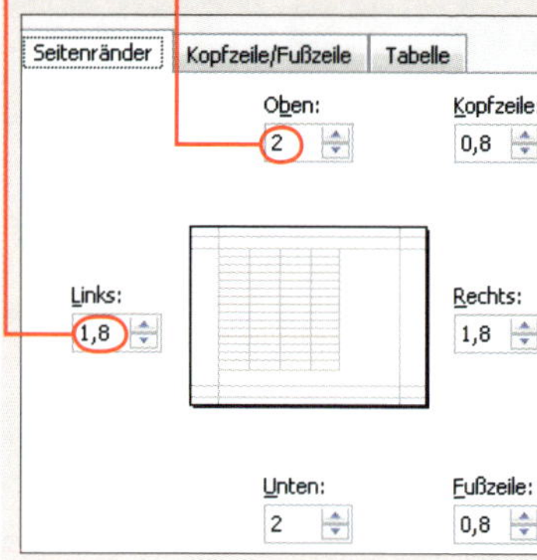


**6** Nachdem Sie alle Einstellungen vorgenommen haben, können Sie auf die Schaltfläche

klicken und damit zum Vorschaufenster zurückkehren. Sofort sehen Sie, dass ein Ausdruck in dieser Form ungleich besser ist als in der Variante vor der Layoutänderung.

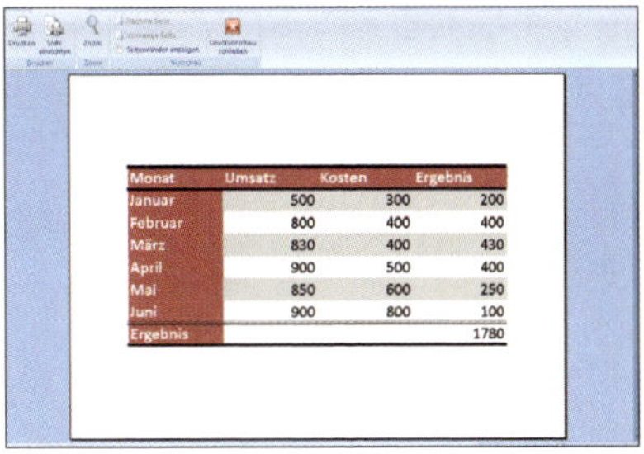


7 Sind Sie zufrieden mit dem Ergebnis, können Sie den Druck direkt aus dem Vorschaufenster heraus starten. Klicken Sie dazu einfach auf das Symbol

.

## Tabellengröße anpassen

Häufig passt eine Tabelle beim Ausdruck nicht auf eine Seite. Sollte sie jedoch nur etwas zu lang oder breit sein, hilft Ihnen Excel dabei, die Größe anzupassen.

1 In der Druckvorschau sehen Sie in der Statusleiste am unteren Rand, wenn eine Tabelle mehr als eine Seite belegt. Im Beispielfall hat die Tabelle zwei Seiten: ●.

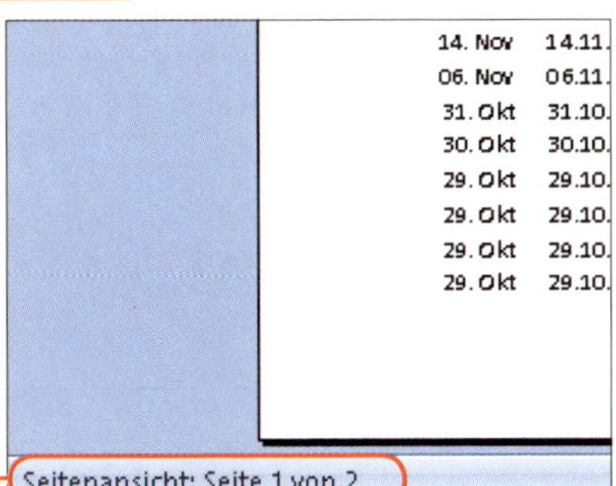


2 Nach dem Aufrufen der Druckvorschau (siehe Schritt 1 des vorigen Abschnitts) bekommen Sie die erste Seite zu sehen. Um weiterzublättern zur zweiten Seite, klicken Sie im Navigationsbereich auf ●.

Jetzt sehen Sie, dass die Beispieltabelle nur wenige Zeilen zu lang ist.

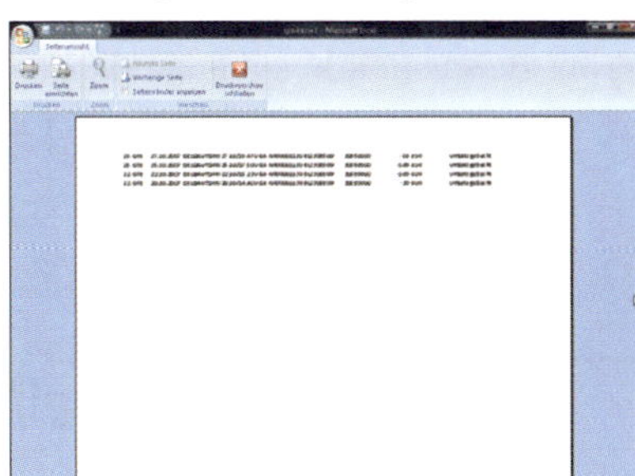

3 Das wäre nicht nur eine ärgerliche Papierverschwendung. Der Ausdruck

ist zudem auch einfacher zu benutzen, wenn sich die Tabelle nur auf einer einzigen Seite befindet. Das erreichen Sie mit wenigen Mausklicks. Klicken Sie im Navigationsbereich des Vorschaufensters auf

,

holen Sie per Klick auf den Registerreiter

das entsprechende Register in den Vordergrund, und klicken Sie dort in den Kreis .

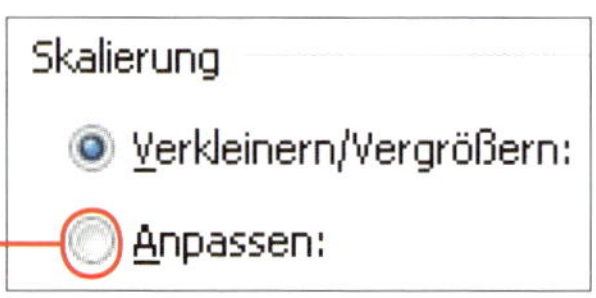


**4** Im Beispielfall können Sie die Angaben sowohl im Feld

als auch im Feld

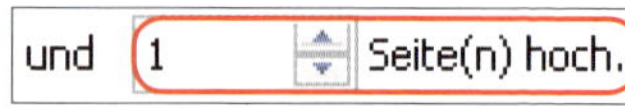


beibehalten und gleich auf die Schaltfläche

klicken. Im Vorschaufenster sehen Sie jetzt, dass Excel die Zeilenhöhe geringfügig verändert hat, und zwar gerade so viel, dass die Tabelle komplett auf eine Seite passt.

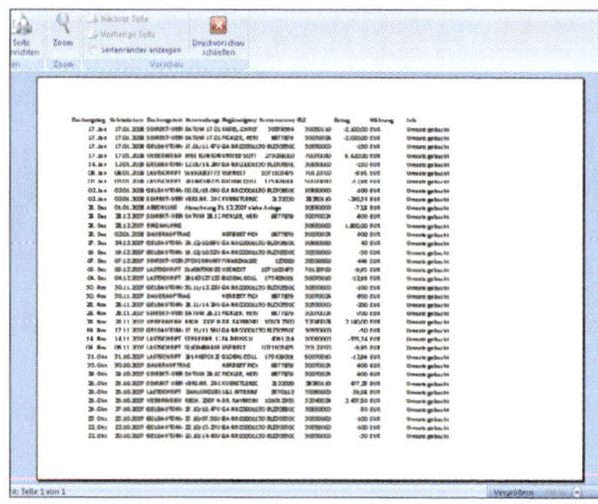

In der Statusleiste können Sie sich davon überzeugen, dass der Ausdruck nun auf eine Seite passt.

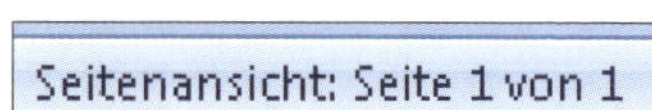


## Große Tabellen ausdrucken

Nicht selten gibt es Tabellen, die so groß sind, dass es keinen Sinn macht oder sogar unmöglich ist, sie auf eine Seite zu komprimieren. Häufig ist es zudem so, dass Tabellen nicht nur sehr lang, sondern gleichzeitig auch sehr breit sind.

Dann stellt sich die Frage, wie Excel solche Ungetüme in den Griff bekommt. Soll zum Beispiel erst der linke Teil der Tabelle komplett ausgedruckt werden und dann von oben nach unten der nächste Streifen, oder soll die Tabelle erst in der Breite abgearbeitet werden? Diese Reihenfolge können Sie selbst festlegen.

Ein weiteres Problem beim Ausdruck größerer Tabellen: In der ersten Zeile einer Tabelle stehen normalerweise die Spaltenbezeichnungen. Ist die Tabelle sehr lang, sodass eine zweite oder noch mehr Seiten ausgedruckt werden, fehlen diese Bezeichnungen auf den Nachfolgeseiten. Dasselbe gilt für Zeilenbeschriftungen, die gewöhnlich in der ersten Spalte stehen und nur auf der ersten Seite zu sehen sind.

**1** Die hier beschnittene Beispieltabelle ist im Original sehr groß und sehr breit. Zunächst teilen Sie Excel mit, dass die Spaltenüberschriften, die sich in der Zeile 1 befinden ●, sowie die Zeilenbeschriftungen in der Spalte A ●

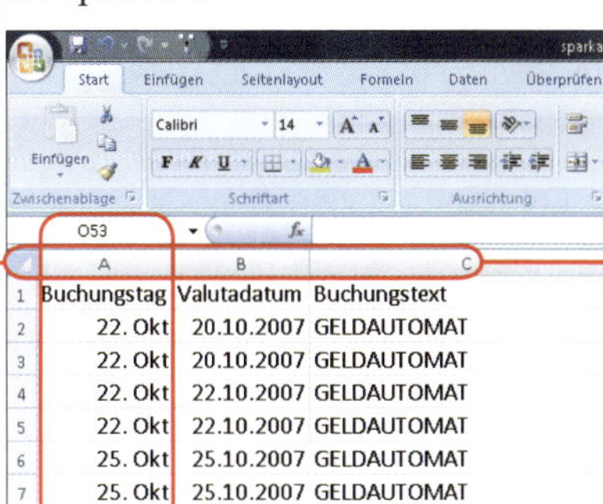


auf jedem Blatt erscheinen sollen. Klicken Sie zu diesem Zweck in der Multifunktionsleiste auf den Reiter

und danach auf ●.

**2** Daraufhin öffnet sich das Registerfenster, das Sie auch aus der Druckvorschau heraus aufrufen können. Achten Sie darauf, dass sich das Register ●

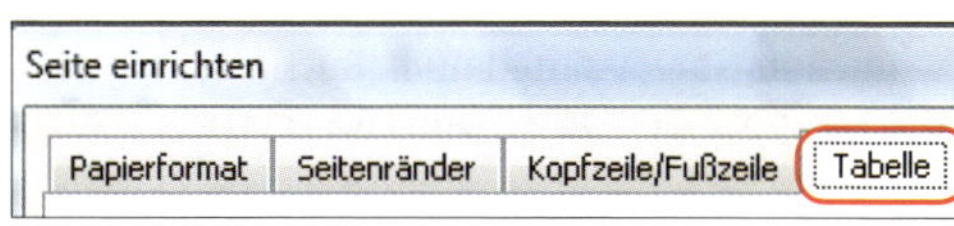


im Vordergrund befindet. Klicken Sie dann neben dem Feld ●

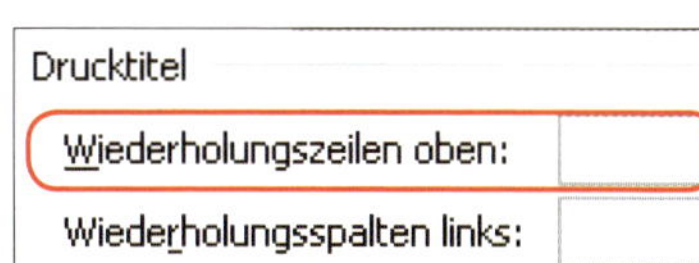


auf das Symbol

.

**3** Auf Ihrem Arbeitsblatt erscheint anschließend ein schmales Auswahlfenster, wie es Ihnen mittlerweile schon mehrfach begegnet ist. Klicken Sie nun im Zeilenkopf auf ●.

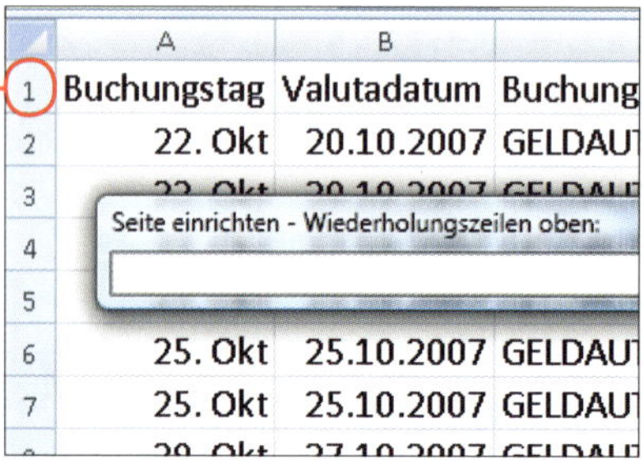


Die erste Zeile mit den Spaltenüberschriften wird daraufhin markiert, und die Zelladressen erscheinen automatisch im Auswahlfenster: ●.

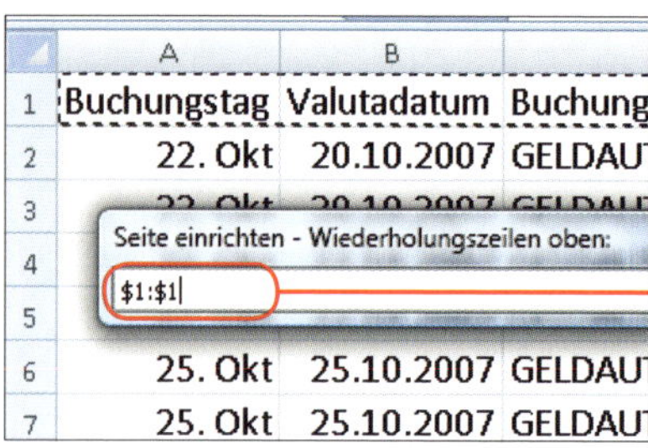


Rechts in diesem Fenster können Sie jetzt auf ● klicken.

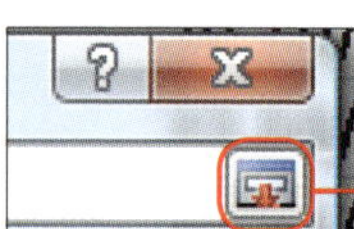

**4** Mit derselben Technik legen Sie als Nächstes fest, dass auch die Einträge in der ersten Spalte der Tabelle auf jedem Blatt erscheinen. Damit dies geschieht, klicken Sie also neben dem Feld ●

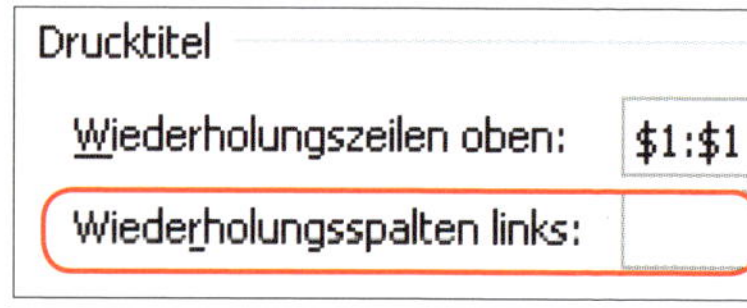


auf das Symbol

,

dann im Spaltenkopf auf A ●

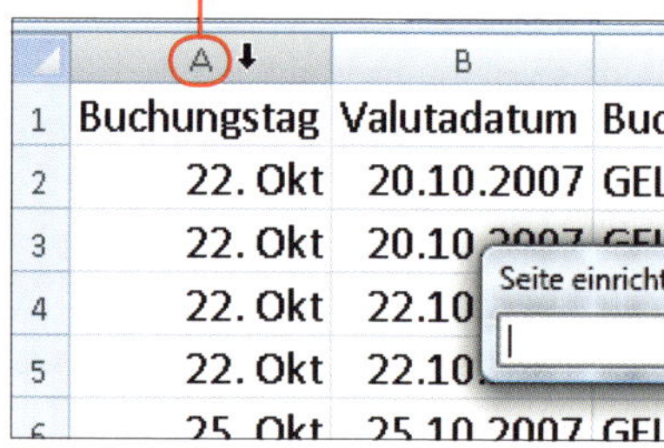


sowie anschließend auf

.

Im Registerfenster sind nun beide Felder ausgefüllt,

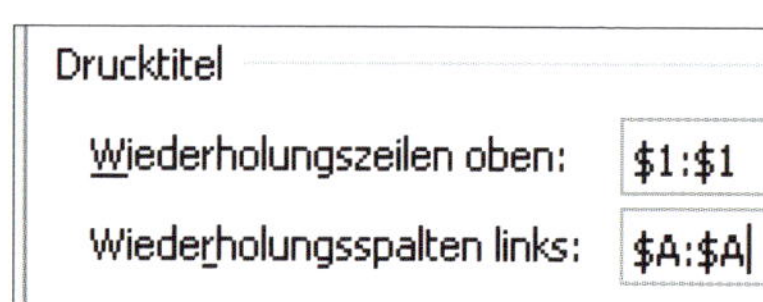


und Sie können sich um die Druckreihenfolge kümmern.

**5** Zwei Möglichkeiten stehen Ihnen dabei zur Verfügung, die Excel mit einem Pfeil symbolisiert. Mit der Einstellung

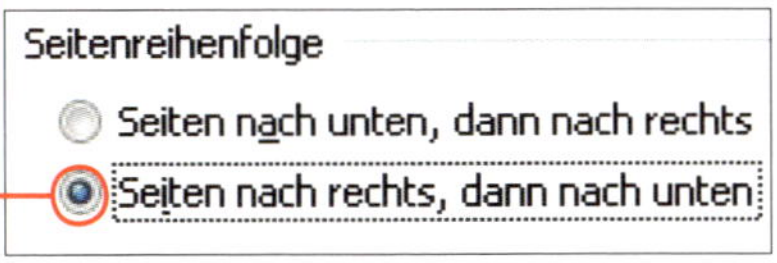


wird die Tabelle in dieser Reihenfolge ausgedruckt:

.

Wählen Sie dagegen per Mausklick die Variante ,

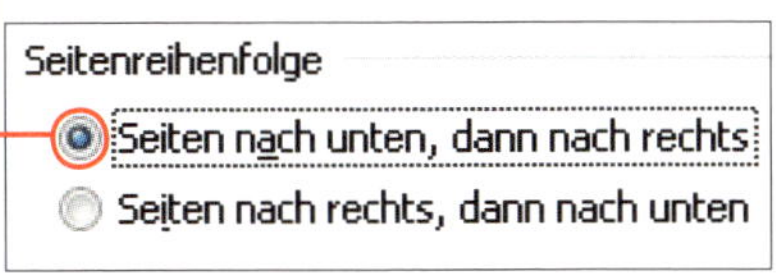


ändert sich die Druckreihenfolge wie folgt:

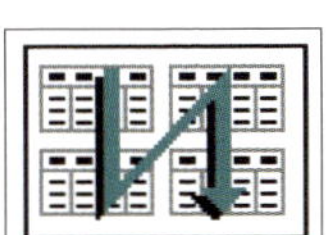.

**6** Im Beispiel wählen Sie die zweite Möglichkeit. Um sich zu vergewissern, dass Ihnen die gewählten Einstellungen gefallen, rufen Sie die Druckvorschau auf. Das können Sie direkt aus diesem Fenster heraus tun, indem Sie dort auf die Schaltfläche

klicken. In der Druckvorschau bekommen Sie nun die erste Seite des Ausdrucks zu sehen. Wie zu erwarten, stehen ganz oben die Einträge aus der Zeile 1, also die Spaltenbeschriftungen: .

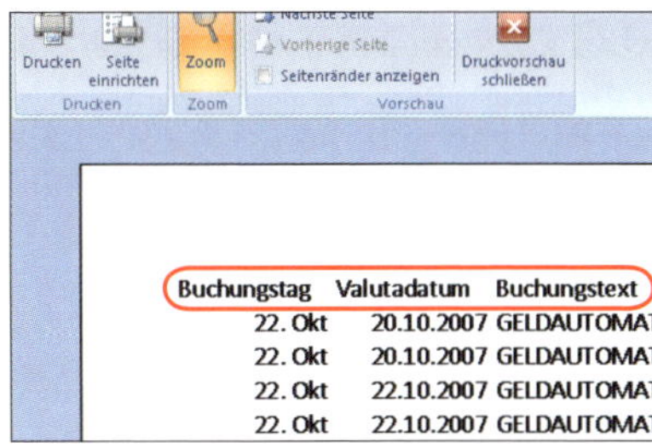


**7** Um sich auch die zweite Seite anzusehen, klicken Sie nun einfach auf

.


Dann sehen Sie, dass auch auf dieser Seite die Spaltenüberschriften

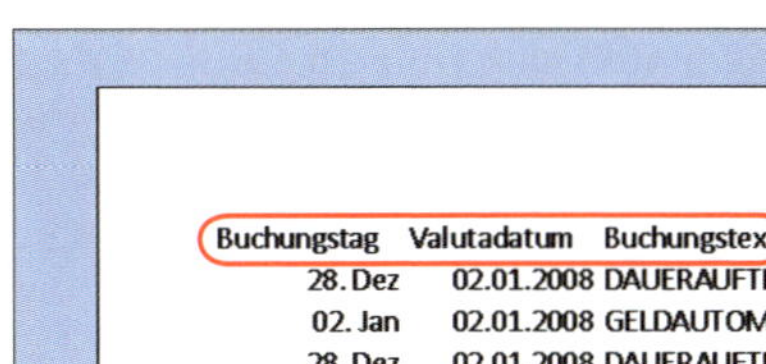


erscheinen und zudem die eingestellte Druckreihenfolge eingehalten wird. Sie können den Ausdruck also starten oder weitere Einstellungen vornehmen.

# Eine Tabellenstruktur bearbeiten

Wichtige Briefe, die keinen Fehler enthalten dürfen, druckt man für ein letztes Korrekturlesen häufig aus. Dieses Verfahren kann bei Tabellenkonstruktionen ebenfalls sinnvoll sein. Auf Papier haben Sie nämlich oft einen besseren Überblick über die Struktur als am Bildschirm. Zudem können Sie leichter Anmerkungen und Notizen machen. Um sich das Leben zu erleichtern, sollten Sie beim Ausdruck prinzipiell folgende Dinge beachten:

1 Die Beispieltabelle enthält in der Zelle B3 ● eine Formel, was Sie auch in der Bearbeitungsleiste sehen können, wenn die Zelle angeklickt ist: ●.

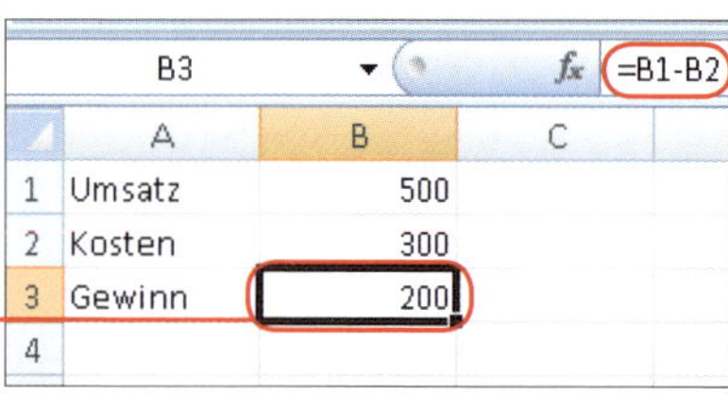


Beim Ausdruck könnten Sie die Formel aber nicht erkennen, denn dort würde dann das Rechenergebnis erscheinen.

2 Mitunter ist es jedoch sinnvoller, im Ausdruck die Formel zu sehen. Klicken Sie dazu in der Multifunktionsleiste auf den Registerreiter

und dann auf das Symbol ●.

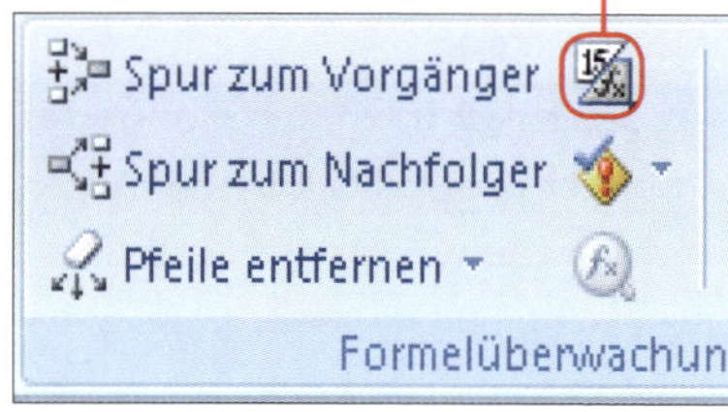


Das Symbol erscheint daraufhin eingedrückt,

und in der Tabelle ist nunmehr die Formel anstelle des Rechenergebnisses zu sehen: ●.

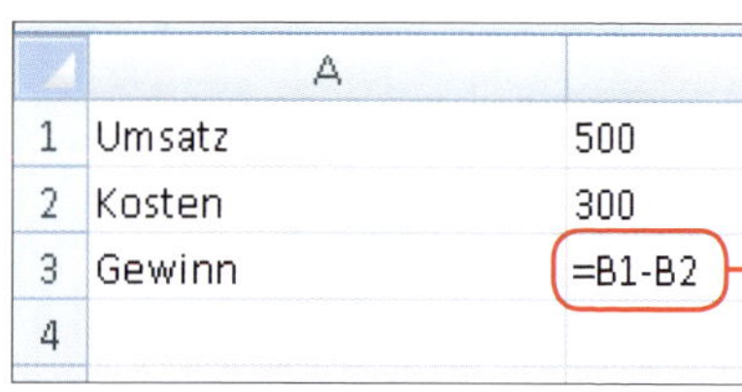


Das gilt übrigens so lange, bis Sie das Symbol erneut anklicken.

3 Für die Orientierung in Ihrem Ausdruck sind zwei weitere optische Hilfsmittel nützlich. Klicken Sie in der Multifunktionsleiste auf

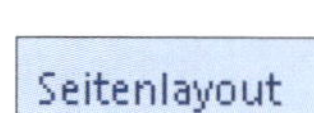

und anschließend in die Kästchen ●,

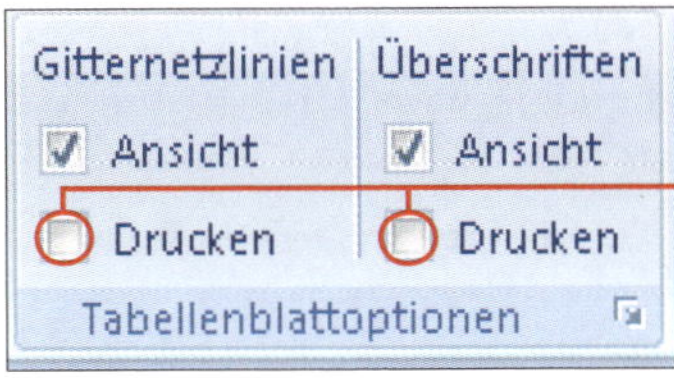


um Haken hineinzusetzen: ●.

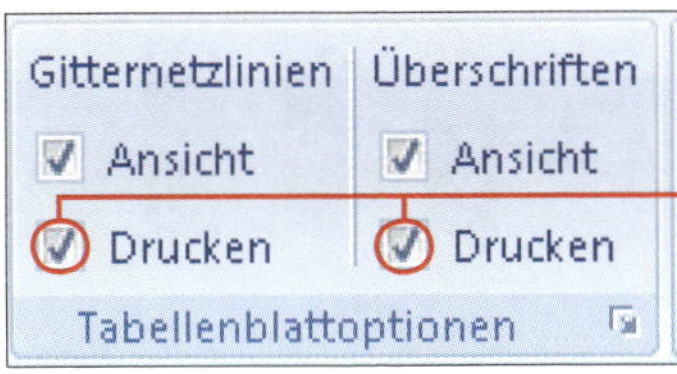


**4** Sobald Sie nun die Druckvorschau aufrufen, sehen Sie, dass im Ausdruck zusätzlich Spalten- und Zeilenkopf auftauchen: ●.

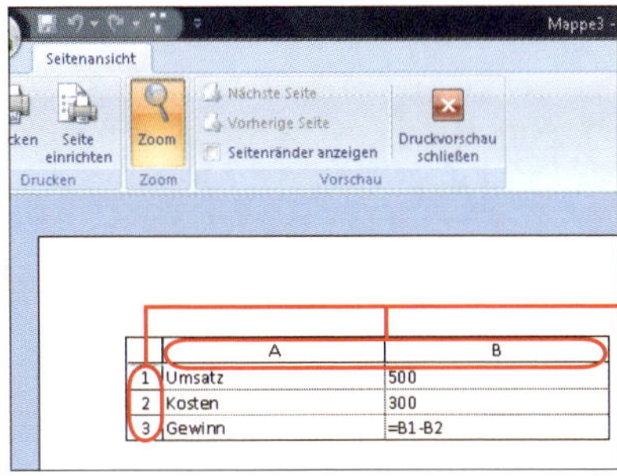


Zwischen den Zellen sind zudem Linien eingezeichnet, was beim Zuordnen von Zelladressen sehr hilfreich ist. Schließlich steht in der Zelle B3 die Formel statt des Rechenergebnisses. Mit diesem Gerüst behalten Sie einen guten Überblick über die Grundstruktur Ihrer Tabelle.

## Diagramme ausdrucken

Beim Ausdruck von Diagrammen müssen Sie vor allem wissen, ob sich die Grafik auf demselben Arbeitsblatt befindet wie die zugrunde liegende Tabelle oder auf einem separaten Arbeitsblatt abgelegt ist. Je nachdem müssen Sie unterschiedliche Aspekte beachten.

**1** Im ersten einfachen Beispielfall befinden sich, wie Sie in der Abbildung rechts sehen, Diagramm und Tabelle auf ein und demselben Arbeitsblatt.

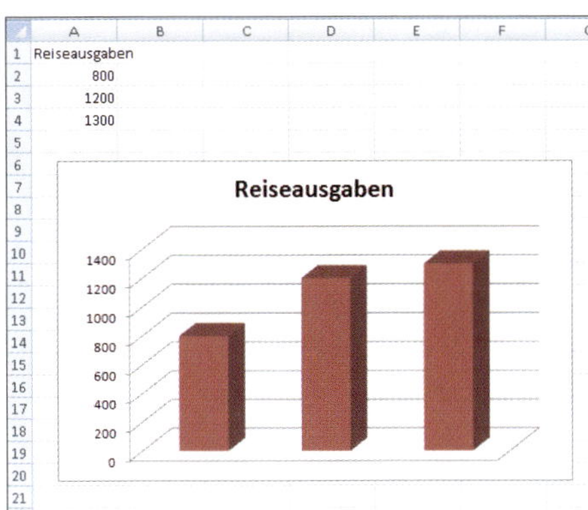

Sollte das Ihrer Meinung nach auch auf dem Ausdruck so sein, brauchen Sie nichts weiter zu tun, als den Druck zu starten.

**2** Anders sieht es aus, wenn Sie nur das Diagramm auf Papier haben möchten. In dem Fall markieren Sie das Diagramm per Mausklick

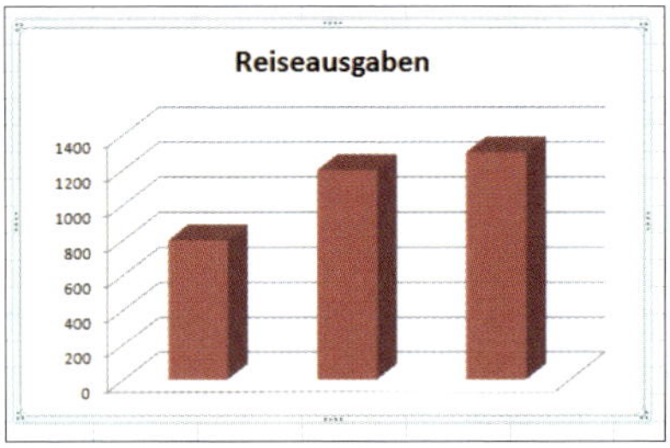


und klicken dann auf

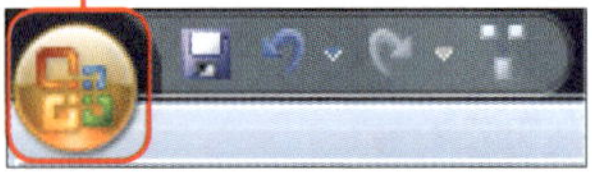

sowie

.

Im nachfolgenden Drucken-Fenster können Sie die Auswahl einfach beibehalten. Nach einem Klick auf

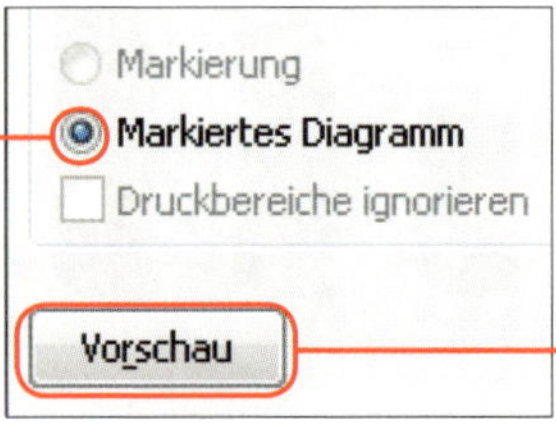


sehen Sie in der Vorschau, dass Excel das Diagramm automatisch sinnvoll angepasst hat. Es erscheint im Querformat, und zudem wird der Platz gut ausgenutzt.

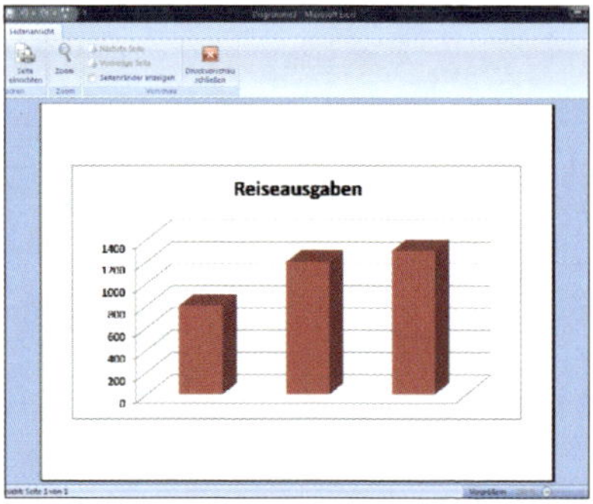


**3** Analog dazu lässt sich auch nur die Tabelle ohne das Diagramm ausdrucken. Markieren Sie die Tabelle,

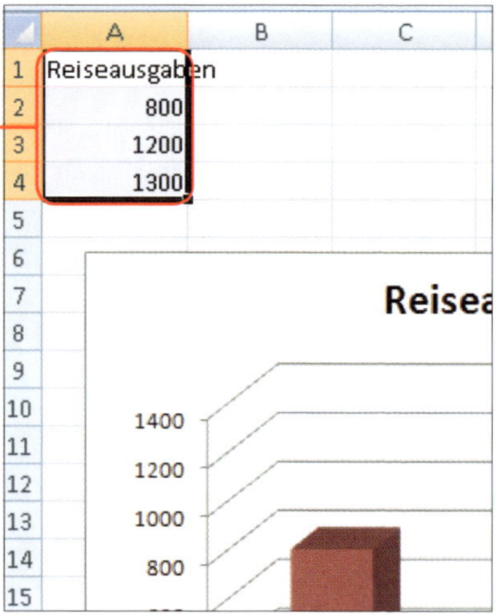

und rufen Sie dann wieder das Drucken-Fenster auf. In dem Fall dürfen Sie die Auswahl

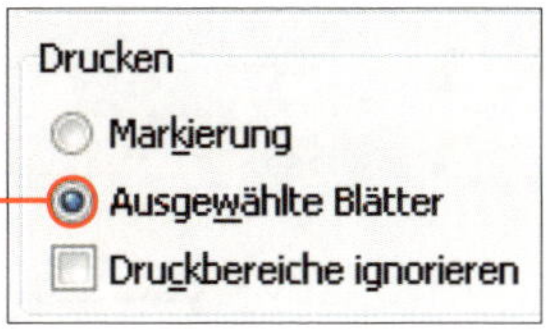


aber *nicht* beibehalten! Stattdessen setzen Sie per Mausklick einen Punkt in den oberen Kreis.

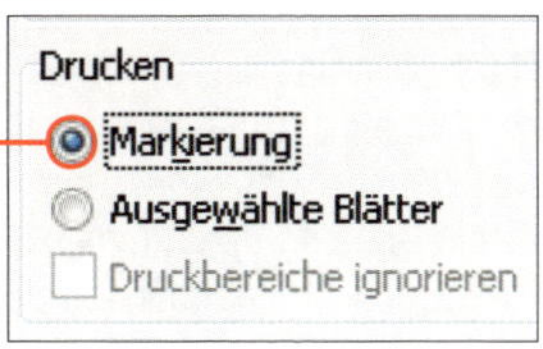


Ansonsten würde nämlich das gesamte Arbeitsblatt ausgedruckt.

**4** Falls sich Diagramm und Tabelle auf verschiedenen Arbeitsblättern befinden, kommt es natürlich darauf an, was Sie ausdrucken möchten. Ausgedruckt wird grundsätzlich das Arbeitsblatt, das sich im Vordergrund befindet, im Beispiel ist es das Diagramm.

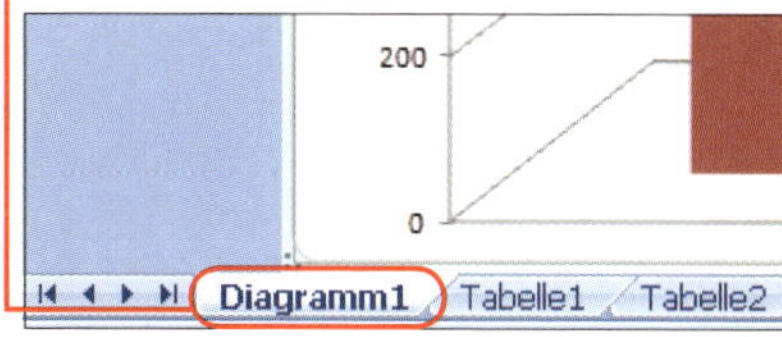


Belassen Sie im Drucken-Fenster die Einstellung, wird nur dieses Blatt ausgedruckt.

Sie können aber auch beides ausdrucken. Setzen Sie dazu einfach einen Punkt in den Kreis.

Dann werden sowohl Tabelle als auch Diagramm gedruckt, und zwar auf verschiedenen Blättern.

## Was ist eigentlich …?

### Aktive Zelle
Die Zelle, in der Sie Eingaben machen, wird als aktive Zelle bezeichnet. Um eine Zelle zu aktivieren, genügt es, sie mit der Maus anzuklicken.

### Arbeitsblatt
Ihre Tabellen erstellen Sie auf Arbeitsblättern. Eine → Arbeitsmappe kann aus mehreren solcher Arbeitsblätter bestehen. Durch Anklicken der Registerreiter

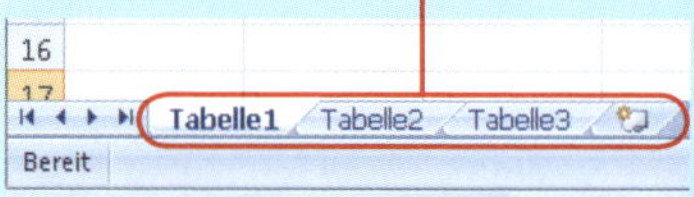


am unteren Rand des Arbeitsbereichs können Sie zwischen den einzelnen Blättern wechseln.

### Arbeitsmappe
Eine Excel-Datei wird auch als Arbeitsmappe bezeichnet. Sie kann mehrere → Arbeitsblätter umfassen.

### Assistent
Als Assistenten bezeichnet man eine Abfolge von Hilfsfenstern, in denen Sie bei der Bewältigung einer Arbeit unterstützt werden.

### Bearbeitungsleiste
Die Bearbeitungsleiste zeigt den Inhalt der aktiven Zelle an. Dort können Sie beispielsweise sehen, wenn eine Zelle

Was ist eigentlich …?

eine Formel enthält, während in der Zelle selbst das Rechenergebnis erscheint:.

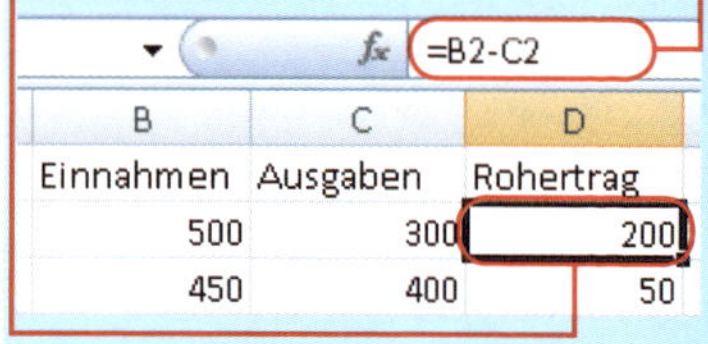


### Betriebsprogramm
Das grundlegende Programm eines Computers, ohne das andere Programme nicht auf dem Rechner gestartet werden können. Das Betriebsprogramm stellt anderen Programmen seine Funktionen zur Verfügung. Da das Betriebsprogramm selbst aus mehreren Programmen mit unterschiedlichen Funktionen besteht, wird es häufig auch als Betriebssystem bezeichnet. Das aktuellste Microsoft-Betriebsprogramm heißt Windows Vista.

### Bezug
Statt mit konkreten Zahlenwerten rechnen Sie in Formeln meist mit Zellbezügen. Dabei verwenden Sie die Zelladresse, also die Positionsangabe einer Zelle, die sich aus Spaltenbuchstabe und Zeilenzahl ergibt.

### Bildlaufleiste
Bildlaufleisten erscheinen bei Windows-Programmen meist am unteren und rechten Rand des Programmfensters.

## Was ist eigentlich ...?

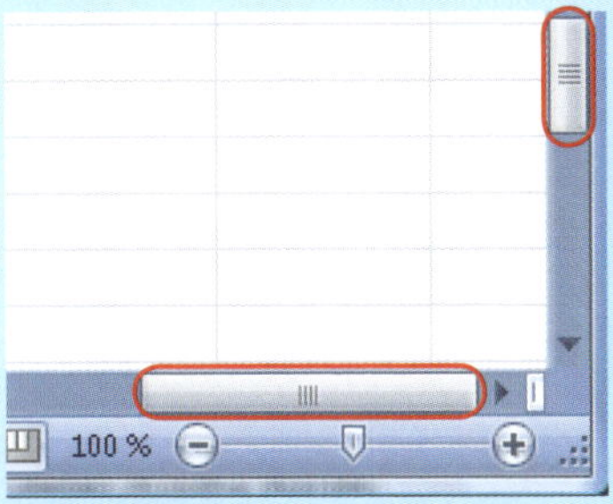


Sie ermöglichen es Ihnen, Inhalte anzusehen, die aufgrund ihrer Größe nicht komplett auf dem Bildschirm angezeigt werden können.

### Browser
Ein Anzeigeprogramm für das Internet, das die „Sprachen" des Internets beherrscht. Mit einem Browser können Internetseiten angezeigt und Dateien heruntergeladen werden.

### CSV-Format
Strukturierte Daten, wie sie in Tabellen erfasst sind, können in sogenannten CSV-Dateien gespeichert werden. CSV steht dabei für den englischen Ausdruck „**C**omma **S**eparated **V**alues". Die Werte werden also durch Kommata, Strichpunkte oder andere Trennzeichen separiert.

### Datei
Alle Daten, mit denen Ihr Rechner arbeitet, sind in sogenannten Dateien erfasst, so auch Ihre Excel-Tabellen.

## Was ist eigentlich ...?

Eine Excel-Datei wird auch als Arbeitsmappe bezeichnet.

### Desktop
Der Desktop ist das Eingangsfenster Ihres Rechners. Darauf finden Sie die Start-Schaltfläche und alle Möglichkeiten, um Programme zu starten und Dateien zu öffnen.

### Diagramm
Diagramme sind Schaubilder, mit deren Hilfe Sie Sachverhalte optisch veranschaulichen können.

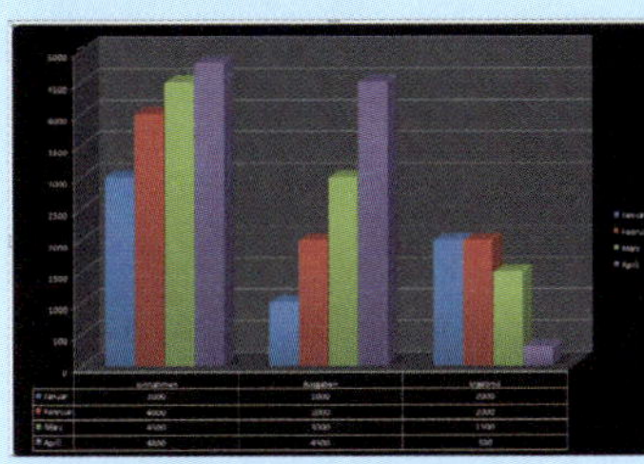

### Doppelklick
Ein Doppelklick bedeutet nichts anderes, als dass Sie zweimal ganz kurz hintereinander die linke Maustaste drücken.

### Download
Das Übertragen von Dateien aus dem Internet auf Ihren Rechner wird Download genannt. Man spricht auch vom Herunterladen einer Datei. Entsprechend bezeichnet man das Überspielen

Was ist eigentlich ...?

einer Datei vom Rechner auf einen Internetspeicher als Upload oder Hochladen.

**Einfügemarke**
Die Einfügemarke ist meist als senkrechter blinkender Strich zu erkennen. Sie gibt an, an welcher Stelle Ihre nächste Eingabe erfolgt. Sie können die Einfügemarke mithilfe von Tasten, beispielsweise ↑, ↓, →, ← oder am einfachsten per Mausklick positionieren. Die Einfügemarke wird auch als Cursor bezeichnet.

**Explorer**
Als Explorer-Fenster bezeichnet man ein Arbeitsfenster, über das Sie auf die Ordner- und Dateistruktur Ihres Rechners zugreifen können.

**Formatierung**
Die Gestaltung von Tabellen, Zeichen oder Zellinhalten wird Formatierung genannt.

**Formel**
Rechenanweisungen, die Sie Excel erteilen, werden als Formeln bezeichnet. Die Eingabe einer Formel wird durch das Gleichheitszeichen „=“ eingeleitet.

**Funktion**
Eine Funktion ist eine vorgefertigte Rechenanweisung an Excel. Bei Ver-

Was ist eigentlich ...?

wendung einer Funktion müssen Sie nur den Wertebereich angeben, auf den sich die Anweisung beziehen soll.

**Hyperlink**
Hyperlinks (kurz Links) sind Verweise (Verknüpfungen) in Internetdokumenten, die zu anderen Seiten, Dokumenten oder Dateien (wie Bilder, Filme und Musik) führen und über die der Zugriff auf diese Dokumente und Dateien erfolgt. In den meisten Hypertexten werden sie blau und unterstrichen dargestellt. Per Mausklick darauf gelangt man dann zu den anderen Seiten oder Dateien.

**Installation**
Damit Sie mit einem Programm arbeiten können, muss es erst auf Ihrem Rechner eingerichtet werden. Dieser Vorgang wird Installation genannt.

**Internet**
Das Internet ist der weltweite Verbund von Computern über Stand- und Telefonleitungen. Zuerst nur als Verbindung für militärische und wissenschaftliche Zwecke gedacht, entwickelte sich das Internet durch die starke Verbreitung des PCs zu einem globalen Verbund, der – ungeachtet aller politischen und geografischen Grenzen – die Verbindung zwischen Millionen von Menschen herstellt und den Gedankenaustausch und mit ihm

Was ist eigentlich ...?

den Austausch von Texten, Bildern, Tönen und Filmen fördert.

**Internet-Zugriffsprogramm**
→ Browser

**Kontextmenü**
Ein Kontextmenü ist ein Menü, dessen Befehle nur in einem bestimmten Zusammenhang (Kontext) auftauchen. Ein Klick mit der rechten (!) Maustaste öffnet das Kontextmenü, sodass die speziellen Befehle zur Verfügung stehen.

**Links**
→ Hyperlinks

**Markierung**
Mit einer Markierung legen Sie fest, worauf die nächste Aktion, die Sie durchführen wollen, angewendet werden soll. So können Sie beispielsweise einen Zellbereich markieren und dann eine Formatierungstechnik anwenden. Eine Übersicht über die wichtigsten Markierungstechniken finden Sie im Kapitel 3.

**Multifunktionsleiste**
Über die Multifunktionsleiste am oberen Rand des Excel-Programmfensters

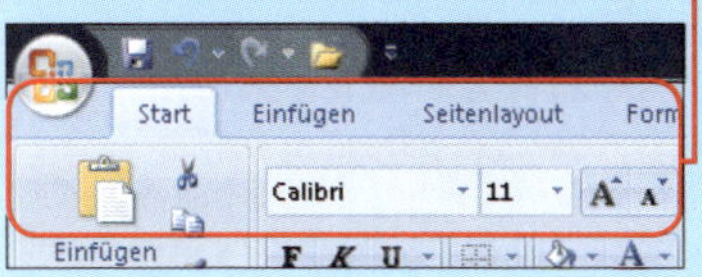


Was ist eigentlich ...?

erreichen Sie alle Befehle und Einstellungen. Die Multifunktionsleiste ist in Form eines Registers aufgebaut. Durch Klicks auf die jeweiligen Registerreiter können Sie zwischen den Registern wechseln.

**Namenfeld**
Im Namenfeld bekommen Sie die Adresse der gerade aktiven Zelle angezeigt.

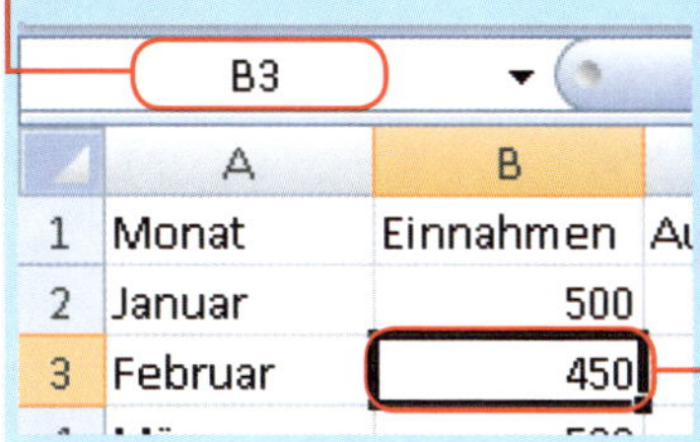


**Online**
Sind Sie mit dem Internet verbunden, sind Sie online. Ist dies nicht der Fall, sind Sie offline.

**Ordner**
Auf Ihrem Rechner befinden sich zigtausende Dateien. Damit Sie sich in diesem Wust zurechtfinden, werden Dateien in Ordnern zusammengefasst. Am besten gewöhnen Sie sich an, Ihre Arbeitsmappen in Ihrem Dokumente-Ordner zu speichern, der unter Windows Vista automatisch auf Ihrem Rechner eingerichtet ist.

**Was ist eigentlich ...?**

### Pfad
Den Speicherort einer Datei bezeichnet man als Pfad.

### Rechtsklick
Rechtsklick bedeutet ein kurzes Drücken der rechten Maustaste.

### Registerreiter
In vielen Auswahlfenstern befinden sich am oberen Rand „Aufstecker", mit denen Sie unterschiedliche Funktionen anwählen können. Klicken Sie einen solchen Registerreiter an, werden die dazugehörigen Funktionen angezeigt.

### Spaltenkopf
Arbeitsblätter sind in Zeilen und Spalten aufgeteilt. Die Spaltenbezeichnungen finden Sie im Spaltenkopf: ●.

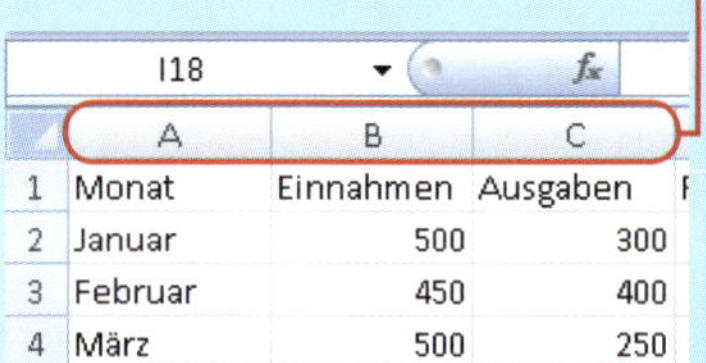


### Statusleiste
Die Leiste am unteren Rand des Excel-Programmfensters wird Statusleiste genannt.

### Taskleiste
Die Taskleiste befindet sich ganz unten auf Ihrem Bildschirm, also auch noch

**Was ist eigentlich ...?**

unterhalb eines eventuell geöffneten Programmfensters. Jedes geöffnete Programmfenster ist dort mit einem Eintrag vertreten. Daher kommt auch die Bezeichnung. Ein gestartetes Programm wird nämlich auch „Task" (zu Deutsch: Aufgabe) genannt. Durch einen einfachen Mausklick auf einen dieser Einträge können Sie das dazugehörige Programm blitzschnell in den Vordergrund holen.

### Tastenkombination
Viele Befehle in Excel können Sie nicht nur per Maus, sondern auch durch gleichzeitiges Drücken von zwei und mehr Tasten erteilen. Die Verwendung von Tastenkombinationen hat den Vorteil, dass Sie die Finger auf der Tastatur lassen können und nicht extra zur Maus greifen müssen. Mit etwas Übung können Sie daher viel flotter arbeiten.

### Treiber
Geräte, die Sie in Ihren Computer einbauen oder daran anschließen (wie Drucker, Digitalkameras, Grafikkarten, Soundkarten usw.), benötigen für ihre Funktionen spezielle Programme, sogenannte Treiber. Diese Treiber (Geräteprogramme) verbinden das jeweilige Gerät mit dem Betriebsprogramm. Windows Vista bringt für viele Geräte bereits die entsprechenden Geräteprogramme direkt mit, sodass häufig kein extra Programm benötigt wird.

## Was ist eigentlich ...?

### Update
Moderne Programme werden ständig überarbeitet. So werden Programmfehler sowie erst später erkannte Lücken in der Sicherheit der Programme beseitigt. Diese Programmverbesserungen nennt man Updates. Meist können diese auf den Seiten der Programmhersteller aus dem Internet geladen werden.

### USB-Stift
USB-Stifte (engl. = „stick") können als Transportmittel für Daten und Programme dienen.

### Zeilenkopf
Arbeitsblätter sind in Zeilen und Spalten aufgeteilt. Die Zeilenbezeichnungen finden Sie im Zeilenkopf: ●.

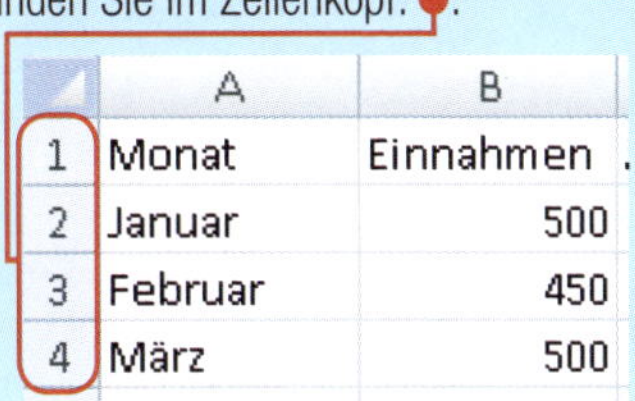


## Was ist eigentlich ...?

### Zelle
Die Kästchen, aus denen sich eine Tabelle zusammensetzt, bezeichnet man als Zellen. Aus der Kombination von Zeilennummer und Spaltenbuchstabe ergibt sich die sogenannte Zelladresse.

### Ziehen
Beim Ziehen handelt es sich um eine spezielle Maustechnik. Dabei halten Sie die Maustaste gedrückt, während Sie den Zeiger bewegen.

### Zwischenablage
Die Zwischenablage ist ein vorübergehender Speicher, in den Sie Dateien, Texte und auch Grafiken kopieren können. Anschließend lässt sich der Inhalt der Zwischenablage in einen anderen Ordner oder einen anderen Text wieder einfügen. Die Zwischenablage kann mit Windows programmübergreifend verwendet werden. Wenn Sie Windows beenden, wird der Inhalt der Zwischenablage gelöscht.

# Stichwortverzeichnis

---

Besuchen Sie uns im Internet:
www.ullstein-taschenbuch.de

Originalausgabe im Ullstein Taschenbuch

E-Mail: buecher@computerbild.de
Umschlaggestaltung: HildenDesign, München / Buch und Werbung, Berlin
Titelabbildung: Mauritius
Satz und Repro: LVD GmbH, Berlin
Druck und Weiterverarbeitung: CPI – Ebner & Spiegel GmbH, Ulm
Printed in Germany
ISBN 978-3-548-41272-6